제2의 성

여성학백과사전

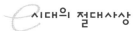
e시대의 절대사상

제2의 성

여성학 백과사전

| 변광배 | 보부아르 |

살림

*e*시대의 절대사상을 펴내며

고전을 읽고, 고전을 이해한다는 것은 비로소 교양인이 되었다는 뜻일 것입니다. 또한 수십 세기를 거쳐 형성되어 온 인류의 지적유산을 제대로 이해하고, 그 바탕 위에서 새로운 자기만의 일을 개척할 때, 그 사람은 그 방면의 전문가가 될 수 있을 것입니다. 프랑스의 대입제도 바칼로레아에서 고전을 중요하게 취급하는 까닭도 그와 같은 이유 때문이겠지요.

그러나 예전에도, 현재에도 고전은 유령처럼 우리 주위를 떠돌기만 했습니다. 막상 고전이라는 텍스트를 펼치면 방대한 분량과 난해한 용어들로 인해 그 내용을 향유하지 못하고 항상 마음의 부담만 갖게 됩니다. 게다가 지금 우리는 고전을 읽기에 더 악화된 시대를 살고 있습니다. 변하지 않고 있는 교육제도와 새 미디어의 홍수가 우리를 그렇게 만들고 있는 것입니다.

고전을 읽어야 하지만, 읽기 힘든 것이 현실이라면, 고전에 친근하게 다가갈 수 있는 새로운 방법을 응당 고민해야 하지 않을까요? 살림출판사의 *e*시대의 절대사상은 이러한 문제의식을 가지고 기획되었습니다. 고전에 대한 지나친 경외심을 버리고, '아무도 읽지 않는 게 고전' 이라는 자조를 함께 버리면서 지금 이 시대에 맞는 현대적 감각의 고전을 만들고자 했습니다.

고전의 내용이 지나치게 주관적으로 해석되어 전달되는 위험을 피할 수 있도록 그 분야에 대해 가장 정통하면서도 오랜 연구 업적을 쌓은 학자들이 자신의 경험을 응축시켜 새로운 고전에의 길을 열고자 했습니다. 마치 한 편의 잘 짜여진 다큐멘터리 프로그램을 보듯 고전이 탄생할 수 있었던 시대적 배경과 작가의 주변 환경, 그리고 고전에 담긴 지혜를 재미있게 습득할 수 있도록 내용을 구성했고 난해한 전문용어나 개념어들은 최대한 알기 쉽게 설명했습니다.

이전에 경험하지 못했던 새로운 감각의 고전 e시대의 절대사상은 지적욕구로 가득 찬 대학생·대학원생들과 교사들, 학창시절 깊이 있고 폭넓은 교양을 착실하게 쌓고자 하는 청소년들, 그리고 이 시대의 리더를 꿈꾸는 모든 사람들에게 생생하게 살아 숨쉬는 인류 최고의 지혜를 전달할 것이라고 확신합니다.

기획위원

서강대학교 철학과교수 강영안

이화여자대학교 중문과교수 정재서

들어가는 글

이 책의 주된 내용은 '20세기의 가장 유명한 여성'이자 '전 세계 페미니즘 운동의 어머니'로 칭송받는 시몬느 드 보부아르Simone de Beauvoir(1908~1986)가 1949년에 간행한 『제2의 성Le Deuxième sexe』에 대한 기본적인 해설이다. 보부아르의 이 책은 현대 페미니즘의 '진정한 바이블'로 간주되고 있다.

최근 우리 사회에서도 여성들의 약진이 눈부시다. 고등교육을 받은 여성들과 사회에 진출한 여성들의 숫자가 계속 늘어나고 있다. 여성들이 학교에 입학할 때나 졸업할 때 수석을 도맡아 차지하고 있다. 각종 시험에서도 여성들의 합격률이 가파르게 상승하고 있다. 남성들의 전유물이던 레슬링, 복싱 등과 같은 스포츠 종목에서도 여성들이 맹활약 하고 있다.

하지만 여성들이 사회에 진출할 때 여전히 많은 제약을 받고 있다. 남성들과 똑같은 교육을 받고, 능력을 인정받은 여성들조차도 취직할 때 단지 여자라는 이유로 손해를 보고 있다. 이것은 우리 사회가 여전히 남성 중심의 사회이며, 남녀 간에 여전히 큰 격차가 있다는 것을 여실히 보여준다. 게다가 우리 사회에서 여성들의 지위가 남성들에 비해 낮다는 것을 증명해주는 사례는 부지기수이다.

1949년 『제2의 성』이 출간되었을 당시의 프랑스도 역시 남녀 불평등으로 신음하고 있었다. 프랑스 여성들은 1945년이 되어서야 비로소 참정권을 얻었다. 해방된 뒤에 프랑스 여성들은 2차 세계대전 중에 목숨을 잃은 수많은 남성들의 공백을 메우면서 조국의 전후 복구에 많은 기여를 했다. 하지만 여성들은 여전히 소수(minorité)에 속했으며, 따라서 권력과 담론을 생산하는 과정에서 상대적으로 열등한 위치에 있었다. 불행하게도 이런 상황은 프랑스에만 국한된 것이 아니었다. 오히려 전 세계에 널리 퍼져 있었다고 해도 과언이 아니다. 보부아르는 바로 이런 여성들을 규정하기 위해 '제2의 성'이라는 용어를 생각해냈으며, 남성들을 '제1의 성'이라는 용어로 규정한 것이다.

『제2의 성』이 출간된 뒤 남녀 불평등이 많이 개선된 것은 사실이다. 하지만 보부아르가 살아 있는 동안 몸소 개탄한 것처럼 이 책이 출간된 지 수십 년이 지났지만 전 세계적으로—심지어는 옛 소련에서조차[1] 그리고 현재에도—여성 해방은 여전히 만족할 만한 수준에 이르지 못하고 있다. 물론 이 책이 출간되지 않았더라면, 여성들이 현재 누리고 있는 정도의 여성해방도 이루어지지 않았을지 모른다. 이처럼 이 책은 오늘날 여성들이 남성들과 똑같은 권리를 누리기까지 많은 기여를 했다고 할 수 있다. 이와 같은 이유로 『제2의 성』에는 현대 페미니즘의 '비밀 코드'[2]가 숨겨져 있는 것으로 간주되기도 한다. 특히 1960년대 미국의 페미니즘은 이 책에서 많은 영향을 받았다. 1960년대 이후 미국의 페미니즘이 거꾸로 수입되어 프랑스에서 꽃을 피운 이른바 '차이의 페미니즘' 역시 이 책에서 상당한 영향을 받았다.

이런 이유로 프랑스를 위시해 미국과 캐나다 등에서 보부아르에 대한 연구가 활발하게 이루어지고 있다. 예컨대 프랑스에서는 『제2의 성』 출간 매 십년마다 대규모의 콜로키엄이 개최되고 있다. 지난 1999년에도 이 책의 출간 50주년을 기념하기 위해 대대적인 국제학술대회가 개최되었다. 또한 미국과 캐나다에서는 '시몬느 드 보부아르연구회(Simone de Beauvoir Society)'[3]를 조직해 활발하게 활동하고 있다.

하지만 이와 같은 국제 연구 동향과는 달리 국내에서 이루어진 보부아르 연구는 여전히 걸음마 단계에 있다고 할 수 있다. 『제2의 성』에 대한 연구도 예외가 아니다. 우리나라에서는 보부아르는 물론이고 이 책에 대해서도 명성과 소문만 자자할 뿐, 정작 보부아르와 이 책 자체에 대한 연구는 아주 미미한 실정이다.

뒤에서 다시 보겠지만, 나는 보부아르를 간접적으로 알게 되었다. 사르트르Jean-Paul Sartre의 문학을 전공한 내가 보부아르에 대해 관심을 갖게 된 계기는 온전히 사르트르와 보부아르의 관계 때문이었다. 『제2의 성』도 마찬가지다.

어쨌든 사르트르를 통해 보부아르를 조금씩 알아가는 과정에서 보부아르가 제대로 평가받지 못하고 있다는 느낌이 들었다. 특히 사르트르와의 관계에서 그러했다. 하지만 최근 연구에서는 보부아르가 사르트르에게 끼친 영향이 조금씩 그 정체를 드러내고 있다. 심지어는 사르트르의 사상이 대부분 보부아르의 것이라는 대범한 주장까지 나오고 있다. 『제2의 성』이 갖는 비중으로 인해 앞으로 『존재와 무』 『변증법적 이성비판』 등을 쓴 사르트르의 이름보다 보부아르의 이름이 더 오래 기억될지도 모른다는 것이 나의 생각이기도 하다.

결국 나는 이와 같은 세 가지 이유, 즉 현대 페미니즘의 역사에서 『제2의 성』이 갖는 비중, 사르트르와의 관계에서 볼 수 있는 보부아르에 대한 과소평가, 그리고 특히 국내 보부아르 연구의 답보 상태를 고려하여 『제2의 성』을 해설하는 작업에 돈키호테와 같은 심정으로 달려들게 되었다. 물론 여기에 2008년이 보부아르 탄생 100주년이라는 사실도 곁들여야 할 것이다. 그러니까 이 책은 『제2의 성』을 쓴 보부아르 탄생 100주년에 대한 일종의 조촐한 기념행사의 의미를 가지고 있다고 하겠다.

하지만 나는 단지 내가 남자라는 이유로, 이 책을 쓰는 내내 신중한 태도를 견지하려고 노력했다. 이 책을 쓰면서 나는 17세기 남녀동권론자인 풀랭 드 라 바르Poulain de la Barre의 "남자가 여자에 대해 쓴 모든 것을 믿을 수가 없다. 남자는 심판자이면서 동시에 당사자이기 때문이다"(상:8)[4]라는 말을 늘 염두에 두었다. 실제로 보부아르는 이 말을 『제2의 성』의 제사題辭로 인용하고 있다. 나는 이 책을 쓰면서 여성 문제를 다룬 한 권의 책을 해설하는 또 한 권의 책에서 남자가 재판관이자 범법자가 되는 이중의 잘못을 저지르지 않으려고 했다. 즉 처음부터 끝까지 최대한 중립적이고 객관적인 태도를 취하면서 『제2의 성』을 이해하려고 노력했다.

사실 『제2의 성』은 이해하기 힘든 종류의 책이 아니다. 다만 이 책에는 여성 문제에 대해 거의 백과사전적이라고 할 수 있을 정도로 많은 정보들이 들어 있어 이 정보들을 일목요연하게 정리하는 것이 관건이었다. 이런 점들에 유의하면서 나

는『제2의 성』에 대한 다른 여러 해설서들보다는 보부아르의
목소리를 직접 듣기 위해『제2의 성』에서 많은 인용을 하려
고 노력했다.

2007년 4월

시지프 연구실에서

변광배

| 차례 | 제2의 성

e 시대의 절대사상을 펴내며   04
들어가는 글   06

1부 시대 · 작가 · 사상

1장 보부아르를 알기 위한 몇 개의 코드

보부아르와 만남   18
보수적이고 폐쇄적인 가정   24
엘렌느, 자자, 자크   34
신앙의 상실   45
사르트르와 만남   49
앨그렌, 란츠만, 실비   61

2장 『제2의 성』의 출간

『제2의 성』의 출간 배경   74
『제2의 성』의 집필과 출간   85
『제2의 성』에 대한 반응   92

2부 『제2의 성』 읽기

1장 『제2의 성』을 읽기 위해

『제2의 성』의 구성   102
『제2의 성』의 방법론   107
『제2의 성』의 문제 제기   120

여성학 백과사전

제2의 성

2장 『제2의 성』 속으로

여자의 숙명에 대한 세 가지 견해	126
여성 억압의 역사	147
여성 신화	177
작가들의 여성 비하	204
여자의 형성	220
여자의 체험	260
정당화: 나르시시즘, 사랑, 신비주의 여성	311
여성해방을 위해	325

3장 『제2의 성』의 의미와 영향

의미와 영향	336

3부 관련서와 연보

보부아르 관련서	346
보부아르 연보	355
주	357

1부
Simone de Beauvo
시대 · 작가 · 사상

그 어떤 남자에게도 뒤지지 않는다고 생각했던 보부아르, 아니 자기를 능가하는 남자는 사르트르밖에 없다고 생각했던 보부아르, 그런 보부아르가 왜 그야말로 우연히 『제2의 성』과 같은 급진적인 성격의 책을 쓰게 되었는가는 많은 사람들이 늘 궁금하게 생각하는 점이다. 보부아르의 삶과 경험이 집대성된 책이라고 할 수『제2의 성』의 이해를 위한 예비 과정으로 1부에서는 보부아르의 삶과 경험의 씨줄과 날줄이 되었던 여러 요소들과 이 책의 집필 배경과 출간 당시의 반응 등을 추적함으로써 위의 궁금증을 해소하려고 했다.

LE
DEUXIÈME
SEXE

Les faits et les mythes

nrf

1장
_____

보부아르를 알기 위한
몇 개의 코드

보부아르와 만남

　내가 보부아르라는 이름을 처음 들었던 때는 대학 시절이다. 1970년대 후반 국내 불어불문학과에 개설된 '20세기 불문학'이라는 강의에서는 주로 신소설(nouveau roman) 계통에 속하는 작가들의 작품이 소개되었다. 또한 구조주의도 유행했다. 특히 대학원 과정에서는 주로 구조주의적 방법론을 배우는 데 많은 시간을 할애했다. 조금 과장해서 말하면, 그 당시에 석사학위 논문에 '구조'라는 단어가 들어가지 않으면 핀잔을 들을 정도였다.

　또한 20세기 중반 프랑스에서 유행한 실존주의도 강의에서 자주 소개되었다. 주로 실존주의를 대표하는 사르트르와 카뮈Albert Camus의 작품들이었다. 돌이켜 보면 이때 사르트르의 전기와 더불어 보부아르의 이름을 들었다. 보부아르는 항상 사르트르와의 '계약결혼'이라는 꼬리표를 달고 있었다.

하지만 『제2의 성』을 알게 된 것은 전공 강의를 통해서가 아니었다. 1970년대 후반에는 학교 안팎에서 동아리 활동이 활발했다. 내가 학교 밖에서 가입한 동아리에서는 방학 때마다 농촌에 봉사활동을 갔고, 매주 한 번씩 독서 토론회도 했다. 1년 단위로 읽어야 할 책들이 정해져 있었는데, 그 책들을 차례로 읽고 토론을 했다. 물론 『제2의 성』도 포함되어 있었다. 부끄러운 고백이지만, 나는 보부아르라는 이름은 물론이고 『제2의 성』에 대해서도 전혀 알지 못했다. 그저 불문학과에 다니니까 의무감으로 이 책을 읽어야겠다고 생각했을 뿐이었다. 도서관에서 불어로 쓴 두 권짜리 『제2의 성』을 대출했는데, 책 분량이 1천 쪽 정도였다. 하지만 결국 열 쪽을 넘기지 못하고 포기했던 기억이 아직도 생생하다. 치기에 가까운 패기였다고나 할까!

그 뒤로도 보부아르와 별다른 인연은 없었다. 다만 석사 과정에서 사르트르

보부아르.

문학을 전공했기 때문에 그를 통해 보부아르의 문학과 사상을 접할 수 있었다. 사르트르의 전기를 읽고, 그의 사유를 조금씩 이해해 가는 과정에서 보부아르의 역할이 생각했던 것보다 크다는 것을 알게 되었다. 그뿐이었다. 그 이상도 그 이하도 아니었다. 주위에 보부아르를 전공하는 사람도 없어서 귀동냥을 할 수 있는 형편도 아니었다.

그러다가 『제2의 성』에 본격적으로 관심을 갖게 된 것은 프랑스 유학 시절이었다. 학위 논문의 주제가 사르트르의 소설과 극작품에 나타난 '폭력'이었다. 사르트르의 문학 작품에 나타난 다양한 폭력 현상을 분석하면서 '낙태' 문제를 다루었는데, 이때 『제2의 성』을 온전히 읽었다.

사르트르의 미완성 소설 『자유의 길』의 첫 권은 『철들 무렵』(1945)이다. 소설의 내용은 이렇다. 이 소설의 주요 인물인 마티외Mathieu와 마르셀Marcelle은 '계약결혼'을 했다. 그러던 어느 날 마르셀은 임신을 했고, 이 사실을 마티외에게 알린다. 마티외는 당장 낙태하자고 말한다. 왜냐하면 두 사람은 이런 경우가 생겼을 때 어떻게 하겠다는 방침을 미리 정해 놓았기 때문이다.[5] 문제는 이 소설의 배경이 1940년대 초인데, 이때 프랑스에서는 낙태가 법으로 금지되어 있었다.[6] 독일이 점령해서 수립한 괴뢰 정부인 비시Vichy 정부 아래에서는 낙태를 한 여성에게 사형이 선고되었다. 실제로 사형이 집행된 경우도 있었다. 독일에서도 역시 낙태를 한 여성들에게 중벌이 가해졌다. 가장 우수한 민족의 후손을 낳지 않은 것을 중죄로 간주했던 것이다. 어쨌든 프랑스에서는 낙태를 법으로 금지했기 때문에 위생 상태가 좋지 않은 장소에서 불법 낙태 수술이 이루어졌다. 불법 수술을 받은 뒤 후유증으로 목숨을 잃는 여성들도 있었다. 또한 낙태가 합법으로 이루어지는 스위스로 가서 수술을 받는 경우도 있었다. 다만 그 비용이 문제였다.

마티외와 마르셀은 바로 이런 문제에 부딪힌 것이다. 마티외는 마르셀이 낙태 수술을 받기를 원하지만, 그렇다고 불법으로 수술을 하는 것은 원치 않았다. 하지만 외국으로 갈 형편은 못 되었다. 실제로 이 소설은 마티외가 수술 비용을 마련하는 내용을 따라 전개된다. 마르셀이 아이를 원하기 때문에 이야기는 더 복잡해진다. 어쨌든 이 소설의 핵심 주제 가운데 하나가 낙태 문제인 것은 분명하다.

그런데 보부아르는 『제2의 성』에서 낙태 문제를 상세히 다루고 있다. 나는 보부아르가 이 책에서 전개한 견해를 중심으로 『철들 무렵』에 나오는 낙태 문제

『제2의 성』

를 원만히 정리할 수 있었다. 물론 『제2의 성』과 더불어 보부 아르의 사유를 조금 더 깊게 알기 위해 다른 저서들, 예컨대 『피로스와 키네아스*Phyrrus et Cinéas*』『애매성의 도덕을 위하 여*Pour une morale de l'ambiguïté*』『실존주의와 국민들의 지혜 *L'Existentialisme et la sagesse des nations*』『노년*La Vieillesse*』 등 과 같은 철학 에세이, 『초대받은 여자*L'Invitée*』『아름다운 영 상*Les Belles images*』『타인의 피*Le sang des autres*』 등과 같은 소설, 『얌전한 처녀의 회상록*Mémoires d'une jeune fille rangée*』 『나이의 힘*La Force de l'âge*』『사물들의 힘*La Force des choses*』 『결국*Tout compte fait*』 등과 같은 회상록, 그리고 평전과 해설 서들을 두루 읽었다. 한 가지 고백해야 할 점은 당시 『제2의 성』을 읽으면서도 이 책의 의미를 페미니즘의 전통에 비추어 충분히 이해하지 못했다는 사실이다.

그 뒤에 다시 『제2의 성』을 접하게 된 것은 귀국하고 나서 페니미즘에 대해 강의를 하면서였다. 특히 포스트모더니즘 적 사유와 해체주의적 사유와 맞물려 페미니즘 분야에서 남 녀의 '차이'를 중요시하고, 이를 토대로 식수Helene Cixous, 이리가레Luce Irigaray, 크리스테바Julia Kristeva 등이 정립한 '차이의 페미니즘'을 강의하면서 『제2의 성』을 참고문헌으 로 소개하곤 했다. 보부아르의 입장은 '평등의 페미니즘'이 라 할 수 있다.

이처럼 보부아르, 더 정확하게는 『제2의 성』과 나와의 만남은 아무런 극적 요소도 없다. 다만 이 책을 읽을 때마다 내용과 형식에서, 페미니즘을 다루고 있는 그 어떤 책과도 비교할 수 없는 풍부함과 전투적이고, 과감하고, 논쟁적이며, 심지어는 분노에 찬 문체를 담고 있음을 거듭 발견하곤 한다. 그런 만큼 이 책의 생명력은 오랫동안 변함없을 것이다. 『제2의 성』은 『타임』지가 선정한 20세기를 대표하는 백 권의 저서에 선정되기도 했다.

이제 본격적으로 보부아르를 알기 위한 몇 개의 코드를 찾아보자.

보수적이고 폐쇄적인 가정

　　작가나 사상가의 저서나 사상을 이해하기 위해서는 그들의 생애에 주목하는 것이 유익할 때가 있다. 특히 문학 연구에서 이른바 '내적 연구 방법'은 작가의 전기를 배제하고 오로지 작품을 구성하는 요소들의 내적 관계만을 강조하고 있다. 그러나 작가의 생애를 돌아보는 것은 유용한 도구가 되기도 한다. 『제2의 성』을 이해하기 위해서 먼저 보부아르의 생애를 돌아보기로 하자.

　　보부아르에 대해 훌륭한 전기를 쓴 베어Deirdre Bair는 보부아르의 어린 시절이 온통 '검은색' 천지였다고 지적한다.[7] 이것은 보부아르가 태어난 시기인 1900년대 초 프랑스 부르주아 사회의 보수성, 폐쇄성과 밀접하게 관련되어 있는 것으로 보인다. 검은색은 권위, 권력, 소유 등을 나타낸다. 보부아르가 어린 시절부터 체험한 몇 가지 일화를 통해 그 당시 프랑스의 부르주아사회가 얼마만큼 관례와 형식을 중요시하고, 보수적이며 폐쇄적이었는가를 짐작할 수 있다.

베어는 우선 보부아르가 어린 시절에 어머니가 입었던 뻣뻣한 '검은색' 옷 때문에 좌절감을 느꼈다는 사실을 지적한다. 어린 보부아르는 어머니가 입고 있는 검은색 옷이 뻣뻣한 촉감이어서 어머니에게 거리감과 장벽을 느꼈다고 한다. 파리의 뤽상부르 공원에서 보부아르가 가지고 놀았던 굴렁쇠도 '검은색'이었다. 또한 보부아르는 어머니를 통해 소개받은 상류층 아이들을 제외하고는 그 어떤 아이들과도 어울리지 못했다. 심지어 다른 아이들과 이야기를 나누는 것조차 금지되었다. 실제로 아이들끼리 사귀려면 어머니들끼리 먼저 만나야 했다. 또한 세 살이 되면 아이들은 명함을 '검은색' 핸드백에서 꺼내 '은쟁반'에 올려놓는 법을 배워야 했다. 이처럼 보부아르가 태어나면서 속하게 된 숨 막힐 듯한 부르주아사회를 베어는 이렇게 묘사하고 있다.

이것이 바로 1908년 1월 9일 파리에서 태어난 보부아르가 첫발을 내디딘 프랑스 부르주아사회였다. 이 사회는 예의범절과 세련된 품위의 세계였다. 부자연스러운 예의와 품위가 보부아르

가족의 온갖 생활을 규제하고, 일반 대중으로부터 그들을 갈라
놓았다. 가정의 규율은 엄격하고 완고했다. 가정의 울타리 안에
서뿐만 아니라 바깥의 사교계와 정치계에서도 절제와 보수주의
가 그들의 행동을 지배했다.(베:20)

보부아르의 집안은 12세기까지 거슬러 올라가는 유서 깊
은 집안이다. 부계 쪽의 시조는 12세기의 성직자 기욤 드 샹
포Guillaume de Champeaux이다. 샹포는 파리 대학 설립자 가
운데 한 사람이고, 수도원장을 지낸 앙셀름Anselme과 아벨라
르Abélard의 제자였다. 1900년대 초까지도 보부아르의 집안
은 8백여 년 동안 이어져 온 전통과 관습에 젖어 있었다. 그
대표적인 예가 결혼 문제였다. 이 문제는 특히 여성들에게 해
당되었다. 그 당시 여성들이 고등교육을 받고 직업을 갖는 것
은 버르장머리 없는 일이자 타락한 일로 간주되었으며
(전:208), 고등교육을 받는 것도 오로지 좋은 가문의 남성을
만나 결혼하기 위해서였다.[8]

어머니의 영향

이와 같은 보수적이고 폐쇄적인 부르주아사회의 분위기
는 보부아르의 가정에도 그대로 반영되었다. 집안 분위기는
어머니 프랑스와즈 브라쇠르Françoise Brasseur의 완고한 태도

를 통해 표출되었다. 프랑스 동북부 지방에서 금융업에 종사했던 유력한 부르주아 집안 출신인 프랑스와즈는 독실한 기독교 신자였다. 소녀 시절에 수도원에서 교육을 받기도 했으며, 한때는 수녀가 될 마음을 먹기도 했다. 하지만 좋은 남자와 결혼해서 가문의 재산과 지위를 높이는 것이 프랑스와즈를 기다리고 있던 운명이었다.

결혼한 뒤 프랑스와즈는 남편과 아이들 뒷바라지에만 정성을 다 쏟아 부었다. 프랑스와즈는 특히 보부아르와 동생인 엘렌느 드 보부아르Hélène de Beauvoir—보부아르보다[9] 2년 반 뒤에 태어났다—를 아주 보수적으로 교육했다. 프랑스와즈는 자매의 일거수일투족을 감시했다. 특히 자매가 읽는 책에 민감했다. 심지어 편지까지 뜯어보았다. 실제로 프랑스와즈는 두 딸의 나이가 각각 열아홉, 열일곱 살이 될 때까지 편지를 검열했다. 또한 자매가 아주 어렸을 때부터 신앙을 갖게 했다.

프랑스와즈는 두 딸의 성性 문제에 특히 엄격했다. 자매의 교육과 풍기 문제에 프랑스와즈가 어느 정도까지 관여했는지를 보여주는 흥미로운 일화들은 많다. 그 가운데 두 가지 일화를 소개한다.

보부아르는 학교에서 영어와 라틴어를 배웠다. 그러자 프랑스와즈는 큰딸이 읽는 책의 내용을 검토하기 위해 이 두 언어를 독학하기도 했다.(베:35) 또한 대학생이 된 큰딸이 외출할 때 얼굴에 옅은 화장을 하면, 프랑스와즈는 상상하기 어려운 행동을 하기도 했다.

> 집을 나서면서 사촌 언니인 마들렌느가 내 뺨에다 연지를 조금 찍는 장난을 했다. 예쁜 것 같았다. 어머니가 그것을 닦아 내라고 명령했을 때 나는 항의했다. 아마도 어머니는 내 뺨에서 악마의 발톱을 본 것처럼 느꼈던 모양이다. 어머니는 따귀를 때려 나에게서 악마를 쫓아냈다. 나는 이를 갈면서 복종했다.(전:326)

『제2의 성』에서 비판적으로 기술하고 있는 여성 문제의 상당 부분을 보부아르는 어머니에게서 보았던 것은 아니었을까? 분명 그랬을 것이다. 보부아르는 후일 어머니와의 관계를 이렇게 술회한다.

> 열두 살이나 열세 살까지만 해도 나는 어머니를 무척 사랑했지만, 그 후로는 그 사랑을 잃어버리기 시작했어요. 내가 소녀 시절을 거치는 동안, 어머니는 나를 줄곧 원수처럼 대했죠. 정말 참을 수 없을 정도였어요. 나는 부르주아지와 가톨릭교회와 경건한 생각을 혐오하기 시작했는데, 어머니는 그것을 좋아하지 않았던 거예요.(베:54)

하지만 뒷날 모녀는 서로 존경과 사랑을 아낌없이 주고받는다. 우선 프랑스와즈는 유명해진 큰딸을 자랑스러워했다. 예컨대 프랑스와즈는 보부아르의 작품인 『군식구*Les Bouches inutiles*』를 자기에게 헌정했다는 사실을 입이 닳도록 자랑했다. 보부아르 역시 어머니에게 존경을 표현했다. 『초대받은 여자』에서 여자 주인공에게 '프랑스와즈'라는 이름을 붙였다. 특히 『조용한 죽음*Une mort très douce*』에서는 어머니의 임종을 가까이에서 지켜보면서 생사의 갈림길에서 단말마의 고통을 겪는 어머니의 모습을 비장한 문체로 그려내고 있다. 이 소설은 보부아르가 어머니에게 눈물로 써서 바친 추도사라고 할 수 있다.[10)]

아버지의 영향

보부아르가 자기 인생에 커다란 영향을 주었다고 한 아버지 조르주 드 베르트랑Georges de Bertrand과의 관계는 어떠했을까? 여느 아버지와 마찬가지로 조르주도 두 딸을 사랑했다. 조르주 역시 오랜 전통의 부르주아 집안 출신이었기 때문에 학교에 진학한 두 딸에 대해 애정보다는 오히려 '처벌'과 '명령'으로 사랑과 관심을 표현했다. 하지만 조르주는 프랑스와즈와는 많이 달랐다. 그 결과 보부아르는 부모가 보여주는 이질적이고 때로는 대립적이기까지 한 두 성향 사이에 끼어 양가적인 감정을 느꼈다고 한다. 시몬느는 어른이 되었을 때 이렇게 회상했다.

> 나는 아버지가 영위하는 지적인 생활과 어머니가 표현하는 정신적 생활이 서로 공통점이 전혀 없는 이질적인 경험의 영역이라는 생각에 익숙해졌다.(베:34~35)

결혼 전에 프랑스와즈가 지방에서 현모양처가 되기 위한 준비를 하고 있을 때, 조르주는 파리에서 자유로운 삶을 즐겼다. 조르주는 연극배우가 되고 싶었다. 하지만 이 직업은 당시 부르주아에게는 천한 직업으로 인식되었다. 주위 사람들의 따가운 시선을 의식해서 조르주는 연극에 흥미가 있었으면서도 법률을 전공했다. 법원 서기 일을 하다가 조르주는 나중에 변호사 개업을 했다. 하지만 조르주는 일보다는 풍류에 관심이 더 있었다. 사무실에서 일하는 시간보다는 뮤직홀, 경마장, 카페, 극장, 살롱 등에 드나드는 시간이 더 많았다. 결혼한 뒤에도 조르주는 프랑스와즈에게 좀더 세련된 교양을 쌓아야 한다면서 연극 감상과 독서를 권장하기도 했다. 하지만 프랑스와즈는 문학작품과 연극에서 교회가 금지하는 쾌락의 분위기가 풍긴다는 이유로 무신론자인 남편의 권유를 거절했다.

보부아르의 반려자였던 사르트르는 자서전 형식의 소설인 『말 *Les Mots*』에서 "내 삶은 책 속에서 시작되었고, 아마도 책 속에서 끝나게 될 것이다"라고 말하고 있다. 보부아르 역시 문학작품과 연극을 좋아해 집을 온통 책으로 채워 놓았던 아버지 덕택으로 어렸을 때부터 많은 책을 읽었다.

무대 의상을 입고 있는 보부아르의 부모.
아버지 조르주는 연극을 좋아했다.

이 아마추어 배우는 시와 운문을 외우고 낭송하기를 즐겨했다. (중략) 때로 그는 아내와 두 딸을 옆에 앉히고 살롱에 자리를 잡았다. 그는 서가에서 희곡 한 편을 꺼내 들고 읽기 시작했다. 두 자매는 그의 대사를 받아 이었다. (중략) 보부아르가 후일 문학에 흥미를 갖게 된 것은 아마도 이 즐거운 시절의 소산일 것이다.(보:32)

이처럼 조르주는 지적인 생활에서는 큰딸에게 긍정적인 영향을 주었던 것으로 보인다. 하지만 실생활에서는 마음의 상처를 준다. 보부아르는 특히 열한 살까지는 행복했지만 그 이후로는—1차 세계대전이 끝난 이후로는—그렇지 못했다고 말한다. 주로 아버지 때문이었다. 조르주는 1차 세계대전이 일어나자 군대에 동원되었다가 심장 발작을 일으켜 후송되었으며, 그 이후 행정 업무를 담당했다. 그 과정에서 보부아르의 집안은 경제적으로 어려움을 겪는다. 전쟁이 끝났을 때 조르주에게는 변호사 사무실을 개업할 만한 경제적 여유가 없었다. 실패한 변호사는 여러 직업을 전전했지만 건강이 나빠져 점차 파탄 상태로 접어들었다.

아마 그래서였을 것이다. 조르주는 두 딸에게 지참금을 한 푼도 줄 수 없다는 말을 자주 하곤 했다. 조르주는 영리하고 공부를 잘하는 큰딸을 좋아했다. 그래서 조르주는 보부아르가 대학입학자격시험에 합격한 것을 자랑스럽게 생각했다. 하지만 조르주는 교육공무원이 되고자 하는 보부아르를 탐탁하게 여기지 않았다. 또한 보부아르가 사내아이가 아니라는 사실과 인문학을 공부한다는 사실을 몹시 아쉬워했다. 어쨌든 조르주는 보부아르에게 지적인 면에서 커다란 영향을 주긴 했지만, 경제적 어려움을 겪게 만들었다. 물론 보부아르는 경제적 어려움을 겪으면서 매 순간을 치열하고도 생산적으로 이용해야 한다는 교훈을 얻었다. 하지만 보부아르에게 이 시기는 비참하고 불행한 시기였음에 틀림없다.

조르주의 반페미니스트적인 태도는 보부아르에게 영향을 주었다. 조르주는 무신론자였고, 연극과 예술을 좋아하는 깨어 있는 부르주아였다. 하지만 조르주의 윤리관은 구태의연했고, 정치에서는 극우파를 지지했으며, 결혼에 대해서도 보수적인 태도로 일관했다. 결혼 뒤에도 남편의 부정을 용인하는 입장을 보임으로써 큰딸을 분노하게 만들기도 했다. 나중에 보부아르가 남녀평등을 과격할 정도로 추구한 것은 조르주에게서 직접이든 간접이든 영향을 받았기 때문이라고 할 수 있다. 어쨌든 보부아르가 아버지에게 많은 영향을 받은 것은 사실이다. 하지만 보부아르는 어머니와는 달리 아버지의 모습을 문학으로 형상화한다든가 하는 존경을 표현하지는 않았다.

엘렌느, 자자, 자크

보부아르의 삶에서 빼놓을 수 없는 세 사람이 있다. 동생 엘렌느, 친구 자자Zaza, 먼 친척 오빠 자크 샹피뇌유Jacques Champigneuilles가 그들이다. 보부아르와의 관계를 차례대로 간략하게 살펴보자.

나중에 꽤 명성 있는 화가가 된 엘렌느는 똑똑하고 활동적인 언니 덕분에 이득을 보기도 했고, 또 언니 때문에 손해를 보기도 했다. 어렸을 때부터 보부아르는 엘렌느에게 줄곧 선망과 질투의 대상이었다. 하지만 자매는 곤경에 처하면 동지애를 발휘하기도 했다. 아이가 둘 있는 집에서 첫아이에 비해 둘째 아이는 관심을 덜 받는다. 부모에게 첫아이는 새로운 경험이어서 늘 경탄하는 대상이다. 그러나 둘째 아이는 그렇지 못하다. 하물며 똑똑한 보부아르와 수줍음을 잘 타고 여자다운 엘렌느의 경우는 더 말할 나위가 없었다. 어렸을 때 보부아르는 거의 동생―동생은 착하고 조용한 성격에 얼굴도 예뻐 '작은 인형'이라는 뜻의 '푸페트Poupette'라는 별명으로 불렸다―의 '선생님'이었다고 할 수 있을 정도로 모든 일을 가르치고자 했다. 나이 차이는 얼마 나지 않지만 언니와 동생 사이에는 일종의 주종 관계와 비슷한 위계질서가 자리잡게 되었던 것이다.(보:28, 전:63~64)

어려서부터 자매 사이에 만들어진 관계는 성장해서도 그대로 유지된다. 무명 화가로서 전시회를 열 때 엘렌느는 언제나 『초대받은 여자』의 작가 보부아르의 동생으로 알려지고 기억되었다. 물론 무명 시절에는 언니의 후광이 엘렌느의 이름을 알리는 데 어느 정도 기여한 것은 사실이다. 하지만 엘렌느가 보부아르가 가진 명성의 그늘을 헤쳐 나오는 것은 쉬운 일이 아니었다.

> 먼 훗날 보부아르는 내 운명과 내 여동생의 운명을 비교해 보면 아주 의미심장하다고 말한다. 또한 그 아이의 길은 어린 시절의 불리한 조건을 극복해야만 했으므로 나의 길보다 훨씬 더 힘든 길이었다고도 말한다.[11]

자매의 어린 시절. 엘렌느, 프랑스와즈, 보부아르(왼쪽부터).

그렇다고 해서 보부아르와 엘렌느의 사이가 마치 주종 관계처럼 굳어진 것은 아니다. 보부아르는 소녀 시절 '애정의 서열' 맨 윗자리에 엘렌느를 놓았다. 자매는 또한 공동의 목적을 위해 협력하는 동지이기도 했다. 한 가지 일화를 살펴보자. 보부아르가 대학에 다니기 시작한 뒤 얼마 지나지 않아 엘렌느도 대학에 갈 차례가 되었다. 어머니는 둘째 딸이 대학에 가는 것을 반대했다. 앞에서도 지적했듯이, 1900년대 초의 프랑스에서 여성들이 고등교육을 받는 것을 그다지 환영하지 않았기 때문이다. 그러자 보부아르는 동생을 위해 어머니와 그야말로 일전을 치러 동생이 대학을 가도록 도와주었다.

보부아르는 작가와 철학교수가 되었고, 엘렌느는 화가가 되었다. 특히 언니와 달리 엘렌느는 결혼을 하고 화가와 주부로서 조화로운 생활을 꾸려 나갔다. 엘렌느는 사르트르의 제자인 리오넬Rionel과 결혼했다. 어쨌든 엘렌느는 보부아르의 열렬한 지지자였다. 언니는 자기가 쓴 책들을 빠짐없이 동생에게 보내주었고, 동생은 그 책들을 모두 읽고, 거기에 대해 비판과 더불어 열렬한 지지로 응답했다.

하지만 나중에 자매 사이에 약간 반목이 있기도 했다. 보부아르가 실비 르 봉Sylvie le Bon을―보부아르와 실비의 관계는 뒤에서 살펴볼 것이다―양녀로 삼아 모든 상속권을 물려주었기 때문이다. 엘렌느는 언니의 상속권이 자기에게 올 것이라고 내심 기대하고 있었다. 하지만 이 사태 역시 보부아르가 엘렌느를 설득해서 해결된다. 보부아르는 엘렌느에게 상속권을 넘겨준다 할지라도, 자기와 엘렌느의 나이 차이를 고려할 때, 이 상속권이 별다른 의미가 없다고 설득한 것이다. 보부아르가 1986년에 세상을 떠난 반면, 엘렌느는 2000년까지 살았다. 보부아르는 어머니가 세상을 떠난 뒤에 동생 엘렌느의 존재를 통해 혈육과 가족의 중요성을 깨달았다. 어쨌든 보부아르 자매는 체념과 정숙으로만 일관하던 여성들의 삶과는 다른 삶을 욕망하고, 또 그런 삶을 영위해 나가는 데 서로 많은 도움을 주었다.

자자

보부아르의 소녀 시절에 있었던 중요한 사건 가운데 하나는 친구 자자와 만난 일이다. 보부아르가 『얌전한 처녀의 회상록』에서 자자 마비유Zaza Mabille라고 불렀던 엘리자베드 라코엥Elisabeth Lacoin이 그 주인공이다. 보부아르는 이 회상록에서 조르주와 프랑스와즈, 그리고 짝사랑 한 사촌 오빠와 같은 비중으로 자자에 대해 회상해 놓았다. 보부아르는 자자를 열 살 때 만났다. 만나자마자 '단짝'이라는 별명을 얻을 정도로 친해진 두 사람의 관계는 자자가 스물한 살에 갑자기 세상을 떠날 때까지 계속되었다.

집에서는 동생 엘렌느가 선망하는 대상이었고, 초등학교 저학년에서도 우수한 학생이었던 보부아르는 4학년이 되자마자 자자라는 '진정한 맞수'를 만난 것이다. 자기와는 다른 기질을 가졌으며, 피아노, 바이올린, 글씨, 공부 등 모든 면에서 뒤떨어지지 않는, 오히려 어떤 분야에서는 자기를 앞서는 자자를 두고 보부아르는 스스로를 "그녀의 음화陰畵"(전:133)로 여겼다. 또한 보부아르는 자자를 "우러러보며, 그녀를 위해서라면 자존심을 내던질 정도로 좋아했다"(전:140)고 술회했다. 한마디로 자자는 보부아르에게 '예외적인 존재'였다.

보부아르는 자자를 진정한 대화 상대, 모든 것을 말할 수 있는 상대로 생각했다. 하지만 두 사람은 서로를 부를 때 불어의 높임말 표현인 '당신(vous)'[12]을 사용했고, 그런 만큼 속마음까지 모두 터놓지는 못했다. 더군다나 두 사람의 우정이 깊어지는 것을 달가워하지 않은 사람이 있었다. 바로 자자의 어머니였다. 자자의 어머니는 보부아르의 집안이 자기 집안에 비해 고상하지 못하다고 판단했다. 특히 보부아르가 소르본 대학에 다니게 되자, 이 대학의 자유로운 분위기—자자의 어머니는 이런 분위기를 비도덕적이고 퇴폐적인 것으로 여겼다—가, 그러니까 부르주아의 형식, 전통, 관습, 권위 등을 무시하는 분위기가 자자에게도 그대로 전해

보부아르와 자자.

질까 우려했던 것이다. 자자 어머니는 보부아르 어머니에게 딸들이 서로 만나지 않았으면 하는 의사를 전달하기도 했다.

그러나 자자는 오히려 보부아르보다도 더 이른 나이에 사랑에 빠졌으며, 그로 인해 깊은 상처를 받았다. 실제로 자자는 친척 오빠를 좋아했고, 그와 결혼까지도 생각했다. 그러나 어머니가 반대해서 결혼하지는 못했다. 또한 집안에서 정해 준 남자가 아닌 다른 남자를 사귄다는 이유로 자자를 베를린으로 보낼 정도로 어머니의 태도는 완강했다. 그 결과 자자는 자기 결혼 문제를 마음대로 할 수 없다는 사실 때문에 괴로워했다. 하지만 자자 자신도 이와 같은 집안의 구속을 떨쳐 버리기에는 부르주아의 인습에 깊이 젖어 있었다.

불행하게도 자자는 스물한 살의 나이로 세상을 떠난다. 이때 자자는 보부아르를 통해 알았던 한 남자와 결혼 문제로 홍역을 치르고 있었다. 자자와 교수 자격시험을 준비하던 고등

사범학교 학생[13]과 혼담이 있었다. 하지만 이번에도 자자의 어머니가 반대했다. 이유는 자자의 집안에서는 연애를 해서 결혼을 한 경우가 없었다는 것이다. 더군다나 혼담이 오가는 남자를 보부아르가 소개했다는 것이 결정적인 이유였다. 자자의 어머니는 이른바 '대학 물'을 먹은 보부아르에 대해 경계심을 늦추지 않았던 것이다.

자자의 어머니는 다시 자자를 베를린에 1년 동안 보낼 생각을 했다. 하지만 이때 자자는 원인 모를 병에 걸려 있었다. 자자는 그 와중에도 혼담이 오가는 남자의 어머니를 직접 만나 담판을 짓고 겨우 결혼 동의를 받아 내는 데 성공한다. 그러나 자자는 얼마 지나지 않아 세상을 뜨고 만다. 자자는 죽어 가면서도 "내 바이올린, 프라델, 시몬느 그리고 샴페인"(전:435)을 요구했다고 한다. 어쨌든 보부아르는 『결국』에서 자자를 통해 세 가지, 즉 사랑하는 기쁨, 지적 교류의 즐거움, 그리고 일상적인 공모를 배웠다고 술회하고 있다.

자크

보부아르의 생애, 특히 청소년기에서 큰 비중을 차지한 또한 사람은 먼 친척 오빠인 자크이다. 자크의 친할아버지가 보부아르의 외할아버지의 누이동생과 결혼했으므로, 자크와 보부아르는 육촌지간이다. 교육 문제로 파리에 있었던 자크와 보부아르는 서로 집이 멀지 않았기 때문에 왕래가 잦았다. 보부아르보다 서너 살 위였던 자크는 나이에 비해 조숙했다. 자크는 보부아르의 학업을 도와주기도 했다. 특히 많은 작가들을 소개해 주고 그들의 문학 세계로 인도하면서 보부아르에게 커다란 영향을 주었다. 보부아르는 이렇게 술회한다. "자크는 내가 몰랐던 많은 시인과 작가들을 알고 있었다. 그가 오면 그와 함께 폐쇄되어 있는 세계의 풍문이 우리 집으로 흘러들어오는 것이었다. 나는 얼마나 그 세계 속으로 들어가고 싶었던가!"(전:144)

물론 자크의 영향에 대해 보부아르의 부모는 걱정을 했다. 큰딸이 읽는 책을 검열했던 부모의 입장에서 자크가 보부아르에게 소개해 주는 많은 작가들의 작품은 종종 위험해 보였던 것이다. 특히 자크와 더욱 자주 만나던 무렵에 신앙을 잃은 보부아르는 '책'을 거의 '종교'로 생각하고 있었다. 그렇기 때문에 보부아르에게 자크의 영향력은 더 커질 수밖에 없었다. 자크에 대한 보부아르의 감정은 급기야 사랑으로 발전한다. 보부아르의 어머니인 프랑스와즈 역시 한때나마 두 사람의 결혼을 염두에 두기도 했다. 왜냐하면 자크라면 보부아르를 지참금 없이 받아들일 수 있을 것으로 판단했기 때문이다. 하지만 프랑스와즈는 둘의 만남을 허락하지 않기로 했다. 자크가 보부아르에게 미치는 나쁜 영향 때문이었다. 하지만 시간이 흐르면서 자크에 대한 보부아르의 사랑은 더욱 커져서 결혼을 생각하기에 이른다.

> 자크 곁에서 책을 읽으며 (중략) '우리 둘'을 생각하리라. (중략) 그의 곁에서 행복은 결코 수면이 되지 않을 것이고, 우리의 나날은 감미롭게 반복될 것이다. 그러나 하루하루 우리는 공동의 관심사를 계속 추구하리라. 불안으로 결합되어 결코 길을 잃어버리는 일 없이 항상 함께 방황하리라. 이렇게 해서 마음의 갈등에서가 아니라 마음의 평화에서 구원을 얻으리라. 눈물과 권태 끝에 나는 내 모든 인생을 이 행운에 걸어 버렸다.(전:250)

이렇듯 보부아르에게 자크의 비중은 나날이 커졌고, 결국 그와의 만남을 운명으로 생각했다. 보부아르는 당시의 감정을 이렇게 술회한다. "'나는 결코 그 아닌 다른 사람을 사랑하진 못할 것이다.' 이렇게 나는 결론을 내렸다. (중략) 자크는 내 운명이었다."(전:253) 그 이후 보부아르는 자크의 행동 하나하나에 따라 냉탕과 온탕을 왔다 갔다 했다. 보부아르는 자크와 기질이 달라 자주 걱정하기도 했다. 자크가 모험을 즐기고 향락과 안락을 중시하고, 니힐리즘적인 태도로 사는 데 반해—혹시 보부아르는 자크의 태도에서 아버지 조르주의 태도를 보았던 것은 아니었을까?—보부아르는 진지함, 성실

성, 단호함 등을 중요하게 여겼다. 또한 보부아르는 주부가 되어 자크 곁에서 모든 것을 희생할 준비가 되어 있는지에 대한 확고한 신념도 없었다.

보부아르와 자크의 관계는 그가 군복무를 하면서 요동쳤다. 자크는 18개월 동안 알제리에 있었다. 자크가 보낸 편지 속에 애정을 표현한 말을 발견하면서 보부아르는 사랑하는 감정을 키웠다. 하지만 아무런 소식이 없는 경우 보부아르는 번민과 고뇌에 휩싸이곤 했다. 그 와중에도 보부아르는 학교에서 다른 친구들을 사귀기도 했다. 하지만 보부아르는 여전히 자크에게 미련이 남아 있었다. 물론 보부아르는 자크의 무관심한 태도에 분개해서 절교를 하고 싶다는 생각을 품기도 했다. 하지만 그렇게 하지 않았고, 또 못했다. 혹시 자크에게 절교를 선언하는 것은 결국 보부아르 자신의 소중한 과거를 스스로 부정하는 것이라 여겼기 때문인지도 모른다.

하지만 그 무렵 보부아르의 생활은 무척 바쁘게 돌아가고 있었다. 어렵다고 소문난 철학교수 자격시험을 통과해야 했다. 그리고 그때 알게 된 사르트르의 친구 르네 마외René Maheu와 같이 보내는 시간이 많아지면서 보부아르는 점차 자크에 대한 생각을 지워 가고 있었다. 특히 마외가 소개한 사르트르를 만나면서 자크의 존재를 잊었다. 철학교수 자격시험에서 합격한 날 사르트르는 보부아르에게 "이제부터 내가 당신을 책임지겠소"라고 말한다. 이때 자크는 다른 여자와 결혼 준비를 하고 있었다. 보부아르는 그 뒤로 부부 동반을 한 자크의 모습을 여러 차례 보았다. 그러나 사업에서 거듭 실패를 한 자크는 결국 이혼을 하고, 곧이어 세상을 떠난다. 보부아르는 『얌전한 처녀의 회상록』의 끝에서 마흔여섯에 세상을 떠난 자크의 모습을 안타깝게 회상하고 있다.

어쨌든 보부아르가 소녀에서 성인으로 넘어가는 시기에 자크와 만난 것은 중요한 사건이었다. 특히 자크와 만남은 무명작가들의 작품까지 포함해서 다양한 작품들을 두루 섭렵하는 계기가 되었다. 이것은 나중에 보부아르가 문학에 대한 관심과 이해의 폭을 넓히는 데 결정적인 기여를 했다. 또한 자크를 짝사랑하면서 보부아르는 정신적으로 훌쩍 성장했다. 요컨대 자크는 당시 부르주아사회의 분위기와 보수적이고 폐쇄적이며 심지어는 억압적이기까지 한 가정에 둘러싸여 답답해하던 보부아르에게 신선한 공기였다고 할 수 있다.

신앙의 상실

보부아르의 삶에서 중요한 의미를 가지고 있는 한 가지 사건은 신앙을 잃은 것이다. 수도원에서 잠깐 동안 지냈던 프랑스와즈는 보부아르가 걸음마도 하기 전부터 교회에 데려갔다. 또한 첫돌이 지나기도 전에 딸에게 몽파르나스 가에 있는 성당의 그림과 동상에 대한 이야기를 들려주면서 신앙을 가르치기 시작했다.(베:35) 그 이후 보부아르는 신자가 되었으며, 신앙을 잃을 때까지 그 누구보다도 독실한 신앙생활을 했다. 『얌전한 처녀의 회상록』에서 보부아르는 자신의 신앙이 어느 정도 돈독했는가를 여러 차례에 걸쳐 보여준다.

나는 신앙심이 매우 깊었다. 달마다 두 번씩 마르탱 신부에게 고해성사를 했고, 주마다 두 번씩 영성체를 했으며, 아침마다 '예수의 가르침'의 장을 읽었다. 수업 시간 사이 쉬는 시간에는 학교 안에 있는 성당으로 살며시 들어가 오랫동안 손으로 머리를 감싸고 기도드리곤 했다. (중략) 그 분이 거기 계심을 안다는 것은 얼마나 마음 든든한 일인가!(전:86~87)

보부아르는 종종 조르주가 무신론적 태도를 보이면 당황했다. 보부아르는 또한 신앙을 잃어버리는 것을 가장 큰 재앙으로 생각했으며, 급기야는 수녀가 되어 평생 하나님을 바라보고 살 결심을 하기도 했다.

유한과 무한 사이에서 내 선택은 이루어졌던 것이다. '수녀원에 들어가리라'고 나는 결심했다. 수녀들의 자선사업은 너무 부질없는 것으로 보였다. 언제나 신의 영광만을 우러르는 것 말고는 신에게 달리 온당하게 전념하는 방도는 있을 수 없었다. 나는 갈멜 수녀가 되리라.(전:88~89)

하지만 보부아르는 점차 회의주의에 빠진다. 깊이를 알 수 없는 번민, 고뇌가 이어졌고, 여러 번 위기를 넘기고서 보부아르는 마침내 신앙을 포기하고 만다.

어느 날 저녁 나는 메이리냐크에서 다른 여느 저녁과 마찬가지로 창턱에 팔을 괴고 있었다. (중략) 나는 그날 하루를 금지된 사과를 먹고, 금지된 발자크가 쓴 작품의 하나인 한 청년과 암표범의 이상한 사랑 이야기를 읽으며 보냈다. 잠들기 전에 나를 묘한 상태로 이끌어 줄 묘한 이야기를 떠올리려고 했다. '이것은 죄악이야'라고 나는 생각했다. 더 이상 속일 수는 없었다. 끊임없는 고의적 불복종, 거짓말, 추잡한 몽상 등은 죄 없는 행동이 아니었다. 나는 월계수들의 서늘함 속으로 손을 내밀었다. 졸졸 물 흐르는 소리가 들려왔다. 그리고 나는 그 어떤 것도 나에게서 지상의 기쁨을 포기하게 할 수는 없으리라는 것을 깨달았다. '이제 나는 하나님을 믿지 않아.' 나는 크게 놀라지도 않고 혼자 중얼거렸다.(전:162)

이때 보부아르는 열여덟 살이었다. 신앙을 포기하고 보부아르가 아무런 죄의식 없이 지낸 것은 아니다. 우선 보부아르는 자신의 '중대한 죄'를 그 누구에게도 말하지 못한 채 지낸다. 비록 조르주가 회의주의적 경향을 보이긴 했지만, 그렇다고 그 사실을 그에게 털어놓을 수는 없었다. 이 사실을 알게 되면 프랑스와즈에게 무슨 일이 일어날지 아무도 예상할 수 없었다. 동생 엘렌느 역시 신앙을 포기했을지도 모른다. 하지만 동생이 먼저 고백하면 모를까 언니가 먼저 말할 수는 없었다. 만약 자자에게 고백하면 보부아르보다 더 돈독한 신앙을 가진 자자와의 우정이 깨질 수도 있다. 이런 상황에서 보부아르는 신앙을 포기하고서도 한동안 미사에 참석하고, 영성체를 계속하고, 성체 빵을 무심히 삼키면서, 한마디로 자신을 속이면서 지낸다. 하지만 보부아르는 대학에 입학한 해에 결국 프랑스와즈에게 사실을 털어놓는다. 프랑스와즈의 반응은 대단했지만 별 다른 도리가 없었다. 그저 엘렌느에게 전염되지 않기를 바랄 뿐이었다.

어쨌든 보부아르가 신앙을 잃어버린 것은 소녀에서 성년으로 넘어가는 과정에서 꽤 중요한 사건이었다. 회의주의가 강해지면서 보부아르의 사유는 점차 무신론적 실존주의로 기울게 되는 결정적 계기가 된 것이다. 이것이 나중에 보부아르가 사르트르를 만났을 때 쉽게 가까워질 수 있는 요인들 가운데 하나일 수도 있다. 보부아르의 다음과 같은 단상에서 사르트르가 주장하는 존재의 우연성을 그대로 발견할 수 있다.

나를 필요로 하는 것은 아무것도 없다. 아무것도 인간을 필요로 하지 않는다. 존재 이유가 있는 것은 아무것도 없기 때문이다.(전:272)

사르트르와 만남

보부아르는 『결국』에서 사르트르와 만난 것이 자신의 인생에서 "중요한 사건(événement capital)"이었다고 밝히고 있다. 이들은 1928년을 전후해서 소르본 대학이나 고등사범학교에서 수업을 들으면서 서로 스친 적은 있었다. 그러나 두 사람이 정식으로 알게 된 것은 1929년이었다. 그해에 두 사람은 모두 철학교수 자격시험을 준비하고 있었다. 사르트르는 1928년에 응시했으나 지나치게 독창적인 답을 썼다는 이유로 낙방해 두 번째 시험을 준비하고 있었고, 보부아르는 처음 응시하는 것이었다. 하지만 두 사람이 본격적으로 만나기 시작하기 전에 사르트르는 친구 마외를 통해 보부아르에게 접근하려고 한 적이 있었다.

사르트르는 보부아르의 논문 주제와 관련된 라이프니츠와 목욕하는 미녀들을 그린 그림을 보부아르에게 선물하기도 했다. 이 미녀들은 라이프니츠의 단자單子들을 상징하는 것이었다. 또 한 번은 사르트르가 마외를 통해 보부아르에게 정식으로 만나자는 제안을 했다. 하지만 보부아르는 이 제안을 수락하고도 약속 장소에 나가지 않았다. 보부아르에게 우정 이상의 감정을 품고 있었던 마외가 사르트르의 제안을 달가워하지 않았기 때문이다. 그래서 사르트르와 만나기로 한 시간에 보부아르는 동생 엘렌느를 약속 장소에 내보냈고, 이렇게 해서 두 사람의 만남은 조금 뒤로 미루어지게 되었다.

사르트르와 보부아르가 정식으로 만난 것은 이른바 '3인방'이었던 니장Paul Nizan, 마외 등이 철학교수 자격시험을 준비하면서였다. 그들은 보부아르를 초대해 라이프니츠에 대한 해설을 부탁했다.

사르트르의 방에 들어섰을 때 나는 약간 어리둥절했다. 책, 종잇장들이 마구 흩어져 있었고, 구석마다 담배꽁초가 쌓여 있었으며, 담배연기가 가득했다. 사르트르는 나를 사교적으로 맞아들였다. 그는 파이프를 피우고 있었다. 말없이 엉큼한 미소를 지으면서 입술 가장자리에 담배를 문 니장은 골똘히 생각에 잠

보부아르와 사르트르.

긴 표정으로, 도수 높은 안경 너머로 나를 훑어보고 있었다. 하루 종일 수줍음으로 굳어 버린 채 나는 『형이상학』을 해설했다. 에르보Herbaud[14]가 저녁 때 나를 집에 바래다 주었다.(전:405)

보부아르는 사르트르가 지식을 훈련하는 데 훌륭한 동료였다고 술회한다. 사르트르 역시 보부아르를 완벽한 대화 상대자로 생각했다고 회고한다. 철학교수 자격시험의 필기시험에서 합격한 두 사람은 아주 빠르게 가까워졌다. 보부아르는 당시를 회상하면서 사르트르가 자신의 삶에서 떠나지 않을 것이라고 확신했다고 쓰고 있다.

사르트르는 열다섯 살 때의 내 소망에 꼭 들어맞았다. 그에게서 내 모든 특징이 완전히 극단화된 내 분신을 볼 수 있었다. 그와 함께라면 나는 언제고 모든 것을 함께 할 수 있을 것 같았다. 8월 초 그와 헤어질 때 나는 그가 영원히 내 인생을 떠나지 않을 것이라는 것을 알고 있었다.(전:417)

보부아르와 사르트르는 1929년에 처음으로 만난 이후 1980년까지─사르트르는 이해에 세상을 떠났다─약 50여 년 가까이 함께 지냈다. 보부아르는 1986년에 세상을 떠나면서 사르트르와 같이 묻히길 바랐으며─두 사람은 지금 몽파르나스 공동묘지에 함께 묻혀 있다─따라서 보부아르의 예상은 죽어서까지도 들어맞은 셈이다. 대체 무엇이 이 두 사람을 이처럼 단단히 묶어 주었을까? 보부아르 자신이 직접 이 문제에 대해 답을 하고 있다.

보부아르는 그 이유로 무엇보다도 사르트르의 태도를 꼽고 있다. 보부아르는 항상 자신에 대해 커다란 관심을 가졌다. 그런데 이전의 다른 남자들은 항상 보부아르의 지나친 자기 몰두를 견디지 못했으며, 자신들의 생각을 항상 앞에 내세웠다. 그러나 사르트르는 항상 보부아르의 처지에서 이해하려고 했다. 이와 같은 태도에서 보부아르는 편안함을 느꼈다. 또 한 가지 이유는 관례, 가정, 전통 등에 대한 사르트르의 부정적인 태도, 특히 부르주아적인 삶에 대한 거부이다. 보부아르가 처음부터 결혼과 육아를 거부한 것은 아니었다. 엄격한 기독교 분위기에서 성장한 얌전한 소녀였던 보부아르는 결혼에 소중한 가치를 부여했다. 하지만 사르트르와 만난 이후 보부아르는 점차 소녀 시절의 생각을 떨쳐 버렸다. 그러면서 보부아르는 모험과 여행을 즐기고, 그 어디에도 안주하지 않는 삶을 살고자 했던 사르트르의 생활 방식을 받아들였다.

보부아르와 사르트르는 서로를 더 깊이 알아 가면서 자신들 사이에 강한 공통분모가 있음을 확인한다. '글쓰기' 곧 '문학'에 대한 열정이었다. 이것이 바로 두 사람을 아주 빠르게 가까워지게 한, 그리고 50여 년 이상 함께 할 수 있었던 가장 중요한 요소다. 보부아르는 타계하기 몇 주 전에 한 대담에서 자기와 사르트르 사이에 "열정이 그토록 오랫동안 계속된 것은 아마 이것 때문일 거예요"(베:143)라고 말했다. 여기에서 '이것'이 바로 '문학'에 대한 열정이다. 보부아르의 문학 선택은 '존재 이유'를 찾고자 하는 욕망의 소산이었다. 신앙을 잃기 전에 보부아르는 자신은 신이 필요해서 만든 존재라고 생각했다. 그러나 신앙을 포기한 이후에는 문학을 통해 그 꿈을 실현하고자 했다.

이제 나는 문학이 이 소원을 실현해 줄 수 있으리라고 생각했다. 문학은 잃어버린 영원을 대신해 줄 불멸성을 내게 보장해

주리라. 나를 사랑해 줄 하나님은 이제 없다. 그러나 나는 수많은 사람들의 가슴속에서 불타오르리라. 내 이야기로 살찌운 소설을 씀으로써 나는 나 자신을 재창조하고, 내 존재를 정당화할 수 있으리라. 동시에 인류에 봉사하게 되리라. 인류에게 책보다 더 귀한 선물이 어디 있겠는가?(전:169)

문학의 종교성, 문학을 통한 존재의 정당화, 문학을 통한 인류의 구원 등은 그대로 사르트르의 『구토』와 『문학이란 무엇인가』에서 볼 수 있는 주제들이다. 이처럼 보부아르는 사르트르의 문학관에서 자신의 것과 유사한 문학관을 발견했다. 아니 보부아르는 사르트르가 문학에 대해 갖고 있는 정열과 관심에 비해 자신의 치열함이 미미하다고 생각할 정도였다. 어쨌든 한 가지 분명한 것은 문학에 대한 열정이 그들을 끝까지 이어 준 가장 튼튼한 끈이었다는 점이다.

여기에 사르트르의 지적 능력을 덧붙여야 할 것이다. 이미 철학교수 자격시험의 구두시험을 준비하는 과정에서 사르트르의 뛰어난 지적 능력에 강한 매력을 느낀 보부아르는 둘만의 대화를 주고받을 수 있게 되었을 때 그에게 더 강한 매력을 느꼈다. 보부아르는 태어나서 처음으로 그 누군가보다 자신이 지적으로 뒤진다고 느꼈다고 술회하기도 했다.

이상의 네 가지 요소들을 통해 강화된 보부아르와 사르트르의 관계는 그 유명한 '계약결혼'[15]으로 발전한다. 1929년 무렵의 프랑스 부르주아사회의 시각으로 볼 때 불가능해 보였던 계약결혼을 통해 이들은 과연 무엇을 노렸을까? 이 문제에 직접 답을 하기 전에 먼저 두 사람이 내세운 계약결혼의 조건을 보자. 왜냐하면 이들의 계약결혼이 많이 왜곡되어 우리나라에 소개되었기 때문이다. 우리나라에서는 보통 계약결혼이란 청춘 남녀의 혼전 동거 또는 혼전 결혼 연습 정도의 의미를 부여하고 있다. 하지만 보부아르와 사르트르가 자신들의 계약결혼에 부여한 의미는 실험적 혼전 동거와는 상당한 거리가 있다.

물론 보부아르와 사르트르의 계약결혼 역시 혼전 동거라고 할 수 있다. 하지만 두 사람의 계약결혼은, 특히 인간들 사이의 존재론적 관계 정립, 곧 의사소통의 정립에 관계된 그들의 사유를 실천하는 것과 밀접한 관계가 있는 것으로 보인다. 두 사람은 서로에게 세 가지 조건을 제시했다. 첫째, 자신들의 사랑을 필연으로 생각하지만 우연한 사랑도 인정한다는 조건, 둘째, 서로에게 모든 사실을 다 말함으로써 투명성을 확보한다는 조건, 셋째, 경제적 독립채산제의 조건이다.

첫째 조건은 두 사람의 관계를 뿌리부터 위협했던 조건이기도 했다. 두 사람은 이 조건 때문에 여러 차례 파경에 이를 뻔했다. 물론 이들은 파경에 이를 위험을 이겨 내고 끝까지

동고동락했다. 그런데 이 첫째 조건은 그들을 모방해서 계약결혼을 한 수많은 청춘 남녀들이 남용해서 계약결혼의 본질을 흐리게 만든 독소 조항이라고도 할 수 있다.

보부아르와 사르트르가 맺은 계약결혼의 둘째 조건은 "모든 것을 다 터놓고 말한다"는 것이었다. 이 조건의 참다운 의미를 이해하기 위해 이들의 철학적 사유[16]를 잠시 보도록 하자. 사르트르의 존재론에서 '나'와 '타자' 사이의 관계는 '갈등'의 관계로 정의된다. 왜냐하면 내가 항상 주체성의 상태로 있어야 하는 것과 마찬가지로 타자 역시 주체성의 상태로 있어야 하기 때문이다. 따라서 나와 타자는 만나자마자 서로 주체성의 상태로 있으려 한다. 따라서 그 관계는 항상 '갈등'으로 귀착될 수밖에 없다. 이것이 "타자는 나의 지옥이다"라는 사르트르의 주장에 담긴 의미이다. 이처럼 사르트르는 인간들의 관계를 적대적인 것으로 파악한다. 보부아르의 생각 역시 이와 동일하다. 『초대받은 여자』의 첫머리에서 "의식은 다른 의식의 죽음을 추구한다"는 헤겔의 『정신현상학』에 나오는 한 구절을 보는 것은 결코 우연이 아니다.

보부아르와 사르트르는 계약결혼에서 이 둘째 조건을 통해 비극적인 인간관계를 극복하고자 한다. 특히 사르트르는 '언어'를 나와 타자가 맺는 존재관계의 한 형태로 규정한다.[17] 한 가지 흥미로운 점은 이 언어관계가 성립하기 위해서는 이 관계에 참여하는 쌍방인 나와 타자가 모두 주체성의 상태로 있어야 한다는 사실이다. 왜냐하면 "나는 내가 말하는 것으로 존재하며", 따라서 내가 타자에게 나의 존재를 전달하기 위해서는 나는 완전한 주체성을 유지해야 하기 때문이다. 타자 역시 내가 하는 말을 완전히 이해하기 위해서는 완전한 주체성을 유지해야 한다. 그리고 나에게 적용되는 모든 것은 타자에게도 또한 적용된다. 따라서 나와 타자가 언어를 통해 완벽한 상호 주체성, 곧 '우리들-주체(nous-sujet)'의 상태를 유지할 때라야만 이상적인 의사소통이 이루어진다는 것이 사르트르의 주장이다.

하지만 사르트르는 이와 같은 인간관계의 정립은 단지 희망에 불과하다고 주장한다. 그것은 다음의 두 가지 이유 때문이다. 인간이 언어를 통해 자신의 존재를 완전히 표현하는 것은 불가능하다는 것이 그 첫째 이유이다. 둘째 이유는 내가 말한 바를 타자가 완전히 이해한다는 것 역시 불가능하다는 것이다. 그 결과 나는 타자와의 언어관계에서 항상 내가 한 말을 타자가 이해하지 못한 그만큼 소외된다. 이것은 타자에게도 그대로 적용된다. 이 두 가지 이유로 인간들의 언어관계는 항상 실패로 끝날 수밖에 없다는 것이 사르트르의 견해이다.

하지만 거꾸로 언어관계의 실패 속에 '갈등'으로 귀착되는 사르트르의 인간관계에 대한 해결책이 제시되는 것은 아닐까? 다음의 두 경우를 상정해 보자. 나는 언어를 통한 타자와의 관계에서 언어를 통해 나를 완전히 표현하기 위해 최선의 노력을 할 것이다. 타자도 역시 내가 한 말을 이해하기 위해 최선의 노력을 할 것이다. 이렇게 된다면 이론으로나마 나와 타자 사이에는 전혀 소외가 없는 관계가 성립될 수 있지 않을까? 보부아르와 사르트르의 계약결혼에 들어 있는 "모든 것을 서로에게 터놓고 말한다"는 조건에 내포된 최종 의미는 바로 이와 같은 이상적인 의사소통의 정립과 밀접하게 연결되어 있는 것으로 보인다. 물론 이것이 가능하다면 두 사람 모두 완전한 자유와 주체성을 누릴 수 있다. 요컨대 그 무엇도, 그 누구도 소외당하지 않는 주체의 자격으로 의사소통의 정립에 참여해 이상적인 인간관계를 정립하기 위해 모든 노력을 하고자 했던 것, 이것이 바로 보부아르와 사르트르가 겨냥했던 계약결혼의 최종 목표라고 할 수 있다.

보부아르와 사르트르는 실제 생활, 특히 문학작품을 창작하고 이론서를 집필할 때 서로 이상적인 의사소통을 하기 위해 부단히 노력했다. 예컨대 이들은 각자가 쓴 글을 빠짐없이 상대방에게 보여주면서 가혹할 정도로 비판해 줄 것을 요구했다. 정당한 요구는 흔쾌히 수용했다. 적절치 못한 비판에 대해서는 가차 없이 반대 의견을 제시했다. 사르트르는 보부아르를 가리켜 '내 유일한 은총' '내 재판관' '검열관' '인쇄 허가자'[18] 등의 표현들을 썼다. 이 표현들을 그저 개인적이고도 의례적인 단순한 표현으로 볼 수도 있다. 그러나 두 사람의 관계를 고려한다면 이런 호칭들은 서로를 주체성의 상태에 두고 맺는 관계를 영위하고자 노력했던 표현이라고 할 수도 있을 것이다.[19]

고독하고도 힘든 작업을 하면서 서로를 격려하고 비판하면서 자극을 주고받고, 지속적으로 창작 의욕을 북돋아 주었던 것, 어쩌면 이것이 보부아르와 사르트르가 서로의 만남에서 얻을 수 있었던 가장 소중한 부분이 아니었을까?[20] 이런 이유로 두 사람은 서로에게 자신들의 삶의 여정에서 가장 중요한 위치를 부여하고 있다. 보부아르는 만약 사르트르가 먼저 죽으면 그를 따라 죽겠다는 말을 입버릇처럼 하곤 했다.[21] 보부아르는 『얌전한 처녀의 회상록』『사물의 힘』과 『나이의 힘』의 본문에서 사르트르의 이름을 한 장에 열 번도 넘게 적고 있다. 이것은 그대로 보부아르에게 사르트르가 얼마나 큰 의미를 가지고 있는가를 여실히 보여준다. 보부아르는 『초대받은 여자』에서는 피에르와 프랑스와즈와의 관계를 통해 사르트르와의 계약결혼을 문학으로 형상화하고 있다. 보부아르는 또한 『레 망다랭』에서도 사르트르의 모습을 문학으로 형상화했다. 이와 같은 사실들은 모두 보부아르와 사르트르의 관계가 어떠했는가를 보여주는 결정적 증거라고 할 수 있다.

앨그렌, 란츠만, 실비

보부아르가 넬슨 앨그렌Nelson Algren을 만난 것은 1947년 미국을 방문했을 때였다. 2차 세계대전이 끝난 뒤 전 세계에 유행한 실존주의에 편승해 '프랑스 실존주의의 2인자' '실존주의의 여사제' 라는 별명을 얻은 보부아르는 1947년에 다섯 달 동안 미국을 방문한다. 시카고를 방문한 보부아르는 미국 작가 앨그렌을 만난다. 조각가 자코메티Alberto Giacometti는 미국 방문을 앞둔 보부아르와 다음과 같은 농담을 주고받았다.

"아주 좋아 보여요!"
자코메티는 12월 어느 날 몽파르나스 거리에서 우연히 만난 보부아르에게 말했다. 보부아르가 이제 곧 미국에 간다고 하자,

그는 이렇게 말했다.

"조심해요. 덩치 큰 미국인이 당신을 우리한테서 훔쳐 가면 큰일이니까."

"나를 훔쳐 간다구요? 도대체 나를 보기나 하겠어요? 그리고 내가 사르트르보다 더 간절히 원하는 사람이 이 세상에 어디 있겠어요?" (베:320)

누가 짐작이나 했겠는가! 자코메티의 농담대로 보부아르가 앨그렌을 만나 열광적인 사랑에 빠지게 되리라는 것을! 앨그렌을 만났을 때 보부아르는 서른아홉 살이었다. 그 당시에는 여자 나이가 서른이면 늙은 여자 취급을 했다. 따라서 그보다 아홉 살이나 더 많은 보부아르는 스스로 이미 사랑을 하기에는 너무 나이가 많다고 생각하고 있었다. 그러나 보부아르는 앨그렌과 "인생에 단 한 번뿐인 진실로 열정적인 사랑" (베:343)에 빠진다. 사르트르와의 관계가 주로 지적인 관계였다면 앨그렌과의 관계는 지적인 면에서는 사르트르보다 못했지만, 육체적인 면에서는 비교할 수 없을 정도로 좋은 관계였다. 보부아르는 앨그렌과의 관계에서 처음으로 성적 만족감을 얻었다는 사실을 숨기지 않았다.

늦은 나이에 열병처럼 시작된 보부아르와 앨그렌의 관계는 끝까지 지속되지 못했다. 우선 미국과 프랑스는 거리가 멀었다. 보부아르는 사르트르가 있
는 파리를 떠날 수 없었으며, 앨
그렌 역시 시카고를 떠나려 하지
않았다. 특히 앨그렌은 보부아르
와 사르트르 사이의 관계를 받아
들일 수가 없었다. 앨그렌은 자
기에게 사랑과 헌신을 약속하고
도 시카고로 오지 못하고 사르트
르가 있는 파리에 머물고자 하는   보부아르와 앨그렌.

보부아르의 태도를 도저히 이해할 수가 없었다.

　　보부아르는 사르트르와 맺은 계약을 자세히 이야기했고, 앨그
　　렌은 두 사람 사이에 육체관계가 전혀 없는데도 그 계약을 충실
　　하게 지킨다는 사실에 당황했다. 보부아르는 모임이 있을 때마
　　다 항상 자기가 사르트르의 옆자리에 앉는다는 것을 앨그렌에
　　게 설명했다. 그 모임은 『현대Les Temps modernes』지의 편집
　　위원회에서부터 정치 문제에 대한 공적 회합에 이르기까지 다
　　양했다. 앨그렌의 반응은 퉁명스러웠고, 지극히 미국인다웠
　　다.(베:355)

1951년 이후 보부아르와 앨그렌의 관계는 사랑에서 우정

으로 바뀐다. 하지만 앨그렌은 보부아르가 『레 망다랭』에서 자신들의 사랑을 소재로 삼은 사실을 용납하지 못했고—공쿠르상을 받았으며, 보부아르 스스로도 '가장 중요한 작품'으로 여기는 이 소설을 앨그렌에게 헌정했다!—이 소설보다 나중에 출간된 『나이의 힘』의 영어 번역본을 읽고 난 뒤 분노에 치를 떨었다. 앨그렌은 보부아르와의 사생활이 어떤 형태로든 공개되는 것을 꺼렸던 것이다.

보부아르는 앨그렌을 사랑하면서부터 그에게 수많은 편지를 썼다. 이 편지들은 보부아르 사후 11년이 지난 1997년에 『넬슨 앨그렌에 쓴 편지Lettres à Nelson Algren』라는 제목으로 출간된다. 하지만 이 편지가 공개되면서 보부아르의 이미지는 크게 흔들렸다. 그 전까지 보부아르의 이미지는 무엇보다도 『제2의 성』의 저자로서의 이미지, 곧 남녀평등을 주장하는 급진적 페미니즘의 선구자로서의 이미지였다. 하지만 이 편지가 공개되면서 보부아르의 이미지는 과연 한 사람이 이렇게까지 다른 모습을 보여줄 수 있을까 반신반의할 정도로 크게 요동쳤다.

보부아르는 자신의 편지에서 앨그렌의 사랑을 얻을 수만 있다면 여성의 전통적인 역할, 예컨대 주부의 역할도 마다하지 않을 것이라고 다짐한다. 또한 앨그렌을 '사랑스런 남편'으로—보부아르는 사르트르와 계약결혼을 했는데도 한 번도 그를 '남편'이라고 부르지 않았다―자신을 '당신의 사랑스런 아내'로 부르기도 했다. 앨그렌과 보부아르의 관계는 앨그렌에게 붙인 '악어'라는 별명과 보부아르에게 붙인 '개구리'라는 별명을 통해 비유적으로 표현되기도 한다. 앨그렌과의 관계에서 보부아르가 취했던 이런 태도는 도저히 『제2의 성』을 쓴 저자라고 믿기지 않을 정도이다. 여하튼 이들의 관계에서 드러나는 한 가지 분명한 사실은 인간 모두에게 육체적 만족이 대단히 중요하다는 사실이다. 보부아르는 앨그렌에게 "마음과 몸으로 한꺼번에"(베:357) 누군가를 사랑해 본 적은 한 번도 없었다고 고백한다. 보부아르는 죽을 때 사르트르의 곁에 묻히길 바랐다. 그런데도 보부아르는 앨그렌이 준 반지를 끝까지 끼고 싶어했다.

클로드 란츠만

보부아르의 생애에 상당한 영향을 끼친 또 한 사람은 클로드 란츠만Claude Lanzmann이다. 나중에 영화 「쇼아」를 만들어 영화감독으로 유명해진 란츠만을 보부아르가 알게 된 때는 1952년이었다. 이때 보부아르는 앨그렌과의 관계를 정리했다. 보부아르는 이제 늙고 사랑에 대한 열정을 다 잃어버렸다고 생각했다. 한편 당시 스물일곱의 건장한 청년이었던 란츠만은 『현대』지에 글을 쓴 것을 계기로 이 잡지에서 일을 하게 된다. 란츠만은 사르트르의 개인 비서였던 코Jean Cau의 친구이기도 했다. 이 잡지의 편집회의에서 처음 만난 보부아르와 란츠만은 곧바로 서로에게 호감을 갖는다. 란츠만은 나중에 솔직히 보부아르를 이용해 출세하려 했다고 밝혔다. 하지만 보부아르에게 매력을 느꼈다고 했다.

> 그래요, 나는 기회주의자였습니다. 성공할 기회를 찾고 있었다고 말할 수도 있겠지요. 하지만 보부아르는 아름다웠습니다. 참으로 순수한 매력이었습니다.(베:476)

보부아르는 란츠만을 만났을 때, "누군가를 사랑하고 사랑받는 생활은 영원히 끝났다고 생각했는데, 아직도 나를 사랑하고 싶어하는 사람이 있어요"(베:476)라고 앨그렌에게 보낸 편지에 쓰고 있다. 어쨌든 이렇게 해서 알게 된 보부아르와 란츠만은 1959년까지 약 7년 동안 동거를 한다. 보부아르가 남자와 동거를 한 것은 란츠만이 처음이자 마지막이었다. 두 사람은 서로 '필요한 존재'라는 인식을 했으며, '진정한 짝'으로서 생활을 했다. 보부아르는 란츠만 덕택으로 자신이 늙지 않았다는 생각을 하게 되었다. 보부아르는 또한 인생 후반에 집념을 가지고 여러 권의 회고록을 쓸 때 동거 생활이 활력을 주었다고 느꼈다.

란츠만이 옆에 있기 때문에 나는 내 나이를 잊을 수 있었다. 란츠만 덕분에 나는 수많은 것을 되찾았다. 기쁨과 놀라움, 불안, 웃음, 그리고 세계의 신선함 등등. 나는 사생활의 즐거움 속에 흠뻑 잠겨 있었다.(베:480)

실비 르 봉

보부아르의 인생에서 가장 늦게 만났지만, 특히 말년에 곁에서 가장 중요한 역할을 한 사람이 바로 실비 르 봉이다. 두 사람이 만난 것은 1960년으로, 이때 보부아르는 쉰두 살, 실비는 열일곱 살이었다. 그 당시 철학을 공부하는 학생이었던 실비가 보부아르에게 편지를 보내 한번 만나고 싶다고 제안한 것이 만남의 발단이었다.

보부아르는 날마다 수많은 사람을 만나고 있었고, 실비와의 첫 만남도 이런 만남들 가운데 하나일 뿐이었다. 보부아르를 만나고 싶은 학생은 누구든 재미있고 지적인 면이 보이는 편지를 보내면 적어도 30분 정도는 보부아르와 대화를 나눌 수 있었다. (중략) 실비는 이렇게 회상했다.

"나는 보부아르를 만나기 전부터 그녀의 책을 읽고 그녀를 숭배했어요. 여성에게 가치가 있는 20세기 여성은 단 한 사람뿐이에요. 바로 시몬느 드 보부아르죠." (베:560)

이렇게 해서 서로 알게 된 보부아르와 실비는 1965년 9월에 함께 코르시카 섬을 여행하면서 아주 가까워진다. 두 사람사이의 우정은 보부아르가 죽을 때까지 약 20여 년 동안 지속된다. 하지만 두 사람의 우정도 처음에는 순탄하지 않았다. 실비의 어머니 때문이었다. 보부아르를 알게 되었다는 사실을 딸의 일기를 보고 안 실비의 어머니는 딸을 파리에서 강제로 고향으로 데려간다. 실비의 어머니는 딸에게 "악명 높은서른 살이나 더 먹은 여자와 만난다"(베:562) 는 비난을 퍼부었다. 실비는 성년이 되어 자유롭게 행동을 할 수 있을 때까지 보부아르와 떨어져 지내야만 했다.

성년이 되어 보부아르를 다시 만났을 때부터 실비는 거의보부아르를 독점했다. 보부아르는 실비에게 자신이 쓰고자하는 글에 대한 아이디어를 제일 먼저 들려주고, 실비의 조언과 논평을 구하곤 했다. 실비 역시 하루도 거르지 않고 보부아르에게 전화를 걸었다. 이렇게 해서 실비는 점차 보부아르에게 가장 중요한 대화 상대자가 된다. 이것은 정확히 이전에보부아르 곁에서 사르트르가 맡았던 역할이었다. 보부아르는 다른 사람들과 같이 있을 때조차 "나는 실비에게 아무런비밀도 없으니까, 당신들도 실비한테 아무것도 숨기지 않기를 바란다" 는 투로 말하곤 했다.

양녀 실비 르 봉과 보부아르.

하지만 보부아르는 실비와의 관계 때문에 구설수에 오르내렸다. 사르트르가 아를레트 엘카임Arlette Elkaïm을 양녀로 입양한 것을 모방해 보부아르가 실비와 가깝게 지낸다는 소문이었다. 더 사악한 험담도 떠돌았다. 보부아르가 실비와 동성애를 한다는 것이었다. 실제로 보부아르는 실비를 만나기 훨씬 전에도 학생과 동성애설에 휘말린 적이 있었다. 하지만 보부아르는 동성애자가 아니었다. 또 다른 험담은 남녀평등주의자들의 억지스러운 주장이었다. 그 내용은 보부아르가 어머니가 되고 싶어한다는 것이었다.(베:568) 하지만 보부아르는 이런 험담에 대해 소녀 시절 자자와 맺었던 우정을 그리워했으며, 따라서 실비와의 관계를 통해 그 우정을 다시 경험하고 싶었다고 말하고 있다.

"나는 항상 여자와의 우정을 원했어요."

(중략) 실비와 자자와의 관계를 비교해 달라고 부탁하자, 보부아르는 짤막하게 대답했다.

"자자는 내 소녀 시절의 이상화된 사랑이었고, 실비는 어른이 된 나의 이상적인 벗이에요. 한 가지 아쉬운 점이 있다면, 나이 차이가 너무 많다는 것뿐이에요. 나이가 좀더 비슷했다면 더 일찍부터 오랫동안 사귈 수 있었을 텐데." (베:570)

이처럼 돈독한 우정을 나눈 보부아르와 실비는 1980년에 사르트르가 세상을 떠나고 난 뒤 관계가 더욱 굳건해진다. 보부아르는 만약 사르트르가 자기보다 세상을 먼저 떠나면 자살하겠다고 입버릇처럼 말하곤 했다. 실제로 사르트르가 세상을 떠난 뒤 살아가는 의미를 거의 잃어버리다시피 한 보부아르는 한동안 술에 의지해 고통스런 나날을 보냈다. 이때 보부아르를 도와 다시 힘을 북돋아 준 장본인이 바로 실비였다.

사르트르가 세상을 떠나고 난 뒤 한동안 병원 신세를 졌던 보부아르는 노후를 걱정했다. 이를 계기로 보부아르는 실비를 양녀로 삼으려고 했다. 그런데 보부아르의 결심에 반대한 사람은 바로 실비였다. 왜냐하면 실비는 직장을 다니고 있었고, 사르트르의 상속 문제와 유품을 정리하는 과정에서 사르트르의 양녀인 아를레트와 보부아르 사이에 불미스러운 다

툼이 있는 것을 보았기 때문이다. 실비는 자신이 보부아르의 양녀가 될 경우 엘렌느와 자칫 상속 때문에 문제가 생길 수도 있다는 점을 꺼렸던 것이다. 이 문제는 보부아르의 노력으로 해결되었고, 결국 실비는 양녀가 되어 달라는 제안을 받아들인다. 하지만 실비는 보부아르가 죽기 전까지 실비 르 봉 드 보부아르Sylvie le Bon de Beauvoir라는 이름을 사용하지 않았다. 어쨌든 실비 덕택에 보부아르는 노년에 이르러 가까이 다가온 죽음에 대한 불안과 말년의 고독을 극복하는 데 많은 도움을 받았다.

2장

『제2의 성』의 출간

『제2의 성』의 출간 배경

보부아르가 가족들과 친구들과의 관계를 통해 여성 문제에 대해 눈을 뜨는 계기가 간헐적으로 있었다는 점을 앞에서 지적했다. 하지만 『제2의 성』을 집필할 무렵 보부아르는 여성 문제에 대해 확고한 신념이나 이론을 가지고 있지 않았다. 특히 보부아르 자신은 이 책을 쓰는 것을 주저하기도 했다.

> 나는 여자에 대한 책을 쓰는 것을 오랫동안 주저했다. 이 주제는 자극적이고, 특히 여자들에 대해서는 더욱 그러하다. 그리고 이 주제는 이제 새로운 것도 아니다. 남녀평등권에 대한 논쟁은 쓸 만큼 써서, 지금은 그 논쟁도 종결되었다. 그러니 그 문제에 대해서는 그만해 두자.(상:9)

게다가 보부아르는 학창 시절에 스스로 '남자의 두뇌' 와 '여자의 감정' 을 갖췄다고 생각했으며, 남자들과 완전히 동등하다고 생각했다. 나아가 여자인 자기는 남자들이 갖지 못한 여자로서의 특징을 갖고 있기 때문에, 오히려 보부아르 자신은 '유일하다' 고 생각했다. 그렇다면 보부아르는 어떤 이유에서 『제2의 성』을 쓰게 되었을까? 이 문제에 답을 하면서 보부아르가 이 책을 집필하게 된 동기와 시대 배경, 사상 배경 등을 살펴보자.

시대 배경

보부아르는 1946년에 『제2의 성』을 집필하기 시작했다. 이해를 전후해 프랑스에서는 어떤 일들이 일어났을까? 1945년에는 프랑스가 해방되었고, 여성의 참정권이 보장되었다. 1789년에 프랑스 대혁명이 일어났는데도 1945년이 되어서야 비로소 여성의 참정권이 보장되었다는 것은 조금 뜻밖이다. 한 가지 흥미로운 점은, 프랑스에서 1944년에 여성의 참정권이 법으로 가결되었는데,[22] 이때 이 법이 가결되는 데 중요한 변수가 바로 2차 세계대전 당시 독일의 침공을 잘 견뎌낸 여성들의 역할이었다.[23] 파리에 있는 팡테옹Panthéon 건물에는 "조국은 위대한 자들에게 감사한다(Aux grands hommes, la patrie reconnaissante)" 라는 문구가 새겨져 있다. 어느 신문에서는 이 문구를 풍자해서 "조국은 성녀聖女들에게 감사한다 (Aux saintes femmes, la patrie reconnaissante)"(샤:20)와 같은 제목을 싣기도 했다.

또한 1947년을 전후한 프랑스 사회에서 여성들의 교육 문제는 심각했다. 앞에서 살펴보았듯이, 부르주아사회에서는 여성들의 고등교육을 달가워하지 않았으며, 고등교육을 받는 경우에도 대부분은 결혼을 잘하기 위해서였다. 그 결과 여성들의 사회 진출은 어려웠다. 게다가 경제적으로 여유가 없는 계층의 여성들에게는 고등교육을 받는다는 것 자체가 불가능했다.

이와 관련해 프랑스의 여성들에 대한 다음과 같은 기록들을 살펴보는 것은 자못 흥미롭다. 프랑스에서 최초의 여자 약사가 배출된 때는 1869년이었고, 여자가 최초로 의대를 졸업한 때는 1870년이었다. 여자가 최초로 의학박사가 된 것이 1875년이었고, 1883년과 1905년에는 각각 이공계와 철학 분야에서 첫 여자 교수 자격시험[24] 합격자가 나왔다. 1914년에야 비로소 첫 여자 문학박사와 철학박사가 탄생했다. 소르본 대학에서 처음으로 여자가—마리 퀴리Marie Curie가 그 장본인이다—정교수 자리를 차지한 것이 1902년이었다. 1909년에서야 비로소 여성들이 바지를 입을 수 있었으며, 일하는 여성들이 8주의 출산휴가를 얻을 수 있는 권리를 확보했다. 출산휴가가 법으로 완전히 보장되기 위해서는 1945년이 될 때까지 기다려야 했다. 이와 같은 사실들은 보부아르가 『제2의 성』을 집필하기 시작했을 때 프랑스에서 여성들의 지위가 어떠했는지를 명백하게 보여준다. 프랑스에서는 1791년에 '여성과 여성 시민의 권리선언'이 채택되었다. 하지만 프랑스에서 여성들의 지위는 남성들에 비해 여전히 열등했다.

또한 1946년을 전후해 프랑스는 여성들의 노동력이 필요했다. 전쟁 중에 수많은 사람들, 특히 남자들이 전사했기 때문이다. 물론 프랑스는 전후 복구에 필요한 일손을 확보하기 위해 북아프리카 여러 나라들로부터 이민자들을 많이 받아들였다. 이들은 2차 세계대전 중에 의용군으로 참여한 '아리키harikis'들과 전쟁이 끝나고 프랑스로 건너온 자들로 구성되었다(2005년 하반기에 파리에서 일어난 폭동은 이들 이민자들의 후손들이 주축이 되었다). 어쨌든 1946년을 전후해 프랑스에서 여성들의 사회참여가 늘어났고, 그 결과 여성들의 지위에 대해 반성하는 조짐이 일어나기 시작했다. 특히 여성들이 직장 일과 가정일을 효율적으로 하기 위해서 피임이나 낙태 등과 같은 문제가 첨예하게 나타나기 시작했다.

여기에 더해 1946년을 전후로 시작된 성 개방 풍조를 들 수 있다. 이와 관련해 미국에서 1948년에 '킨제이보고서'가 출간되었다는 사실은 의미심장하다. 이 보고서는 알프레드

킨제이Alfred Kinsey(1864~1956)가 인디애나 대학 동물학과 교수로 있으면서 성교육 강좌를 하기 위해 미국 성인 남녀를 대상으로 한 성생활 연구서이다. 10년 동안 연구한 결과 1948년 '남성의 성적 행동'을, 1953년에 '여성의 성적 행동'을 발표했다. 전 세계에서 『성서』 다음으로 많이 팔린 이 보고서는 성혁명을 주도했다. 이 보고서는 남녀의 성적 평등을 확립하는 데 기여했다는 평을 받고 있다. 보부아르는 『제2의 성』을 집필하면서 앨그렌이 보내 준 '킨제이보고서'를 재미있게 읽었다고 회고했다.

『제2의 성』의 시대 배경과 관련하여 한 가지 중요한 의문이 떠오른다. 과연 보부아르가 이 책을 쓰기 시작한 1946년을 전후해 프랑스에서는 페미니즘 운동이 전혀 없었을까? 만약 있었다면 구체적으로 그 양상은 어떠했으며, 주체가 누구였는지 궁금해진다. 실제로 보부아르는 『제2의 성』을 쓸 무렵 자신은 페미니스트가 아니었다고 말하고 있다. 게다가 "거의 우연하게(presque fortuitement)"[25]이 책을 쓸 생각을 하게 되었다고 술회하고 있다. 그저 여자인 자기 자신을 좀더 깊이 알아 가는 과정에서 우연히 여성 문제에 대해 글을 쓰게 되었다는 것이다.

하지만 보부아르가 『제2의 성』을 쓰기 시작할 무렵에 프랑스에서는 그 이전부터 가톨릭 진영과 공산당 진영을 중심으로 페미니즘 운동이 전개되고 있었다. 전통적으로 가톨릭 국가인 프랑스에서 1946년을 전후해 가톨릭 진영에서는 주로 가정의 중요성과 여성의 출산 기능을 중요시하는 입장을 취했다. 예컨대 1945년에 교황 비오 12세(Pie XII)는 여성들의 사회 진출 풍조에 반대하면서 가정을 굳건히 지켜 줄 것을 당부하고 있다.(샤:56~57) 하지만 비오 12세는 전쟁 직후 프랑스에서 나날이 세력을 확장해 가는 공산 진영을 견제하기 위해 여성들에게 가정 밖에서 활발하게 활동해 줄 것을 요청하기도 했다. 특히 가톨릭 진영에서는 1925년에 창설된 '여성시민사회연맹(UFCS: Union féminine civique et sociale)' '프랑스여성가톨릭행동리그(LFACF: Ligue féminine d'action catholique française)' 등이 활동하고 있었다.

공산당 진영에서도 전쟁 전부터 여러 여성 단체들이 활동했다. 그러다가 1944년 10월에 북부 프랑스의 '프랑스여성(Femmes françaises)'과 남부 프랑스의 '프랑스여성연맹(Union des Femmes de France)'이 합해져 '프랑스여성연맹(UFF: Union des Femmes françaises)'이 되었다.(샤:68) 이 단체는 해방 뒤에 "프랑스 여성들의 세 가지 임무: 정직한 가정의 어머니, 자격을 갖춘 일하는 여성, 의식 있는 시민이 되는 것"(샤:71)이라는 구호를 내걸고 활동했다. 1944년에 18만 명에 달했던 UFF 가담자 수는 1945년에는 62만 7천 명에 달했다고 한다.(샤:72)

특기할 만한 점은 그 당시 가톨릭 진영에 속하는 단체들과 공산 진영에 속하는 단체들이 서로 대립하고 있었다는 사실이다. 특히 전쟁 직후 조국을 재건하는 과정에서 여성들의 주부로서의 역할과 사회참여 역할 가운데 어느 편을 더 강조하고 있느냐에 따라, 이 두 진영은 주장, 구호, 실천 방안 등에서 차이를 보였다. 가톨릭 진영은 주로 주부로서의 역할, 그 중에서도 출산 기능에 더 중점을 두었다.[26] 반면 공산 진영에서는 거기에 동의하면서도 결국 여성해방을 위해서는 여성들의 사회 활동이 중요하다는 주장을 내세웠다. 따라서 1949년에 『제2의 성』이 출간되었을 때, 보부아르는 이 책에서 특히 여성의 결혼, 출산, 모성애 문제에 대해 과격한 입장을 표명했다는 이유로 양 진영으로부터 혹독한 비판을 받았다. 어쨌든 한 가지 분명한 것은 보부아르가 이 책을 쓰기 시작한 1946년을 전후해서 프랑스에서는 페미니즘 운동이 전개되고 있었으며,[27] 그럼에도 보부아르는 거기에 직접 참여하거나 관여하고 있지 않았다는 사실이다.

사상 배경

『제2의 성』의 시대 배경에 이어 사상 배경에 대해서 알아보자. 이 문제와 관련해서 한 가지 빼놓을 수 없는 점은 1947년을 전후해 프랑스에서 실존주의가 크게 유행했다는 것이다. 실제로 보부아르도 이 흐름을 대표하고 있었다. 보부아르에게 '프랑스 실존주의의 2인자' '실존주의 여사제'라는 별명을 붙였다는 것을 떠올리자. 실존주의가 유행한 이유는 2차 세계대전 때문이다. 인류 역사상 가장 비극적이고 잔혹했던 이 전쟁을 겪으면서 인간은 정신적 공황 상태에 빠졌다. 그러니까 전쟁 중에 인간이 다른 인간에게 보여준 전대미문의 잔혹성과 비인간성 때문에 인류는 이성적 존재로서의 신념을 잃어버렸다.

그 결과는 특히 기독교에 대한 회의주의적 태도로도 나타났다. 본질주의 입장에 따르면 인간의 본질은 이미 절대자가 부여한 것이다. 그런데 2차 세계대전을 체험한 수많은 사람들은 절대자가 자신들에게 부여한 본질이 자기와 같은 종에 속하는 다른 인간들을 그처럼 잔혹하게 고문하고 살해할 수도 있다는 사실을 인정하고 싶지 않았다. 2차 세계대전이 끝난 직후에 이와 같은 본질주의에 반대하는 입장을 견지하는 실존주의가 많은 사람들의 관심을 끈 것은 자연스런 현상이었다.

그 당시 유행했던 실존주의에는 두 가지 유형이 있었다. 바로 유신론적 실존주의와 무신론적 실존주의이다. 앞에서 살펴본 대로, 소녀 시절 신앙을 버린 보부아르는 사르트르와 가까워지면서 자연스럽게 무신론적 실존주의의 흐름을 따랐다. 특히 보부아르는 『존재와 무』로 대표되는 사르트르의 전기 사상을 받아들였다. 물론 『변증법적 이성비판』을 쓸 무렵의 사르트르에 대해 보부아르는 그의 사상이 완전히 변했다는 사실을 인정하고 당황하기도 했다. 그러나 보부아르가 『제2의 성』을 집필하기 시작할 무렵에 두 사람의 사상은 아주 유사했다. 보부아르는 이와 같은 유사성을 "삼투압"이라는 용어로 표현했다. 그리고 보부아르의 평전을 쓴 베어는 "『존재와 무』는 보부아르에게 '사르트르의 이상'을 상징했다. 이 저서는 기본적으로 보부아르가 쓴 모든 작품의 근본 원리였다. 보부아르가 『존재와 무』의 신조에 따라 살아 왔기 때문이다"(베:579)라고 평가한다. '위대한 여자 사르트르(grande Sartreuse)' 또는 '사르트르의 첫째 제자(la première disciple de Sartre)' 등과 같은 칭호는 보부아르가 사르트르의 사상을 받아들였다는 것을 단적으로 보여준다.

『제2의 성』의 사상 배경과 관련해서 반드시 지적해야 할 또 하나의 사실은 당시 보부아르가 정신분석학과 마르크스주의를 그다지 신뢰하지 않았다는 점이다. 실제로 『제2의 성』에서도 보부아르는 이 두 흐름에 대해 비판하는 입장을—이 두 입장에 대해서는 뒤에서 방법론을 살펴볼 때 다시 거론한다—취하고 있다. 보부아르는 정신분석학의 단점, 즉 모든 것을 무의식의 발현으로 보는 결정론과 모든 것을 성적 충동

(libido)의 작용으로 보고 있는 범성주의凡性主義를 거부했다. 보부아르는 라캉Jacques Lacan의 사유 역시 받아들이기를 꺼려했다. 보부아르는 또한 겉으로는 마르크스주의가 갖는 장점을 받아들이는 좌파 지식인에 속하고, 또 그렇다고 생각하고 있었다. 하지만 마르크스주의를 신봉하면서 실천에 옮기는 투사는 결코 아니었다.

그런데 『제2의 성』의 사상 배경과 관련해 한 가지 이상한 점이 있다. 철학교수 자격시험에 우수한 성적으로 합격했고, 또한 약 12년간 철학을 가르쳤던 보부아르가 어떤 이유에서 자신만의 고유한 철학을 세우지 않았을까 하는 의문이다. 보부아르는 두 가지 답을 주고 있다. 첫째 대답은 보부아르 스스로 철학이 중요하긴 하지만 자신은 오히려 문학을 통한 구원의 문제에 더 집착했다는 것이다. 둘째 대답은 보부아르 자신이 철학 분야에서 요구하는 '창조력의 결핍'을 강하게 느꼈다는 것이다. 보부아르는 다른 철학자의 이론을 이해하는 데는 그 누구에게도 뒤지지 않았지만, 자기 나름의 독창적인 이론을 창안해 내는 것은 부족하다고 느꼈다는 것이다.

이와 같은 대답은 보부아르가 1947년을 전후한 시기에 사르트르의 실존주의에 왜 온전히 의존했는가를 간접적으로 설명해 준다. 물론 보부아르는 『피로스와 키네아스』 『사드를 불태워야 하는가』 『애매성의 도덕을 위하여』 『실존주의와 국민들의 지혜』등과 같은 철학 에세이를 썼다. 하지만 이 책들은 물론이고『제2의 성』과『노년』역시 본격적인 철학책으로 보기에는 약간 무리가 있다. 결국 보부아르는 자기의 고유한 철학을 정립하기보다는 사르트르의 실존주의를 그대로 따르는 길을 선택했다. 그 결과 사르트르의 실존주의는 그대로『제2의 성』의 주된 사상 배경을 형성했다. 이것은 보부아르 자신이 인정하고 있는 사실이기도 하다. 예컨대『제2의 성』이 "여자인 동시에 실존주의자인 자신의 '사도신경'이 되어야 한다"(베:389)는 보부아르의 말이 그것을 단적으로 증명해 준다. 하지만 보부아르 자신은 이 책이 여성들에 대한 자기 자신만의 전망을 반영하고 있다는 면에서 온전히 독창적인 창조물이라는 사실을 애써 강조하고 있다.

『제2의 성』의 집필과 출간

　보부아르가 『제2의 성』을 집필하기 시작한 것은 1946년 10월이었다. 그리고 1949년 11월까지 계속되었다. 두 권으로 구성된 이 책의 제1권은 1949년 6월에 간행되었고, 제2권은 1949년 11월에 간행되었다. 이렇듯 보부아르가 『제2의 성』을 집필하는 데 3년 여가 걸렸다. 하지만 실제 걸린 기간은 거기에 못 미친다. 보부아르는 1947년에 미국을 방문해서 약 다섯 달 정도 체류했으며, 그때의 여행기를 『미국에서의 나날들L'Amérique au jour le jour』이라는 제목으로 간행하는 데 약 여섯 달 정도를 할애했기 때문이다.

　두 권을 합해 약 1천 여 쪽에 가까운 『제2의 성』을 3년이 채 안 되는 기간에 마칠 수 있었던 것은 보부아르의 근면함과 강직한 성격 덕택이었다. 어렸을 때부터 보부아르는 자신의 내부에서 들려오는 거역할 수 없는 목소리, 즉 "나는 내 생을 봉사해야 한다"(전:214~215)는 명령을 실현하기 위해 생의 한 순간도 헛되이 낭비하지 않겠다고 스스로 맹세하곤 했다. 그래서 어떤 일이든 일단 시작하면 거기에 몰두해서 끝을 보고야 말았다. 이런 모습 때문에 보부아르는 종종 가족들, 친척들과 친구들 사이에서 '괴물'로 간주되기도 했다. 또한 "일개미"라는 별명을 얻기도 했다. 이 책을 쓰기 시작하면서 보부아르는 앨그렌에게 쓴 편지에서 "나는 여자가 썼거나 여자에 대해 쓴 책을 모조리 읽었어요. 이제는 진절머리가 나요"(베:411)라고 말했다. 또한 보부아르는 이 책을 끝맺기 위해 각성제를 먹어 가면서 작업을 계속했고, 결국에는 "이 책이 나를 죽이는구나"(베:411)라고 탄식하기도 했다.[28]

보부아르는 왜 이렇게 힘들어하면서도 『제2의 성』을 쓰려고 했을까? 앞에서 보부아르가 이 책을 쓰게 된 계기는 우연이었다고 지적한 바 있다. 따라서 이 물음은 1946년을 전후해서 페미니즘에 대해 별다른 관심이 없었던 보부아르로 하여금 이 책을 쓰게끔 한 상황과 관련이 있다. 실제로 보부아르는 1946년에 아주 힘든 상황에 처해 있었다. 사르트르 때문이었다. 보부아르보다 먼저 1945년에 미국을 방문했던 사르트르는 돌로레스 바네티Dolorès Vanetti와 사랑에 빠진다.

두 사람의 염문으로 보부아르는 자기와 사르트르 사이의 관계가 이제 더는 성역이 아니라고 생각했다. 위기가 온 것이다. 보부아르는 돌로레스를 '진정한 경쟁자'로 생각했다. 특히 사르트르가 미국에서 돌아와 자기가 있는 자리에서조차 돌로레스에 대한 이야기를 서슴지 않고 하는 것을 보고 보부아르는 심한 굴욕감을 느꼈다.

또한 1945년을 전후해 실존주의가 유행하면서 사르트르는 활발하게 활동했다. 그가 다른 나라들로부터 초청을 받는 횟수도 많아졌고, 프랑스에서도 항상 논쟁의 중심에 있었다. 그 과정에서 보부아르 역시 그를 도와 실존주의를 옹호하기 위해 보조를 같이했다. 하지만 보부아르는 종종 사르트르 곁에서 심한 소외감을 맛보았다. 예컨대 스위스에서 사르트르의 『닫힌 방』이 공연되었을 때, 사르트르가 강연을 통해 열성적으로 자신의 철학을 알리고 옹호했던 반면, 보부아르는 그의 옆에서 꿔다 놓은 보릿자루 같았다.

이런 상황에서 보부아르는 자기 성찰의 필요성을 강하게 느꼈다. 정체성의 위기를 느낀 것이다. 이 위기를 극복하기 위해 처음에는 자서전을 쓸 생각을 했다. 하지만 자서전을 쓰게 되면 위험이 따르게 될 것이라고 생각했다. 예컨대 보부아르 자신이 맺었던 인간관계들, 특히 충격적인 남녀관계들의 내용과 당사자들의 이름도 공개될 것이다. 이런 내용을 읽은 독자들이 보낼 비난의 화살을 견디어 낼 자신이 없었다. 그래서 보부아르는 자신의 전반적인 문제를 사르트르와 의논했다. 이때 사르트르는 보부아르에게 여성 문제를 다룬 책을 쓸 것을 권유한다. 그러니까 사르트르는 보부아르에게 병도 주고 약도 준 것이다.

보부아르는 이 문제를 사르트르와 의논했다. 그는 철학적 질문으로 대답을 대신했다.

"오늘날 여자는 어떤 존재인가? 여자라는 것은 무엇을 의미하는가? 여자의 상황이 바뀌었다면, 어떤 식으로 바뀌었는가? 여자로 태어났으면서도 남자들이 누리는 자유를 대부분 누리면서 살아 온 당신에게 여자라는 사실은 어떤 의미를 갖고 있는가?"
(베:318)

보부아르는 이런 질문들에 대해 흥미를 느꼈다. 하지만 이런 질문들이 과연 자기에게 해당되는 것인지에 대해서는 확신할 수 없었다. 왜냐하면, 앞에서 지적한 대로, 보부아르 자신은 남자들과의 관계에서 차별 대우를 받아 본 적도 없고, 또 열등감을 느껴 본 적도 없었기 때문이다. 한 가지 흥미로운 사실은 보부아르가 친구였던 콜레트 오드리Colette Audry와 여성 문제를 주제로 책을 쓰는 것에 대해 이미 이야기를 나눈 적이 있었다는 점이다. 사르트르는 이 대화를 떠올리면서 보부아르에게 책을 써 보라고 권유한 것이다.

> 사르트르는 보부아르에게 말했다.
> "그 책을 쓸 사람은 오드리가 아니라 바로 당신이오."
> 보부아르는 눈이 번쩍 뜨이는 것 같았다. '바로 그거야!' 그것은 진정한 계시의 순간이었다.
> 이 세계는 남자들의 세계였고, 보부아르는 어릴 때부터 남자들이 만든 신화를 먹고 살았다. 보부아르가 만일 남자로 태어났다면, 그 신화에 대해 결코 그런 식으로 반응하지 않았을 것이다. 이 발견은 보부아르를 사로잡았다. 보부아르는 넓은 의미에서 여자들의 상황을 발견하는 일에 모든 관심을 집중하기 위해 자서전을 쓸 계획을 포기했다. 보부아르는 당장 국립 도서관으로 달려가서 여성 신화를 연구했다.(베:319)

콜레트 오드리.

보부아르는 오드리를 만나 이전에 말했던 여성 문제에 대한 책을 자기가 쓰겠다는 양해를 구하고서 곧바로 집필을 시작했다. 그 당시 오드리는 정치 활동으로 바쁜 상황이어서 보부아르에게 쉽게 양보했다. 만약 이때 오드리가 양보하지 않았다면, 『제2의 성』은 전혀 다른 운명을 맞이했을지도 모른다. 어쨌든 보부아르가 이 책을 집필하게 된 과정에서 자신이 1946년을 전후해서 느꼈던 위기감이 크게 작용했다는 것은 분명하다.

『제2의 성』과 관계된 여러 흥미로운 일화 가운데 하나는 책 제목에 관련된 것이다. 처음에 보부아르는 "다른 성"이라는 제목을 생각했다. 예컨대 1946년 10월을 전후해서 친구들이 요즈음 무엇을 하느냐고 물으면, 보부아르는 "다른 성"에 대한 책을 쓰고 있다고 대답했다. "제2의 성"이라는 제목은 사르트르, 보스트Jacques-Laurent Bost[29)와 이야기를 나누다가 떠올랐다.

> 사르트르, 보스트와 보부아르는 몇 시간 동안이나 여러 가지 단어를 조합해 보고 있었다. 보부아르가 말했다. "다른 성?" 그러자 보스트가 말했다. "아니, 그보다 제2의 성이 어때요?" 세 사람은 이 제목을 곰곰 생각해 보고, 이것이야말로 책에 딱 들어맞는 제목이라는 판단을 내렸다.
>
> 보부아르는 책 제목을 '제2의 성'으로 결정했다고 앨그렌에게 말하면서, '사람들은 동성연애자를 제3의 성[30)이라고 부르는데,

이것은 여성이 두 번째에 온다는 뜻이 분명하기 때문'이라고 설명했다.(베:401)

보부아르는 『제2의 성』을 단행본으로 출간하기 전에 일부를 『현대』지에 먼저 발표했다. 1948년 2월과 7월 사이에 네 편의 글을 발표했다.[31] 보부아르 자신은 이 잡지에 실린 글이 "남자들의 화를 돋우었다"[32]고 말했다. 잡지에 먼저 글을 발표한 것은 서툰 행동이었다는 것이다. 하지만 이런 미숙함이 거꾸로 『제2의 성』을 크게 선전해 주었다. 『현대』지 1948년 6월호와 7월호가 매진되었다. 『제2의 성』의 제1권도 출간 일주일 만에 2만2천 부가 팔렸다. 제2권도 크게 성공했다. 어느 통계에 따르면, 1990년까지 프랑스에서 1백만 부 이상이 판매되었다. 전 세계에서도 약 30여 개 언어로 번역되어 출간되었다.

『제2의 성』에 대한 반응

　보부아르는 『제2의 성』을 자신의 전체 저작들 가운데 가
장 완벽한 만족감을 준 책이라고 생각했다. 하지만 이 책이
간행되고 난 직후 보부아르는 각계각층으로부터 수많은 공
격과 비난을 받았다. 보부아르는 그 당시의 상황을 이렇게 술
회한다.

　　나는 이름을 밝히지 않은 사람들, 예를 들면 '제1의 성'에 속하
　　는 매우 적극적인 몇 사람이 보낸 수많은 경구와 편지, 풍자, 훈
　　계와 충고를 받았다. 나는 욕구불만에 빠진 여자, 불감증에 걸
　　린 여자, 남근을 숭배하는 여자, 이상성욕을 가진 색광, 동성연
　　애자, 백 번이나 낙태 수술을 한 여자가 되었다. 심지어는 내가

미혼모라고 주장하는 사람도 있었다. 사람들은 내 불감증을 치료해 주겠다고 제의하거나 내 욕망을 달래 주겠다고 제의하기도 했다. 그들은 난폭하기 짝이 없는 말로, 그러나 명색은 진리와 산과 아름다움의 이름으로, 건강의 이름으로, 심지어는 신의 이름으로 나에게 계시를 주겠다고 약속했다.(베:430)

『제2의 성』이 출간되자 프랑스에서는 여러 가지 일들이 일어났다. 그 가운데 보부아르가 직접 소개한 일화 몇 개를 소개한다. 먼저 이 책이 출간되자 소르본 대학의 한 교수는 강의실에서 이 책을 뒤로 던져 버렸다고 한다. 또한 제2권이 출간되었을 때 프랑스 북부 전역의 서점 주인들은 담합을 해 판매를 금지하는 조치를 내리기도 했다. 어떤 사람은 아내가 『제2의 성』을 읽는 것을 보고 "그런 쓰레기를 읽는 건 절대로 용납하지 않겠다"(베:442)고 말했다고 한다. 그러나 비난이 거세지면 거세질수록 이 책에 대한 호기심을 더욱 자극해서 오히려 판매 부수가 점점 더 늘어났다.

하지만 프랑스에서 일어난 『제2의 성』에 대한 적대적인 반응은 결코 가볍지 않았다. 여기에서 일화들을 소개한 것은 당시 프랑스의 경직된 분위기를 보여주기 위해서다. 실제로 이 책에 대해 본격적인 공격을 한 사람들은 1940~1950년대 프랑스를 대표한 좌·우 지식인들이었다. 특히 가톨릭 진영과 공산당 진영은 이 책과 보부아르에게 그야말로 융단폭격을 해댔다. 우파 진영에서 공격의 선봉장에 선 사람이 바로 모리악Francois Mauriac이었다. 모리악은 실존주의를 대표하는 사르트르에게 이미 호된 공격을 당한 적이 있었다.[33] 어쨌든 모리악은 보부아르의 『제2의 성』의 일부가 『현대』지에 실리자 『피가로 리테레르Figaro littéraire』에서 젊은 독자들을 상대로 설문조사를 했다. 그 내용은 에로티즘을 소재로 한 문학 작품이 개인, 국가, 문학 자체에 어떤 영향을 주며, 그에 대한 책임은 과연 어떤 것인가 등이었다.[34]

모리악이 『제2의 성』에 대해 한 비판의 파장은 다음과 같은 유언비어 때문에 더 커졌다. 모리악은 『현대』지에 기고했던 한 작가에게 보낸 편지에서 『제2의 성』을 통해 "나는 당신이 기고한 잡지 편집장의 성기를 알게 되었다"고 말했다는 것이다. 이와 같은 지나친 표현에 깜짝 놀란 작가는 이 편지를 보부아르에게 보여주면서 조심하라고 경고했다. 보부아르와 사르트르는 이 편지를 세상에 공개함으로써 모리악을 곤란한 지경에 빠뜨리기도 했다. 가톨릭 진영에 속했던 모리악의 비난은 궁극적으로 바티칸 교황청에서 『제2의 성』을 금서 목록에 올리는 것으로 일단락된다. 또한 사르트르의 여러 저서들도 역시 교황청의 금서 목록에 올랐다. 여하튼 교황청은 『제2의 성』을 금서 목록에 올리면서, 이 책의 영향에 가장 쉽게 굴복할 수 있는 청소년들뿐만 아니라 어른들도 보호해야 할 필요성이 있다는 요지의 성명을 발표했다.

가톨릭 진영에 이어 우파 지식인들 역시 『제2의 성』에 대해 못마땅한 반응을 보였다. 물론 예외가 있기는 하다. 1946년을 전후해 커다란 영향력을 가진 기독교 우파 성향의 잡지 『에스프리Esprit』지에서 일하던 지식인들이었다. 하지만 대부분의 우파 지식인들은 『제2의 성』에 대해 비판적인 태도를 표명했다. 대표적인 인물이 카뮈였다. 보부아르는 카뮈가 자신이 프랑스 남자들을 조롱했다는 비판을 했다고 회고했다.

좌파 지식인들도 우파 지식인들과 마찬가지로 『제2의 성』을 비난했다. 몇몇 예외인 경우도 있었다. 특히 『현대』지의 구성원들인 메를로 퐁티, 장송Francis Jeanson[35] 등은 보부아르를 옹호했다. 극좌파 지식인이자 처음에 여성에 대한 책을 쓰려고 했다가 보부아르에게 양보한 오드리 역시 『제2의 성』을 열렬히 옹호했다. 하지만 대부분의 사회주의자들과 공산주의자들은 보부아르의 『제2의 성』을 가차 없이 비난했다. 공산주의자들은 계급 없는 유토피아 사회를 건설하기 위해 계급투쟁이 우선이라는 평소의 지론을 고수했다. 계급해방이 되면 여성해방은 자연스럽게 해결될 것이라는 입장이었던 것이다.

이와 같은 비난들은 거꾸로 『제2의 성』의 출간이 1940~1950

년대 프랑스 사회에서 어떤 의미를 가지고 있는가를 간접으로 보여준다. 요컨대 『제2의 성』은 당시 보부아르가 프랑스 사회에 떨어뜨린 메가톤급 핵폭탄이었다고 할 수 있다. 1960년 무렵에 보부아르는 프랑스에서 가장 미움을 받는 동시에 가장 사랑받는 여자가 되었다. 이것은 이 책이 출간될 당시의 온갖 모욕, 조롱, 비난, 욕설 따위를 돌파하고 그 참다운 가치를 인정받게 되었다는 것을 의미한다. 이어서 이 책에 대한 참다운 논의와 평가가 이루어진다. 하지만 그렇게 되기까지 외국, 특히 이 책에서 커다란 영향을 받은 미국에서 이루어진 평가가 프랑스로 다시 수입되는 과정을 거쳐야 했다.

실제로 『제2의 성』은 출간 이후 프랑스에서보다는 오히려 다른 나라들, 특히 미국에서 많은 관심을 끌었다. 이 책은 미국에서 1953년에 번역되어 출간되었다. 완역된 것이 아니고 발췌본 식으로 3권이 출간되었다. 책이 나오고 2주일이 지나기 전에 베스트셀러 목록에 오를 정도로 커다란 호응을 얻었다. 특히 많은 학자들이 이 책에 대해 찬성과 반대의 의견을 표명했으며, 그 결과 가장 많은 평론이 나온 책이 되었다. 또한 『제2의 성』의 영어 번역본 때문에 보부아르는 다시 한 번 파리에서 뉴스가 되었다. 미국이나 영국에서의 반응이 외신을 타고 프랑스로 흘러들었기 때문이다. 결국 보부아르는 미국과 영국 등에서 '신성한 괴물'이 되었으며, 프랑스인들도

좋든 싫든 이 괴물을 다시 다루지 않을 수 없었다.(베:472)

이런 과정을 거쳐 보부아르의 『제2의 성』은 1960년부터는 프랑스에서도 그 가치를 인정받았다. 그 이후로 보부아르의 이름은 곧 이 책으로 통하게 된다. 『제2의 성』은 점차 세계 여러 나라에서 차례로 번역되었고, 나중에 영화로 만들어지기도 했다. 앞에서 말했듯이, 이 책은 이후 전 세계 페미니스트들뿐만 아니라 모든 여성들, 그리고 심지어는 남성들도 꼭 한 번은 읽어야 하는 고전의 반열에 오른다. 보부아르는 많은 비난을 받으면서도 견딜 수 있었던 것은 세계 여러 나라에서 여성들이 보내 준 수많은 편지 덕분이었다고 회고한 적이 있다. 『제2의 성』에 대한 반응은 지금도 지구 어느 곳에서 끊임없이 일어나고 있다.

2부

Simone de Beauvc

『제2의 성』 읽기

『제2의 성』은 인류의 오랜 역사에서 동등한 권리와 의무를 나누어 가져야 마땅한 남녀가 왜, 어떤 과정을 거쳐서 불평등한 상태에 빠져 오늘에 이르렀는가를 다루고 있다. 또한 여자는 평생 동안 이런 상태를 어떻게 체험하며 습득하고, 그 결과 남자의 '타자'로서의 여자가 되어 가는가를 다룬다. 물론 보부아르의 관심은 여성 문제의 현상태를 이해하는 것에만 그치지 않는다. 보부아르의 의도는 다분히 목적론적이다. 그러니까 이 현상태의 타파, 곧 여성해방을 겨냥하고 있다. 2부에서는 『제2의 성』의 구성과 이 책 전체를 관통하는 방법론을 밝혔고, 이 책의 내용을 요약·설명했으며, 아울러 그 의의와 영향을 생각해 보았다.

1장

『제2의 성』을 읽기 위해

『제2의 성』의 구성

『제2의 성』은 두 권으로 구성되었다. 첫째 권은 1949년 6월에, 둘째 권은 같은 해 11월에 갈리마르 출판사에서 간행되었다. 그 이후 같은 출판사의 '이데Idées' 총서에서 포켓판 두 권으로 다시 출간되었다. 두 권으로 이루어진 이 책의 차례는 다음과 같다.

차 례

제1권: 사실과 신화
서론
제1부 숙명

제1장 생물학적 조건

제2장 정신분석적 견해

제3장 유물사관의 입장

제2부 역사

1.

2.

3.

4.

5.

제3부 신화

제1장

제2장

1. 몽테를랑, 또는 혐오의 빵

2. D. H. 로렌스, 또는 팔루스의 자존심

3. 클로델과 주主의 여종

4. 브르통, 또는 시

5. 스탕달, 또는 진실의 로마네스크

6.

제3장

제2권: 체험

서론

제1부 형성

제1장 유년기

제2장 젊은 처녀

제3장 성에 입문

제4장 동성애 여자

제2부 상황

제1장 결혼한 여성

제2장 어머니

제3장 사교 생활

제4장 매춘부와 첩

제5장 성숙기에서 노년기로

제6장 여자의 상황과 성격

제3부 정당화

제1장 나르시시즘의 여자

제2장 연애하는 여자

제3장 신비주의 여성

제4부 해방을 위하여

제1장 독립한 여성

결론

제1권의 부제는 '사실과 신화'이다. 제1권에서 보부아르는 왜 여성들은 남성들에 비해 열등한 위치에 있게 되었는가 하는 문제를 다룬다. 더 구체적으로, 남자=주체, 여자=타자라는 엄연한 사실을 인정하면서, 이 사실을 인류 역사와 수많은 신화를 통해 고찰한다. 제1권은 각각 '숙명' '역사' '신화'라는 제목이 붙은 3부로 나뉘었으며, 각 부는 다시 여러 장으로 나뉘어 있다. 1부 '숙명'에서는 생물학, 정신분석학, 그리고 사적 유물론을 통해 본 여자의 조건을 논의하고 있다. 2부 '역사'에서는 장을 표시하지 않은 다섯 부분에서 유목 사회, 농경 사회, 족장 시대, 고대 그리스와 로마 시대, 중세, 계몽 시대, 프랑스 대혁명을 거쳐 1947년까지 여성들이 걸어온 역사를 기술했다. 마지막으로 3부 '신화'에서는 남성들이 지배하는 사회에서 형성된 신화에서 여성들이 어떤 식으로 폄하되고 미화되고 있는지 고찰했다. 여기에 더해 널리 알려진 작가 다섯 명(몽테를랑, 로렌스, 클로델, 브르통, 스탕달)의 작품 속에서 어떻게 여성들이 남성들의 덫에 걸리는가에 대해 일관된 시선으로 살펴보고 있다.

　　제2권의 부제는 '체험'이다. 제2권은 '형성' '상황' '정당화'의 3부로 구성되어 있고, 제4부인 '해방을 위하여'를 덧붙였다. 1부 '형성'에서는 남성들이 우월권을 쥐고 있는 사회에서 여성들이 유년기, 소녀 시절, 성숙기와 노년기를 거치면서 여자가 되어 가는 과정에 대해 상세히 고찰했다. 2부 '상황'에서는 동성애, 나르시시즘 등을 포함해 결혼, 가정사에 이르기까지 여성들이 경험하는 여러 상황들을 기술해 놓았다. 3부 '정당화'에서는 여성의 자기도취에서 신비주의까지 다양한 형태의 사랑을 살펴보았으며, 결론으로 보부아르는 마지막 부에서 여성해방을 위한 조건과 그 당위성을 제시하고 있다.

『제2의 성』의 방법론

    앞에서 『제2의 성』의 사상 배경이 실존주의, 그것도 무신론적 실존주의라는 점을 지적한 바 있다. 연구자들은 『제2의 성』에서 보부아르가 사르트르의 실존주의적 사유를 완벽하게 따르지 않았다는 점을 강조하기도 한다. 특히 '상황(situation)' 개념을 다르게 이해하고 있다고 지적하기도 한다. 사르트르는 인간의 '자유'가 갖는 절대적 성격을 주장하고 있는 반면—후일 사르트르 자신도 이 주장을 어느 정도는 부인한다—보부아르는 일찍부터 인간의 자유란 상황 속의 자유, 즉 상대적 자유라는 점을 강조하고 있다는 것이다. 그런데도 보부아르는 『존재와 무』로 대표되는 사르트르의 실존주의적 사유를 유보 없이 수용했다는 것이 일반적으로 인정

된 견해이다. 따라서 사르트르의 실존주의 사상을 이해하면
『제2의 성』을 읽을 때 아주 유용하다. 여기에서는 『제2의 성』
에 적용한 실존주의 사상의 방법론을 이해하기 위해 몇 가지
개념들을 간략하게 살펴보기로 한다.

실존은 본질보다 앞선다

기독교적 실존주의와는 달리 무신론적 실존주의는 신이
없다고 가정한다. 19세기에 이미 '신의 죽음'을 선언한 니체
와 "신이 존재하지 않는다면, 모든 것은 허용될 것이다"라고
말한 도스토예프스키의 뒤를 이어 사르트르 역시 신이 없다
고 가정한다. 이것이 무신론적 실존주의의 출발점이다. 신이
없다고 하는 가정은 최소한 다음의 세 가지 사실을 내다보게
한다.

첫째 사실은 인간의 행동을 안내해 줄 수 있는 초월적 가
치가 없는 것이다. 신의 계율이나 플라톤적 의미에서의 이데
아도 없다. 따라서 인간의 삶에는 궁극적인 목적이나 의미가
없다. 이런 의미에서 인간의 삶은 부조리한 것으로 규정된다.
또한 인간은 이 세계에 그냥 '내던져진' 존재이다. 인간이 실
존해 나가는 과정에서 겪는 고뇌와 불안이 바로 거기에 있다.

둘째 사실은 이 세계에 속하는 모든 존재의 '우연성'이라
는 특징이다. 지금, 여기에 있는 모든 존재는 존재 이유를 모

른 채 그냥 있다. 이런 존재의 모습은 '잉여존재'로 묘사된다. 다시 말해 필연적인 존재 이유를 갖지 못하고 뿌리가 뽑혀 떠다니는 것과 같다. 따라서 인간이 추구하는 최후의 목표는 자신의 존재 근거를 확보하는 것이다. 또한 이것을 바탕으로 자신의 출현을 정당화하는 것이다.

셋째 사실은 인간에게 "실존은 본질보다 앞선다"는 것이다. 사르트르는 이 사실을 설명하기 위해 '종이칼'을 예로 든다. 종이칼을 만든 사람은 이 칼을 만들면서 이 칼의 '본질'을 이미 상정한다. 이 칼을 만들고 정의하는 것을 가능하게 하는 속성 전부를 알고 있다. 따라서 이 종이칼의 경우에는 그 '본질'이 종이칼이라는 '존재'보다 우선이다. 이와 같은 종이칼의 유추를 통해 사르트르는 인간에게는 '실존'이 '본질'보다 앞설 수밖에 없다고 주장한다. 왜냐하면 사르트르는 인간의 본질을 구상한 신의 존재를 부정하기 때문이다.

여기에 내가 소개하는 무신론적 실존주의는 더 일관성이 있다. 무신론적 실존주의는, 가령 신이 없다면 적어도 본질보다도 앞서는 하나의 존재, 또한 어떠한 개념으로도 정의되기 전에 존재하는 하나의 존재가 있다고 선언하며, 또한 그 존재는 인간이거나 혹은, 하이데거가 말한 것처럼, 인간 실재라고 선언한다. 여기에서 본질보다 존재가 앞선다는 것은 무엇을 의미하는 것일까? 그것은 바로 우선 사람이 먼저 있어 세상에 존재하고 세상에 나타난다는 것을 의미하며, 그는 그 다음에 정의된다는 것을 의미한다.[36]

투기와 자유로서의 인간

인간은 이처럼 자신에 대해 선험적인 본질을 알고 있는 절대자와 연결된 탯줄을 끊어 버렸기 때문에 태어나는 순간 '백지 상태'로 있다. 그리고 실존하는 순간마다 인간은 자신의 본질을 창조해 나간다. 인간은 순간순간 자신을 선택하면서, 곧 실존하면서 선한 자나 또는 악한 자가 된다. 또한 인간에게 자기 창조의 과정, 곧 실존은 자신의 죽음과 더불어 끝난다. 따라서 "인간은 있는 것으로 있지 아니하고, 있지 않는 것으로 있다"는 사르트르의 주장이 성립한다. 또한 인간에게 '죽음'이란 스스로 변화할 수 있는 모든 가능성을 완전하게 박탈하는 것이라는 주장도 성립한다.

실존주의 시각에서 보면 인간은 이처럼 태어나서 죽을 때까지 스스로 끊임없이 변화해 나가야 하는 존재이다. 이런 변화는 곧 인간이 자기 자신을 미래[37]를 향해 내던지는, 곧 '투기投企(projet)'와 같은 의미를 지니고 있다. 인간이 '투기'의 존재라는 사실은 '자기를 앞으로 내던지다'라는 의미를 가진 불어 동사 'se pro-jeter'의 의미를 보면 쉽게 이해할 수 있다.

이 동사에서 'se'는 '자기'를 가리키는 재귀대명사이고, 'pro—'는 '앞으로'의 뜻을 가진 접두어이며, 'jeter'는 '던지다'라는 뜻의 동사이다. 실존주의의 입장에서 보면 인간은 이처럼 태어나면서 아무것도 아닌 그런 존재였다가, 자기 자신을 미래를 향해 내던지면서 자기를 창조하고 만들어 나가는, 즉 실존을 통해 자신의 본질을 만들어 가는 존재로 간주된다.

한 가지 흥미로운 사실은 '실존하다'라는 불어 동사 'exister'의 어원을 살펴보면 '—에서 벗어나다'라는 뜻의 접두어 'ex—'와 '있다'라는 뜻의 'sistere'의 결합이라는 점이다. 실존이라는 단어에는 이미 고정된 한 지점으로부터 '벗어남'이라는 의미가 내포되어 있다. 바로 이 점에서 인간은 사물 존재와 구별된다. 또한 인간은 미래를 향해 자기 자신을 투기하는 과정에서 무한히 열려 있는 가능성 속에서의 '선택'이라는 문제에 직면한다.

인간이 신에게서 선험적인 본질을 부여받지 않았기 때문에 인간은 미래를 향한 투기와 선택을 해야 한다는 주장은 결국 인간은 스스로를 창조해 나가는 과정에서 자유롭다는 결론에 이르게 된다. 물론 신의 부재는 곧바로 인간의 고독, 즉 인간이 이 세계에 내던져진 존재라는 사실, 그 결과 인간은 순간마다 실존의 불안을 느낀다는 사실을 설명해 준다. 그러나 신의 부재는 인간을 결정론에서 해방시켜 준다. 그러니까 인간은 자신의 모든 투기와 선택에서 아무런 구속과 제약을 받지 않는 자유로운 존재인 것이다. 한마디로 인간은 자유와 구별되지 않는다. 물론 이 자유는 방종과 엄격하게 구별된다. 왜냐하면 자기 자신의 삶의 매 순간 자유에 따라 투기와 선택을 한 개인은 어떤 상황에 있더라도 자신의 투기와 선택에 대해 책임을 지기 때문이다.

> 이처럼 우리는 앞에서나 뒤에서나 명백한 가치의 영역 속에서 정당성이나 변명을 가지고 있지 못하다. 우리들은 변명의 여지 없이 고독하게 있다. 나는 그것을 인간은 자유로운 존재로 선고받았다고 표현하고 싶다. 선고받았다는 것은 인간이 자신을 창조하지 않았기 때문이며, 또 한편으로 인간이 자유롭다는 것은 일단 세계 속에 내던져졌으므로 인간은 자기가 하는 모든 일에 대해 책임이 있다는 말이다.[30]

타자와의 관계

앞에서 간략하게 살펴본 대로, 사르트르의 타자에 대한 사유의 특징은 '나'와 '타자'와의 관계가 '갈등'의 관계라고 보는 것이다. 타자는 나에게 단지 '함께 있는 존재'가 아니며, 또한 나에게 '협력하는 것'을 거절하는 자이기도 하다. 그 까닭은 이렇다. 우선 나와 마찬가지로 타자 역시 자신의 삶을 백지 상태에서 창조해 나가는 그런 존재이다. 이 과정에서 나와 타자는 공히 서로 자유로운 상태에서 각자의 본질을 창조한다. 나는 이 과정에서 타자와 우연히 만난다. 이처럼 이 세계에서 나와 타자와의 만남은 완전히 우연한 질서에 속하는 사건이다.

그 다음으로 나와 타자는 우연히 만나자마자 서로를 객체화하려고 한다. 사르트르는 이 과정을 '시선' 개념으로 설명한다. 사르트르는 타자를 "나를 바라보는 자"로 정의한다. 타자는 그의 시선을 통해 나에게 직접적이고 구체적으로 보인다. 결국 시선은 단순한 시각 작용이 아니다. 시선은 그 주체가 바라보는 모든 것을 '객체'로 사로잡아 버리는 '힘'으로 규정된다. 따라서 타자는 나를 바라보면서 나를 객체화한다. 하지만 나는 한시라도 주체의 상태에서 벗어나 객체의 상태로 있을 수 없다. 왜냐하면 내가 객체 상태로 있는 것은 바로 내 삶에 대해, 내 실존에 대해 진정하지 못한 태도를 취하는[39] 것을 뜻하기 때문이다. 따라서 나는 이제 내 편에서 타자를 바라보면서 객체로 삼으려 한다. 하지만 타자 역시 객체 상태로 있을 수 없다. 왜냐하면 나에게 적용되는 모든 것은 타자에게도 적용되기 때문이다. 이와 같은 사실을 토대로 사르트르는 나와 타자 사이의 존재론적 관계는 서로를 객체화하려는 '투쟁'의 관계일 수밖에 없다는 결론을 내린다.

하지만 사르트르의 타자론에서 눈여겨보아야 할 점은 먼저 나와 타자는 처음에 이 세계에 출현하면서 동등한 권리와 의무를 갖는다는 점이다. 나와 타자는 쌍둥이처럼 이 세계에 출현한다. 누가 먼저 출현했는가를 결정할 수 없다. 일단 만남이 이루어지고 나서야 비로소 주체와 객체, 또는 주체와 타자로 규정될 뿐이다. 왜냐하면 나와 타자는 각각 서로를 만나면서 비로소 각자에 대한 '본성'을 갖기 때문이다. 뒤에서 다시 보겠지만, 이 사실은 나중에 보부아르가 『제2의 성』에서 제기하는 문제 가운데 하나인 "왜 여성들은 남성들에 비해 열등한 위치를 차지하게 되었는가"의 문제와 밀접하게 연결되어 있는 것으로 보인다.

어쨌든 사르트르의 체계에서는 나와 타자 가운데 누구든지 상대방의 시선에 따라 객체 상태로 떨어졌다고 해도, 나 또는 상대방은 언제든지 자신의 시선을 통해 다시 주체성을 회복할 수 있다. 이것이 사르트르의 타자론에서 유의해야 할 둘째 사실이다. 따라서 나와 타자 사이의 관계는 항상 '갈등'으로 점철된다. 하지만 나와 타자가 서로 궁극적으로 지향하는 것은 결국 이런 갈등을 넘어서는 것이다. 사르트르는 이런 상태를 '도덕적 상태'로 규정하고, 거기에 이를 수 있는 방안을 모색한다. 이 사실은 보부아르의 『제2의 성』에서 제기된 문제들 가운데 하나인 '여성해방'의 문제와 직결되어 있는 것으로 보인다. 보부아르의 페미니즘을 '평등의 페미니즘'으로 규정하는 것이 보통이다. 그런데 이와 같은 규정 속에는 분명 방금 살펴본 나와 타자의 평등의 회복, 곧 남녀평등의 회복이라는 명제가 깔려 있다고 할 수 있다.

보부아르의 실존주의적 페미니즘

사르트르의 무신론적 실존주의를 관통하는 이와 같은 몇 가지 기본 개념들을 통해서 『제2의 성』에 적용하고 있는 방법론을 그려 볼 수 있다. 보부아르는 먼저 이 책을 집필하던 시점에서 여성들이 겪고 있는 열등성의 원인을 이른바 '여성성', 즉 여자의 '본질' 속에서 찾는 입장을 단호하게 부정한다. 뒤에서 다시 보겠지만, 남녀의 생물학적 조건은 동일하지 않다. 페미니스트들 사이에서 자주 오가는 "남자가 여자보다 나은 것은 근육의 힘이 강한 것밖에 없다"는 표현은 역설적으로 이 사실을 잘 보여준다.

하지만 이 조건은 이른바 '상황'에 속한다. 이 상황은 실존하는 주체로서의 여성이 자기 창조의 과정에서 고려해야 하는 하나의 조건에 불과하다. 보부아르는 여성이 상황과 맺는 관계를 '초월성(transcendance)'과 '내재성(immanence)'으로 설명한다. 초월성은 한 인간이 실존하는 주체로서 삶을 영위해 나가면서 뚜렷한 목표를 가지고, '자유'의 상태에서, 매

순간 자신을 미래를 향해 투기하면서 현재의 '자신을 초월하는(se transcender)' 것을 특징으로 한다. 물론 초월성에는 '책임'이라는 무거운 짐이 따른다. 따라서 초월의 과정, 곧 자기 창조는 그만큼 힘겨우면서도 또한 보람 찬 과정이기도 하다. 요컨대 인간이 자신을 초월의 주체로 정립해 나갈 때 그는 참다운 의미에서 '주체'로서의 모습을 갖추게 된다.

이에 반해 내재성은 한 인간이 현재 상태에 안주하면서 초월의 권리, 곧 자기 창조의 권리를 포기하는 것이다. 예컨대 남성들이 지배하는 상황을 보자. 만약 여성들이 이런 상황을 타파하기 위해 끊임없이 초월의 주체가 되려는 노력을 기울이기는커녕 오히려 남성들이 베푸는 혜택 속에 안주하려 든다면, 이 경우 이 여성들의 삶은 내재성의 차원을 벗어나지 못할 것이다. 그러니까 이 여성들은 스스로를 '타자'—또는 '객체'의 상태—로 간주하는 데 머물고 말 것이다. 실제로 보부아르는 『제2의 성』에서 남녀의 관계를 특히 '주체'와 '타자'의 관계로 규정하고 있다. 남자는 본질적이고, 절대적이며, 불변적 존재인 반면, 여자는 비본질적이고, 상대적이며, 가변적 존재로 간주하고 있다.

> 여자는 남자와의 관계에서 한정되고 달라지지만, 남자는 여자에 대해 그렇지가 않다. 여자는 우발적인 존재이다. 여자는 본

질적인 것에 대해 비본질적이다. 남자는 주체이다. 남자는 절대이다. 그러나 여자는 타자이다.(상:23)

물론 이타성異性, 즉 타자가 갖는 타자로서의 특징은 인류에게 보편적으로 적용되는 범주로 간주된다. 낮과 밤, 선과 악, 행복과 불행, 오른쪽과 왼쪽 따위의 구별과 대립이 그것이다. 보부아르 역시 이 사실을 강조한다. 하지만 문제는 남녀 관계에서 남성들은 과거에서 현재까지 '주체'의 자리를, 여성들은 '타자'의 자리를 차지하고 있다는 점이다. 앞에서 사르트르의 타자론을 짧게 소개하면서 '나'와 '타자'는 애초에 완전히 대등한 입장이라는 사실을 지적했다. 또한 '나'와 '타자' 사이의 존재론적 관계의 균형이 깨진 경우에도, 각자는 항상 자신의 주체 자리를 확보하기 위해 모든 노력을 다한다는 사실 역시 지적했다. 그런데 보부아르는 이처럼 남녀 사이에 맺어진 관계를 보면, 특히 여성들이 주체가 되기 위한 노력을 거의 하지 않았다는 점을 강조한다.[40]

비본질로서 여자가 본질로 결코 복귀할 수 없는 이유는 자기 힘으로 그 반전을 이루지 못하기 때문이다. 프롤레타리아는 '우리들'이라고 부른다. 그들은 자기들을 주체로 확립하고, 부르주아나 백인들을 타자로 바꾸어 놓는다. 여자들은 —관념적인 시위에 머무르는 몇몇 집회에서는 예외로 하고— '우리들'이라고 하지 않는다. 남자들은 '여자들'이라고 부른다. 그리고 여자들은 이 말을 자기네들을 가리키는 것으로 받아들인다. 그러나 여자들은 진정한 '주체'로서 자신들을 내세우지는 않는다.(상:17)

요컨대 보부아르는 역사의 전개 과정에서 여성들은 아무것도 쟁취한 것이 없다고 본다. 물론 『제2의 성』이 출간된 1949년의 상황과 지금의 상황과는 큰 차이가 있다. 하지만 당시에 보부아르는 여성들이 여전히 남성들의 지배 아래에서 '타자'인 자신들의 지위를 전복하려는 노력을 제대로 하지 못했다고 진단한다. 즉 '주체'로서의 지위를 회복하고자 하는 의지를 제대로 보여주지 못했다고 진단한다. 이런 진단을 토대로 보부아르는 여성들의 반성, 궐기와 분발을 촉구하고 있다. 이처럼 『제2의 성』은 처음부터 끝까지 실존적 페미니즘이라고 규정할 수 있는 방법론이 지탱하고 있다.

우리가 채택하는 전망은 실존주의의 도덕이다. 모든 주체는 투기를 통해 자기 초월로써 확립된다. 그것은 다른 자유를 향해 부단히 자기 초월을 해야만 자기의 자유를 완성한다. 무한히 열려 있는 미래를 향해 자기 신장伸張을 도모하는 것 말고는 목적이 실존을 정당화하는 길은 달리 없다. 초월이 내재로 떨어질 때마다 실존은 '즉자존재'로 타락하고, 자유는 사실성으로 타락한다. 만약 주체가 이런 전략에 동의한다면, 그것은 도덕적 과실이다. 만약 주체가 그것을 강요한다면, 그것은 좌절과 압박의 형태를 취한다. 그래서 그것은 둘 다 절대악惡이다. 자기 실존의 정당화를 희구하는 모든 개인은 이 실존을 자기 초월의 무한한 욕구로 경험한다. (중략) 여성의 비극은 부단히 본질적인 것으로 자기를 확립하려는 모든 주체의 기본적인 요구와 여자를 비본질적인 것으로 형성하길 바라는 상황 사이의 갈등이다.(상:30)

『제2의 성』의 문제 제기

　　보부아르는 『제2의 성』을 여성들의 현실 인식에서 시작한다. 책을 집필할 당시에 보부아르의 현실 인식은 불행하게도 여성들에게 매우 불리했다. 보부아르가 이 책을 쓴 동기들 가운데 하나가 자신의 정체성 위기와 무관하지 않았다는 사실을 상기하자. 사르트르의 그늘에서 보부아르가 느꼈던 정체성의 위기가 주위의 모든 여성들에게는 익숙한 현실이었다. 보부아르는 이처럼 남성들은 이미 '주체'의 위치를 차지하고 있는 반면, 여성들은 '타자'의 위치로 전락해 있음을 뒤늦게 자각한 것이다.

　　여성들에 대한 이와 같은 현실 인식을 토대로 보부아르는 『제2의 성』의 서론에서 책 전체에서 다룰 네 가지 문제를 제기한다. 첫째 문제는 '여자의 정체성'이다. 보부아르는 1946년을 전후해 닥쳐 온 위기와 모든 여성들이 겪고 있는 문제의 근본 성격을 규명하는 첫 단계에서 우선 "나는 여자다"라는 선언적 규정에 관심을 갖는다.(상:12) 보통 사람들은 이 문제에 대해 '여성성', 여자의 '본질' 등에 의거해 답한다. 하지만 이와 같은 대답은 그 자체로 오류라는 것이 보부아르의 주장이다. 그것은 크게 다음의 두 가지 이유 때문이다. 하나는 실존주의 입장에서 실존이 본질보다 앞선다는 입장을 고수한다면, 위의 대답이 오류라는 것이 곧장 드러난다. 왜냐하면 그 대답이 유효하려면 여자를 포함한 모든 인간에게 실존보다 본질이 앞선다는 것을 전제해야 하기 때문이다. 이것은 보부아르의 입장과는 정면으로 배치된다. 더군다나 만약 여자에게 주어진 '본질'—그것도 여자가 남자에 비해 열등하다는 본질—이 있다는 입장을 고수한다면, 그때는 여성들에 대한 남성들의 지배와 억압을 물리칠 수 있는 가능성 자체가 사라진다.

여자의 정체성 문제에 대한 본질주의자들의 대답을 받아들일 수 없는 또 하나의 이유는 지금까지 대부분의 남자들이 여자의 본질을 규정했다는 점이다. 앞에서 우리는 풀랭 드 라 바르의 말을 인용하면서 남자들이 여자에 대해 내리고 있는 모든 규정은 일단 의심해 봐야 한다는 사실을 지적했다. 보부아르가 들고 있는 몇 가지 예를 보자. 성 토마스(St. Thomas)는 여자를 '불완전한 남자' 혹은 '우발적인 존재'로 규정했다. 창세기 신화는 이브가 아담의 갈비뼈로 만들어졌음을 보여 주고 있다. 또한 미슐레Jules Michelet는 여자를 '상대적 존재'로 규정했다.

보부아르가 제기하고 있는 둘째 문제는 바로 남자=주체, 여자=타자의 등식이 대체 어디에서 연유했는가 하는 것이다. 즉 남성들이 여성들을 지배하고 억압하게 된 기원에 대해서다. 보부아르는 이렇게 묻는다. 애초에 남녀 모두 '주체'였음이 분명한 남녀 사이에 어떤 이유로 위의 등식이 성립되었는가? 결국 이 문제는 세계사가 전개되는 과정에서 여성을 배제한 역사가 도대체 언제부터 시작되었고, 또 어떤 과정을 거쳐 진행되어 현재에 이르렀는가 하는 것이다.

어떤 주체도 단번에 자발적으로 비본질적인 객체가 되려고 하지 않는다. 자기를 '타자'로 정하는 '타자'가 '주체'를 정하는 것이 아니다. 자기를 '주체'로 정립하는 '주체'가 '타자'를 '타자'로 세운다. 그러나 타자가 주체로 돌아갈 능력이 없다면 그 타자는 그런 상대의 관점에 복종하지 않으면 안 된다. 여자에게 이와 같은 복종은 어디에서 왔는가?(상:16)

셋째 문제는 과연 남녀 사이의 불평등의 역사가 앞으로도 계속될 것인가의 문제이다. 남자들은 일단 틀어쥔 지배권을 절대로 놓치지 않을 것이다. 아니 자신들의 우월성을 강화하기 위해 더욱 노력할 것이다. 남자들은 여자들을 "경멸하는 시선으로"(상:25) 바라볼 만반의 준비를 하고 있다. 남자들은 또한 자신들의 성城을 더욱 공고히 하기 위해 모든 조치를 동원할 것이다. 더군다나 남자들은 여자들을 무조건 비하하지 않는다. 때로는 여자들을 두려워한다는 기만적인 전술을 펴기도 한다. 또 때로는 위대한 여성, 신비스러운 여성 신화를 만들어 내기도 한다. 더군다나 여자들 스스로가 남자들의 지배를 인정하면서 자진해서 먼저 굴종함으로써 남성 지배의 공모자가 되기도 한다.

> 그렇다. 오늘날 전체로 본 여자들은 남자들보다 열등하다. 즉 여자들에게는 가능성이 조금 개방되어 있다. 문제는 이런 사태가 영속적인지 아닌지를 아는 일이다. 많은 남자들은 이런 사태가 영속적이기를 바라고 있다.(상:24)

보부아르가 『제2의 성』에서 던지고 있는 넷째 문제는 여성해방의 탈출구를 찾는 문제이다. 보부아르가 제시하고 있는 여성해방의 논리와 방법 등에 대해서는 비판을 할 수 있고, 또 실제로 그러했다. 또한 이 책을 집필한 시기와 상황을 고려하면, 그 당시에는 유효했을 해답 역시 지금은 고루하게 느낄 수도 있다. 하지만 실존주의 시각에서 과거보다 현재를, 현재보다 미래를 더 중요하게 여기듯이, 보부아르의 입장에서도 과거와 현재에 억압받았고 또 억압받고 있는 여성들의 미래에 대한 문제는 그 문제를 제기한 것만으로도 일단 높은 평가를 해야 한다.

> 여자의 비극은 부단히 본질적인 것으로 자기를 확립하려는 모든 주체의 기본적인 요구와 여자를 비본질적인 것으로 형성하길 바라는 상황 사이의 갈등이다. 여자의 신분에서 어떻게 인간 존재가 완성될 수 있는가? 여자에게는 어떤 길이 열려 있는가? 어떤 길들이 막다른 골목에 이르는가? 종속의 한가운데서 어떻게 독립을 찾아내야 하는가? 어떠한 환경이 여자의 자유를 제한하며, 여자는 그 환경을 뛰어넘을 수 있는가? 이런 기본적인 문제들이야말로 이제부터 우리가 규명하려고 하는 것이다. (상:30)

2장

『제2의 성』속으로

여자의 숙명에 대한 세 가지 견해

『제2의 성』의 '서론'에서 제기된 위의 네 가지 문제를 다루기 위해 보부아르는 먼저 여자의 '숙명'을 해부한다. 더 구체적으로 여자의 정체성 문제와 남성들이 여성들을 지배하게 된 원인을 밝히는 세 가지 견해, 즉 생물학적 견해, 정신분석학적 견해, 그리고 사적 유물론적 견해를 분석하고, 각각의 견해를 비판하고 보완하는 차원에서 실존주의적 견해를 제시한다.

생물학적 견해

지구에서 대략 반반의 비율을 차지하는 남자와 여자는 각각 숙명을 가지고 있다. 바로 남자는 '수컷'이고, 여자는 '암컷'이라는 사실이다. 이것은 우연히 주어진 조건이다. 따라서 이것은 부정할 수 없다. 문제는 이 조건에 대해 남자는 긍정적으로, 여자는 부정적으로 생각한다는 점이다. 특히 남자가 여자의 조건을 부정적으로 생각하는 경우가 많다. 또한 남자는 이를 바탕으로 남녀 사이의 우열이 이미 생물학적으로 드러나 있다고 본다.

> "여자는? 아주 단순하지." 단순한 공식을 좋아하는 사람들의 말이다. 여자는 자궁이며 난소이다. 여자란 암컷이다. 이 암컷이라는 말은 여자를 정의하기에 충분하다. 남자의 입에서 '암컷'이라는 명사는 경멸하는 말처럼 발음된다. 하지만 남자는 자기의 동물성을 부끄러워하기는커녕, 그 반대로 그를 가리켜 저건 "수컷이야!"라고 하면 더욱 득의만만해한다.(상:32)

과연 남녀의 우열은 생물학의 견지에서 정당화될 수 있는가? 보부아르는 이 문제를 자연의 동물계에서 암컷이 일반적으로 차지하는 위치의 문제와 여자가 인간으로서 갖는 암컷으로서의 특징은 무엇인가의 문제로 세분해서 고찰한다. 첫째 문제에 대해 보부아르는 자연계, 그중에서도 동물계에서 성性의 분화가 생각보다 뚜렷하지 않다는 주장을 편다. 또한 서로 다른 생식세포의 존재만으로 두 성을 명확히 정의하기에 불충분하다고 본다. 보부아르는 이 두 가지 사실로부터 "생물이 수컷과 암컷으로 분리되어 있는 것은 어쩔 수 없는 우발적인 사실이라고 생각한다"(상:35)고 결론짓는다. 하지만 전통적으로, 특히 동물계에서 양성 분리는 검토되지도 않은 채 기정사실로 인정되고 있다. 게다가 진화론의 입장에서 생식이나 성 분화의 유무를 통해 유기체들 사이의 우월성과 열등성을 파악하기도 했다.

생식의 두 유형인 무성생식과 유성생식, 그리고 양성 분리의 유무를 통해 구분되는 자웅동체와 자웅이체의 경우를 보자. 이 두 경우에서 대부분의 사람들은 무성생식보다 유성생식이 더 진화한 것이라고 생각한다. 또한 자웅동체에서 자웅이체로 나아갔다고 생각하기 쉽다. 즉 자웅동체보다는 자웅이체를 더 고차원적 형태로 생각한다. 그 결과 번식을 위해 분리된 암수가 결합하는 것이 더 진화된 유기체로 나아가는 필수 과정으로 간주한다. 하지만 진화론의 시각에서 한 유기체가 다른 유기체에 비해 더 우월하다는 판단은 대단히 모호하다는 것이 보부아르의 견해이다.

또한 인간을 포함한 동물계의 암수 활동과 역할에 대해서도 여러 견해가 있다. 하지만 주된 견해는 항상 수컷이 우월하고 생명력으로 충만해 있다는 것이다. 인간의 경우에도 난자는 수동적인 데 반해, 생명력을 간직하고 있고 전달하는 것은 정자라고 간주되었다. 아리스토텔레스, 히포크라테스, 헤겔 등이 그 장본인들이다. 하지만 이 견해는 과학적이지 않다. 예컨대 생식에서 수컷이 부차적인 역할을 하는 생물들도 있으며, 극단적으로는 수컷이 전혀 필요치 않는 생물들도 있다.(상:34)

언젠가 인간의 생식에서 남자의 협력이 필요 없는 날이 올까? 보부아르는 이 대담한 가정에 동의하지 않는다. 하지만 현미경과 같은 관찰 도구의 발명과 과학 지식의 축적으로 벌써 오래전에 난자를 생산하는 여자는 수동적이고, 정자를 생산하는 남자는 능동적이라는 견해가 완전히 사라졌다. 또한 거기에서 파생된 남자가 여자보다 우월하다는 편견 역시 사라졌다. 난자를 '즉자존재' 상태와 비교하고, 정자의 운동을 '대자존재'의 초조와 불안에 비교하면서, 난자를 '내재성'에, 정자를 '초월성'에 연결하는 '상상'의 고리는 이미 끊어졌다.[41] 생식에서 난자와 정자의 역할은 같다.

하지만 수컷과 암컷의 생물학적 차이는 분명 존재한다. 포유동물, 특히 인간의 제2차 성징에서 남녀 간에 차이가 있다는 점은 부인할 수 없다. 동물계에서 종種들 사이에 어느 정도 차이는 있지만, 포유동물의 경우 암컷은 대부분 수컷에 비해 '종에 예속' 정도가 훨씬 더 강하다. 고등동물일수록 암수의 차이는 현저하며, 이 차이에 따라 생활 방식 역시 어느 정도는 고정되어 되풀이 된다.

　인간의 경우도 비슷하다. 남자 역시 여자와 마찬가지로 종에 예속되어 있다. 하지만 남자의 예속 정도는 여자에 비해 상대적으로 덜 심하다. 남자는 성행위를 통해 여자의 몸 안으로 침범함으로써 능동적으로 자기를 실현한다. 또한 남자는 여자 몸속에 쏟아 부은 정자를 통해 자기를 초월해 타자가 된다. 반면 여자는 "자기의 몸을 양분으로 해서 양육되는 타자를 자기 안에 품고 있으며", 따라서 "임신 기간 내내 자기 자신임과 동시에 타자이기도 한"(상:54) 상태로 지낸다. 물론 출산한 뒤에 자주성을 회복한다. 즉 '자기'이면서 '타자'였던 태아와 분리된다. 하지만 출산 이후 아이에게 헌신해야 하기 때문에 여자는 다시 아이-타자에게 종속된다. 이처럼 여자는 "종을 위해 자기의 권리를 포기한다."(상:54)

　게다가 여자가 종에 예속되는 것은 몸을 통해 극명하게 드러난다. 남녀의 몸은 근본부터 다르다. 여자의 몸은 처음부터 종에 얽매여 있다. 여자는 태아 때부터 난모卵母 세포를 갖고 있기 때문에 종이 여자의 몸을 소유하고 있으며, 종이 주장하는 권리 행사에 휘둘린다. 어린 시절에 여자에게 잠시 휴식 시간이 주어지는 것 같다. 그러나 사춘기가 시작되면서 종은 다시 권리를 주장한다. 특히 월경이 시작될 때부터 자궁의 상태는 급격히 변한다. 여자는 점차 자기 몸이 자기와는 별개라는 것을 느낀다. 임신한 여자는 열 달 동안 태아, 곧 타자를 몸에 지니고 있다. 많은 여자들이 임신 중에 입덧으로 고생한다. 입덧은 다른 동물의 암컷에게는 나타나지 않는다고 한다. 출산은 그 자체로 고통이며 위험이다. 여자는 임신 중에 태아에게 영양분을 빼앗겨 출산 후에 일찍 늙는 경우도 없지 않다. 여자에게 출산 후유증은 육체와 정신에 커다란 부담이다. 수유도 성스럽지만 고통스러운 일이다. 게다가 여자는 출산 후에 각종 질병에 걸릴 위험이 크다. 보부아르는 이 모든 현상을 "여자는 뱃속에 질병을 가지고 있다"라는 말로 요약한다. "여자들은 자기 몸 안에 적의 요소를 가두고 있으며", "종이 여자를 좀먹고"(상:62) 있다는 것이다.

여자가 종의 예속으로부터 벗어나기 위해서는 '폐경기'라는 또 다른 위기를 거쳐야 한다. 보부아르의 지적에 따르면, 여자는 비로소 이때 "암컷의 굴욕에서 해방된다."(상:63) 하지만 이 자율성을 어떻게 이용해야 하느냐의 문제는 여전히 과제로 남는다. 어쨌든 호르몬 작용으로 인해 나타나는 남녀의 제2차 성징, 즉 생물학적 여건은 근본부터 다르다. 결국 여자의 특징은 종에 예속되어 있는 것과 밀접하게 연결되어 있는 반면, 남자의 경우에는 상대적으로 특권을 가지고 있는 것처럼 보인다.

하지만 여자는 결코 생물학적 조건을 모른 채 할 수도, 포기할 수도 없다. 그것을 끌어안고 살아야 한다. 인간에게 주어진 우연적이고 사실적인 몸은 그대로 "이 세계를 파악하는 도구"(상:65)이다. 이런 시각에서 보면 여자에게 주어진 생물학적 조건은 정체성 문제에 답을 주는 하나의 "열쇠"임에 분명하다. 하지만 이 조건만으로 여자가 종에 예속되어 있는 것을 영속화하고, 또한 이것을 토대로 여자가 남자에게 복종하는 것을 결코 정당화할 수는 없다.

> 이와 같은 생물학적 조건은 아주 중요하다. 이것은 여성의 역사에서 가장 중요한 역할을 하며, 또한 여성적 상황의 본질적인 요소이다. (중략) 그로 인해 우리는 이 생물학적 조건을 그토록 오래 연구했다. 이 조건은 여자를 이해할 수 있는 하나의 열쇠이다. 그러나 우리가 거부하는 것은 생물학적 조건이 여자에 대해 움직일 수 없는 숙명을 부여하고 있다고 생각하는 것이다. 이것만으로는 남녀의 계급을 결정하는 데 결코 충분하지 않다. 또 여자가 왜 타자인지를 설명하지 못한다. 이것만으로는 여자에게 이런 종속적인 역할을 영구히 보존하도록 운명 지울 수도 없다.(상:65)

따라서 『제2의 성』에서 여자의 정체성 문제와 여성들이 남성들에게 복종하게 된 기원 문제에 대한 생물학적 대답은 여기에서 그친다. 왜냐하면 실존주의 관점에서 보면 인간은 스스로를 만들어 가는 존재이기 때문이다. 여자는 응고된 현실이 아니라 부단한 생성이며 가능성이다. 또한 여자는 사회적, 역사적 지평 위에서 자기 자신을 부단히 창조해 나가야 하는 존재이기도 하다. 따라서 여자의 정체성 문제와 여성 억압의 기원 문제에 대한 생물학적 견해는 다른 견해로 보충해야 한다.

정신분석학적 견해

보부아르는 생물학적 견해에 이어 프로이트의 정신분석학적 견해를 검토한다. 정신분석학의 장점을 인정하면서도 특히 여자와 관련된 주장들에 내포된 문제점들을 비판한다. 프로이트가 인간의 성욕에 관심을 갖는 것은 인간의 성적 행동이 무의식과 무관하지 않기 때문이다. 하지만 프로이트의 성욕에 대한 주장은 초창기에 너무나 대담해서 많은 비난을 받기도 했다. 특히 인간의 성적 이상 행위들과 도착 행위들이 보통 인간의 성욕 발달 단계라고 선언함으로써 충격을 주기도 했다. 또한 성이 단순히 성인들의 전유물이 아니며, 인간은 유아기 때부터 성적 행동에 참여한다고 주장함으로써 놀라움을 자아내기도 했다.

프로이트는 인간의 성적 충동, 즉 리비도의 발달 과정에서 가장 중요한 것은 오이디푸스 콤플렉스와 거세 콤플렉스를 어린아이가 어떻게 해결하는가에 달려 있다고 본다. 프로이트는 리비도의 발달 과정의 첫 두 단계인 '구순기'와 '항문기'―이 두 시기는 '전성기기前性器期'에 해당한다―에서는 유아들이 남녀를 불문하고 양성의 특징을 보인다고 주장한다. 남녀의 양성이 개별화되는 것은 그 이후에 오는 '생식기'―'성기기性器期'라고도 부르는 이 시기는 '남근기' '잠복기' '사춘기'의 세 단계로 나눈다―에서다. 이 생식기의 단계에서 남자아이와 여자아이의 성적 개별화는 다른 양상을 보인다.

남자아이의 경우를 보자. 남자아이의 성적 쾌락은 우선 페니스에 집중되며, 나중에 어머니에게로 향한다. 구순기를 거치는 과정에서 남자아이는 자신을 어머니와 하나라고 생각한다. 그러다가 생식기에 접어들어 자신이 페니스를 가지고 있다는 것을 자각하면서 남자아이는 어머니를 성적 소유의 대상으로 간주한다. 하지만 현실에서 어머니는 아버지의 소유 대상이다. 여기에서 남자아이는 아버지에 대해 적개심이 생기며, 어머니를 사이에 두고 아버지와 투쟁을 한다. 오이디푸스 콤플렉스의 시작이다.

또한 이 단계에서 남자아이는 거세 콤플렉스를 경험한다. 어머니를 소유하려는 욕망이 커지면 커질수록 남자아이는 아버지를 두려워한다. 남자아이는 어머니나 다른 여자들의 벌거벗은 모습을 보고 페니스가 없는 것을 확인한다. 그리고 아버지가 페니스를 없앤 것이라고 추정한다. 만약 남자아이가 어머니에 대한 욕망을 구체화하려고 한다면, 그 역시 아버지가 거세할 것이라는 두려움을 갖는다. 거세 콤플렉스의 시작이다. 남자아이는 이 콤플렉스를 극복하는 과정에서 아버지의 명령, 검열, 금지, 처벌 등을 배운다. 즉 아버지의 권위와 사회 규율 등을 의미하는 이른바 '초자아'를 발달시킨다. 이렇게 해서 남자아이는 아버지와 적대 관계를 유지하기는 하지만, 또한 아버지와 자신을 동일시하면서 점차 근친상간의 경향에서 벗어난다. 오이디푸스 콤플렉스와 거세 콤플렉스를 청산하는 데 성공하는 경우 남자아이는 사춘기 이후 어머니로부터 관심을 돌려 다른 여성을 욕망하게 된다.

오이디푸스 콤플렉스—이른바 엘렉트라 콤플렉스[42]—와 거세 콤플렉스에 대한 여자아이의 경험은 남자아이의 경험과는 다르다는 것이 프로이트의 주장이다. 여자아이도 남자아이와 마찬가지로 구순기를 거치는 과정에서는 어머니와 자신을 하나로 여긴다. 그러다가 생식기에 접어들면서 여자아이는 성적 쾌감을 클리토리스에 집중하며, 페니스를 가지고 있지 않은 어머니를 자신의 성적 대상으로 여긴다. 여자아이는 자기 생식기에 아버지와 같은 페니스가 없다는 사실을 깨닫는다. 남녀 성기의 해부학상의 차이를 발견하는 것이다. 그리고 페니스가 없는 것에 대해 일종의 거세 콤플렉스 반응을 보인다.

거세 콤플렉스에 대한 여자아이의 반응은 사내아이의 그것과는 확연히 다르다. 사내아이는 거세 콤플렉스로 인해 초자아, 즉 아버지의 권위를 알게 된다. 하지만 여자아이는 자기에게 이미 페니스가 없다는 것을 알고 있기 때문에, 점차 페니스를 선망하는 쪽으로 기운다. 우선 여자아이는 어머니에게 페니스가 없다는 사실을 알고 어머니에게 혐오감을 느낀다. 그리고 점차 자신에게 페니스가 없는 것을 보충하기 위해 아버지에게로 돌아선다. 즉 여자아이는 아버지와의 관계에서 어머니가 차지하고 있던 자리를 차지하려 한다. 엘렉트라 콤플렉스의 시작이다.

게다가 여자아이가 갖는 아버지의 페니스에 대한 선망은 급기야 아버지의 아이를 갖겠다는 욕망으로 바뀐다. 궁극적으로 남자가 될 수 없는 여자아이에게 아버지의 아이는 페니스의 대체물과 같은 의미를 갖는다. 다만 자신이 욕망하는 대상이 어머니에서 아버지로 바뀌는 과정에서, 그리고 특히 아버지의 아기를 갖고자 하는 과정에서 아이의 성적 쾌감은 클리토리스에서 질膣로 옮겨 간다. 그렇지 않고 계속해서 아이의 관심이 클리토리스에 머문다면 불감증이나 동성애 경향이 나타날 수 있다.

남자아이와 마찬가지로 여자아이도 오이디푸스 콤플렉스와 거세 콤플렉스를 거치는 과정에서 현실적으로 아버지의 페니스를 선망하고, 그의 아이를 갖고자 하는 욕망을 실현할 수 없다는 것을 알게 된다. 여자아이에게도 역시 초자아가 형성되는 것이다. 이런 초자아의 형성으로 인해 아버지 대신 다른 남성을 욕망한다. 즉 여자아이 역시 정상으로 성장하면서 근친상간의 경향을 억압하게 된다. 하지만 프로이트는 여자아이에게서 형성되는 초자아는 사내아이의 그것에 비해 훨씬 더 약하다고 본다. 왜냐하면 여자아이는 이미 자신이 거세되어 있다고 여기기 때문에, 아버지의 권위에 대해 두려워하는 정도가 사내아이에 비해 약하다는 것이다. 따라서 프로이트는 남성과 비교해 여성이 사회 규칙 준수, 정의감 등의 고취에서 열등감을 갖는다고 주장한다.

보부아르는 이와 같은 여자에 대한 프로이트의 정신분석학적 주장을 통렬하게 비판한다. 보부아르는 우선 프로이트가 정신분석학을 정립하면서 '남성을 원형'으로 삼는다고 비판한다. 즉 여자는 리비도의 발달 과정에서 자신을 '페니스가 잘려 나간 남자'로 느낀다는 것이다. 그러나 보부아르는 대부분의 여자아이들이 남자의 신체 구조를 대략 알게 되는 것은 생식기보다도 훨씬 늦다고 본다(약 다섯 살 무렵). 또한 그것을 알게 된다고 해도 단지 시각을 통해서라고 주장한다. 게다가 보부아르는 페니스의 존재와 여성의 굴욕 사이에는 직접적인 관계가 없다는 견해를 피력한다. 오히려 여자아이들은 동생이나 오빠의 성기, 즉 "이 혹, 툭 부러질 것 같은 막대"를 보고 그저 "무관심이나 징그러운 느낌밖에는 느끼지 않는다"(상:75)는 것이다.

여기에 더해 여자아이가 아버지에 대해 갖는 숭배, 일종의 페니스 선망 역시 단지 리비도의 작용 때문만은 아니라는 것이다. 보부아르는 아버지의 우월성은 페니스의 우월성이 아니라 오히려 아버지의 사회적 우월성에서 기인한다고 본다. 결국 보부아르가 여성 문제와 관련해 프로이트의 정신분석학적 견해에 대해 하고 있는 비판의 핵심은 '결정론' 깨뜨리기라고 할 수 있다.

앞에서 보부아르가 프로이트로 대표되는 정신분석학을 받아들이는 것을 꺼려 했다는 점을 지적했다. 그 까닭은 크게 정신분석학이 갖는 범성주의(pansexualisme)와 결정론적 입장 때문이었다. 물론 이것은 보부아르만의 입장이 아니었다. 이 입장은 1920년대 프랑스에서 교육을 받은 세대들에게 공통된 입장이었다고 할 수 있다. 데카르트의 합리주의 전통을 따르고 있던 자들이 정신분석학을 쉽게 받아들일 수는 없었을 것이다. 그렇다고 해서 그들이 정신분석학을 무조건 거부한 것은 아니었다. 보부아르 역시 프로이트로 대표되는 정신분석학이 여성 문제 연구에 공헌한 점을 기꺼이 인정한다. 예컨대 프로이트가 특히 인간의 성 문제와 관련해 이전의 학자들과는 달리 여성의 리비도를 인정하는 한 걸음 더 나아간 입장을 보여주고 있다는 점이다. 하지만 프로이트는 여성만을 따로 연구한 것이 아니었다. 더군다나 리비도가 남자에게 나타나든 여자에게 나타나든 고정적으로 "남성적인 것"(상:72)으로 보고 있다는 것이 보부아르의 견해이다. 그러니까 프로이트는 "여성 리비도의 독자성을 인정하지 않았으며"(상:72), 여성의 리비도를 인간 일반의 리비도의 "일탈적 복합"(상:73)으로 여겼다는 것이 보부아르가 비판하는 요지이다.

그런 후에 보부아르는 실존주의 입장을 대안으로 내세운다. 여성의 정체성과 여성들이 남성들보다 열등하다고 여기게 된 기원을 이해하고 해결하기 위해 결정론이 아니라 여성의 자유와 의지, 그리고 이를 토대로 한 '선택' 의—물론 이것은 모든 인간에게 해당된다—중요성을 강조한다. 요컨대 프로이트는 성적 충동과 억압 등의 모든 문제를 여성의 '실존적 선택' 과 분리했기 때문에 여성 문제의 근원을 설명하는 데 실패했다는 것이다.(상:79)

보부아르는 성욕이 인간 생활 전체에서 차지하고 있는 중요성을 인정한다. 그러나 성욕과 이 성욕의 바탕을 이루고 있는 인간의 몸이 가지고 있는 진정한 의미를 발견하려면 결국 '실존' 자체에서 출발하지 않으면 안 된다는 점 역시 강조한다. 보부아르는 페니스와 페니스 부재의 의미를 남녀의 실존 조건을 고려해 설명한다. 인간 실존의 목표는 자기 창조에 있다. 하지만 그 과정에서 인간은 불안에 사로잡힌다. 왜냐하면 절대자가 보증한 초월적 가치가 없기 때문에 그의 행동을 조정해 줄 기준이 없다. 따라서 인간은 항상 불안으로부터 도피하고자 한다. 여러 가지 방법들 가운데 가장 유력한 것이 바로 "사물 속에서 자기를 모색하는 것"(상:82), 즉 자신을 자기 밖에 있는 객체 속에 소외시키는 것이다. 보부아르는 이 사실을 근거로 남자아이가 페니스를 소유하는 의미와 여자아이의 페니스 선망을 설명한다.

어린아이는 수유 기간이 끝나고 어머니의 품에서 떨어질 때 일종의 상실감을 느낀다. 즉 '전체'에서 떨어져 나온다는 느낌을 갖는다. 그 이후 어린아이는 거울이나 부모의 시선 속에서 자신의 소외된 실존을 만회하려 한다. 이때 남자아이에게는 우연히 존재하는 페니스가 '제2의 자아' 역할을 한다는 것이 보부아르의 설명이다.

페니스는 남자아이에게 이중 역할을 하는 데 특히 적합하다. 그에게 페니스는 자기 자신인 동시에 다른 객체이다. 완구이며, 인형이며, 또 자기 자신의 육체이다. 부모와 유모는 그것을 마치 인격처럼 다룬다. 그것이 어린아이에게는 '인간보다 보통 더 교활하고 더 현명하고 더 영리한 제2의 자아'가 된다는 것을 그 때문에 알 수 있다.(상:83)

반면 여자아이는 자기 몸에서 손으로 잡을 수 있는 것 속에 자기를 소외시킬 수가 없다. 따라서 어머니와 분리된 이후 자기 안에서 잃어버린 완전성을 회복할 수 없다. 여자아이는 이런 이유로 "자기를 완전히 객체로 만들고, 또한 자기 위치를 '타자'로 설정하기에 이른다."(상:83) 하지만 보부아르가 보기에 프로이트의 주장과는 달리 여자아이가 자기 신체를 사내아이와 비교했는지의 여부는 순전히 '부차적인 문제'이다. 또한 여자아이 역시 '인형' 따위로 '제2의 자아'를 구현할 수도 있다. 결국 보부아르가 중요하다고 생각하는 것은 페니스의 유무와 같은 우연성의 지배를 받는 해부학적 주장에 따라 여자의 운명이 결정되지 않는다는 점이다. 이처럼 보부아르는 "신체 구조, 그것은 숙명이다"(상:81)라고 주장하고 있는 프로이트의 견해를 정면으로 부정하고 있다.

여성을 포함해 모든 인간이 실존을 영위해 나가는 것은 이 '세계' 안에서이며, 또한 이 세계와 관계를 맺으면서이다. 물론 인간의 모든 성적 행동과 태도들은 이런 관계들에 속하며, 인간의 실존에서 중요한 위치를 차지한다. 사르트르와 메를로 퐁티가 "성욕은 실존과 공존한다"고 한 말의 참뜻이 바로 그것이다. 하지만 보부아르에 따르면, 결국 여자를 포함한 모든 인간은 "가치를 찾는 인간"으로 정의된다. 그러니까 여자는 "모순된 충동의 장난감"(상:85)이 아니며, '자유'를 가지고 순간순간 구체적인 상황 속에서 자기 자신을 선택해 나가는 그런 존재이다. 따라서 여자의 정체성 문제와 열등감의 문제 역시 이 세계와 관계를 맺으면서 창출해 나가는 여자의 가치에 입각해서 다루어야 한다.

사적 유물론의 견해

보부아르는 여성 문제에 대한 정신분석학적 견해에 이어 사적 유물론의 견해를 검토한다. 보부아르는 사적 유물론이 갖는 장점 역시 인정한다. 특히 인간을 동물이 아니라 "하나의 역사적 현실"로 생각한 공헌을 인정한다. 따라서 여자에게는 생물학적 조건이 아니라 이 조건을 토대로 구체적인 가치들을 실현해 나가는 조건들이 중요하다는 것이다.

유물사관의 이론은 여러 가지 중요한 진리를 세상에 밝혔다. 인간은 동물의 일종이 아니다. 그것은 하나의 역사적 현실이다.

인간 사회는 반자연이다. 인간 사회는 자연을 있는 그대로 피동적으로 받아들이는 것이 아니라 자기에게 맞도록 자연을 개조한다. 이런 개조는 내적, 주관적으로 행해지는 것이 아니다. 따라서 여자도 단순히 성性을 가진 유기체로만 볼 수 없을 것이다. 생물학적 여러 조건 가운데서도 행위 속에서 구체적인 가치를 발견하는 조건들만이 중요성을 갖는다.(상:88)

이런 관점에서 엥겔스의 『가족의 기원』은 의미심장하다. 왜냐하면 엥겔스는 이 책에서 '여성의 역사'를 쓰고 있기 때문이다. 특히 여자들이 어떤 사회구조와 경제구조에서 삶을 영위해 왔으며, 또 어느 시기에 어떤 방식으로 역사에서 배제되었는지를 보여주고 있다.

엥겔스는 우선 석기시대에 남자는 수렵과 어로에 종사한 데 반해 여자는 가정에서 생산적 일을 함으로써 평등한 입장이었다는 견해를 펼친다. 그러나 청동기, 철기시대를 거치면서 대등했던 남녀의 관계는 크게 변한다. 이른바 "모권 타도", 즉 "여성의 역사적인 큰 패배"가 발생한 것이다. 이 큰 패배의 근본 요인은 잉여가치의 창출과 사유재산 제도의 확립이었다. 이 시대에 접어들어 새로운 도구를 발명함으로써 남자는 자신의 세력을 확대할 수 있는 강력한 힘을 확보했고, 이를 통해 잉여가치를 창출함으로써 사유재산을 축적하기 시작했다. 그리고 이 사유재산으로 남자는 여자를 소유했다.

> 구리, 주석, 청동, 철 등의 발견과 쟁기 등과 같은 도구의 생산과
> 더불어 농업의 영역이 확대된다. 삼림을 개간하고 들판을 경작
> 하기 위해서는 강력한 노동이 필요했다. 거기에서 남자는 다른
> 남자들의 원조를 구하고, 그들을 노예로 삼았다. 사유재산이 생
> 겨났다. 노예와 토지의 주인인 남자는 여자의 소유자도 되었다.
> '여성의 역사적인 큰 패배'가 여기에 있다. 이 패배는 새로운 도
> 구가 발명됨에 따라 노동이 구분되면서 뜻밖에 생겨난 대혼란
> 으로 설명할 수 있다.(상:89~90)

이때부터 남자의 생산 노동이 전부가 되었고, 여자의 집안
노동은 무의미한 부속물이 되었다. 남자는 점차 여자의 권한
을 차지했다. 사유재산의 상속 역시 여자의 씨족이 아니라 남
자의 씨족, 즉 아들에게 넘어감으로써 남성 중심의 가부장 사
회가 확립되었다. 이와 같은 경제적 압박은 여자들에 대한 사
회적 압박으로 이어졌다. 즉 남자는 여자를 자신의 목적을 실
현하는 도구로 삼아 노예로 만들었다. 그리고 이런 노력은 결
국 일부일처제를 통해 구체화되었다.

이와 같은 논의에 이어 엥겔스는 여성의 권리 회복에 관심
을 갖는다. 엥겔스에 따르면 남녀의 평등은 법으로 보장될 경

우 회복될 수 있기는 하다. 하지만 그는 남녀의 실질적 평등을 획득하기 위해서는 산업혁명에서 비롯한 대규모 노동에 여자들 역시 참여하고, 사유재산을 폐지해야만 가능하다고 보았다. 즉 여자들은 우선 남자들에게서 경제적 독립을 쟁취해야 하며, 이를 위해 여자들이 공적 산업에 투입되고 가사와 육아의 사회화가 이루어져야 한다는 것이다.

> 평등은 남녀 양성이 법으로 평등한 권리를 가질 때 비로소 회복될 수 있다. 그러나 그 해방은 모든 여자들이 공적 생산으로 복귀할 것을 요구하고 있다. '여자들이 큰 사회적 규모에서 생산에 참가할 수 있고, 집안 노동이 여자에게 대수롭지 않은 일 정도만 요구할 때라야 여성해방이 가능하다. 그리고 이것이 가능해진 것은 여성의 노동을 대규모로 인정할 뿐만 아니라 대규모 근대산업이 그것을 정식으로 요구하기 때문이다.' (상:90)

보부아르는 여성 문제에 대한 엥겔스의 견해를 인정한다. 하지만 여전히 실망스럽다는 견해를 피력한다. 우선 보부아르는 엥겔스의 논의에서 핵심이 되는 공유재산 제도에서 사유재산 제도로의 이행이 "어떻게 이루어질 수 있었는가"에 대한 설명이 빠져 있음을 지적한다.(상:91) 또한 더 근본적으로 보부아르는 사적 유물론의 견해에 대해 여자의 정체성 문

제와 복종 문제를 경제 시각에서만 보는 "경제적 일원론"을
프로이트식의 "성적 일원론"과 마찬가지로 경계한다.(상:96)
분명 물질적 여건과 기술의 발달 여부와 같은 '상황'은 여자
들의 현실을 이해하는 데 중요한 요소이다. 하지만 이런 '상
황'은 결국 다른 모든 상황, 즉 여자가 인간으로서의 "총체적
전망" 속에서 포착될 때, 곧 가치 창조를 향한 자신의 미래에
투기라는 '실존적 전망' 속에서 포착될 때, 비로소 그것이 갖
는 진정한 의미를 파악할 수 있다는 것이다.

> 여자를 발견하기 위해 생물학, 정신분석학, 사적 유물론 등이
> 끼친 여러 가지 공헌을 우리는 거부하지 않는다. 그러나 우리는
> 육체, 성생활, 기술 등은 인간 존재의 총체적 전망 속에서 파악
> 할 때만 인간을 위해 구체적으로 존재한다고 생각한다. 완력,
> 음경, 도구의 가치는 단지 가치의 세계에서만 정의될 수 있다.
> 가치는 실존자가 존재를 향해 자기를 초월하는 기본적인 투기
> 에 의해 지배된다.(상:96~97)

여성 억압의 역사

　　보부아르는 여자의 정체성 문제와 여성들이 남성들에게
종속된 기원 문제에 대한 세 가지 견해에 이어 여성 억압의
역사를 기술한다. 『제2의 성』에서 약 124쪽에 달하는 2부
'역사'에서 보부아르는 남녀의 기나긴 불평등의 역사를 추
적한다. 보부아르는 2부 '역사'를 다시 제목 없이 다섯 부분
으로 나눈다. 첫째 부분에서는 인류가 문명을 개척해 가는 초
기 단계인 유목사회에서 나타나기 시작한 여자의 종속을 선
사학先史學과 민속학 등의 자료를 통해 검토한다. 둘째부터
마지막 다섯째 부분에서는 유목사회 이후 『제2의 성』을 쓴
1949년까지의 장구한 서구 역사 속에서 남성들이 어떻게 여
성들을 지배하고 억압하는 역사가 반복되고 강화되었는가를

고찰하고 있다.

유목사회

보부아르는 2부 '역사'를 시작하면서 자신의 의도를 분명
히 밝힌다.

> 이 세계는 항상 남자에게 속해 왔다. 사람들이 제시한 여러
> 지 이유들 가운데 그 어느 것도 불충분해 보였다. 선사학과
> 속학의 성과를 실존주의 철학의 방법으로 다시 검토해 봄으로
> 써 우리는 어떻게 해서 남녀 양성 간에 계급이 형성되었는
> 이해할 수 있을 것이다.(상:98)

보부아르가 인정하고 있는 바와 같이, 인간 사회의
형태에 대한 연구 자료는 많은 측면에서 한계를 지니고
하지만 보부아르는 지구에 인류가 출현해서 문명을 가
나가기 시작하는 유목사회에서부터 여성들은 한 번도
들에 비해 우월한 위치를 차지한 적이 없다고 본다. 특
동력이 필요해서 여자의 출산 기능이 가장 강하게 요
던 때조차도, 곧 모성이 존경을 받았던 때조차도, 여자
1의 지위'를 차지하지 못했다는 것이다. 왜냐하면 인간
순히 '자연적 종'이 아니며, 따라서 인간은 종으로서

유지하려고 하는 것이 아니라 항상 '초월'을 목표로 정하고 있기 때문이다.(상:100)

실존주의에서 보면 모든 인간은 '세계-내-존재'의 자격으로 세계와 관계를 맺으면서 자신을 창조해 나가는 존재로 이해한다. 따라서 인간에게 주어진 모든 여건은, 인간이 이 여건에서 출발해서 자신을 창조해 나가는, 즉 자신이 정한 목표를 향해 자기 자신을 초월해 나가는 '상황'으로 간주된다. 그렇기 때문에 인간이 타고난 생물학적 조건과 그를 에워싸고 있는 사회·경제적 조건 따위는 그의 행동, 실존, 초월, 창조 등을 제한하는 여러 조건이 된다. 그렇다고 해서 인간이 이 조건들에 완전히 종속되는 것은 아니다. 이와는 달리 인간은 이 조건들 속에서 항상 자유를 가지고 미래를 향해 자기 자신을 투기하면서 매 순간 자기 자신을 선택한다.

이와 같은 실존주의 입장은 유목사회에 속하는 남녀에게도 그대로 적용된다. 남녀는 이미 각자의 신체 여건 때문에 주변 세계와의 관계 정립에서 다른 입장을 취한다. 보부아르는 역사의 어느 순간까지 남녀는 거의 대등한 입장이었다고 가정한다. 예컨대 여자들도 전쟁에서 남자들 못지않은 용기와 잔인성을 발휘하기도 했다. 하지만 "여자가 아무리 건장했다고 해도 적의에 찬 세계에 대항하는 싸움에서 출산에 예속된 것은 무서운 장애였다."(상:99) 이로 인해 여성들의 자기 초월을 위한 의지는 약해질 수밖에 없었으며, 그 결과 "반복과 내재성"(상:101) 속에 갇히게 되었다.

반면에 남자는 "일벌처럼 단순한 생명의 충동에 [...] 체를 먹여 살리는 것이 아니라 자신의 동물적 조건을 [...] 는 행위"(상:101)에 따라 점차 미래를 향한 자기 초월 [...] 하게 되었다. 여자가 "생명을 반복하도록 하는 운 [...] (상:103) 것과는 달리 남자는 "실존에 의해서 생명을 [...] 으로써 생명의 반복을 손에 넣었다."(상:102) 요컨대 [...] 우월성이 "낳는 성"이 아니라 "죽이는 성"에게 주어진 [...] 여성의 불행이었다. 이렇게 해서 여성들은 결국 세계 [...] 의 흐름에서 점차 배제되었던 것이다.

보부아르는 이처럼 유목사회에서 여자가 어떻 [...] 서 남자에게 예속되었는가를 실존주의 입장에서 고찰 [...] 그리고 '역사' 편의 둘째 부분부터는 일단 이렇게 형성 [...] 녀 간의 위계질서가 어떻게 장구한 역사를 통해 반복 [...] 았는가를 고찰한다.

이처럼 실존주의적 견해는 원시 유목민의 생물학 [...] 경제학적 상황이 어떻게 남자들에게 우위성을 가져다주게 [...] 가를 밝혀 주고 있다. (중략) 가치를 창조함으로써 실존 [...] 를 가치로 만들어 간 것이 남자들의 활동이다. 그것은 생명의 [...] 돈된 힘을 이겨 내고 '자연'과 '여자'를 예속하게 했다. 이제부터 우리는 이런 상황이 어떻게 여러 세기를 통해서 반복되고 발전되었는 가를 보기로 한다. 자기 내부에서 '타자'로서 스스로를 정의한 이 인간의 일부분에 인류는 어떤 위치를 부여했는가? 거기에 어떤 권리를 인정했는가? 남자들은 그것을 어떻게 정의했는가?(상:103~104)

농경사회

인류는 유목사회에서 농경사회로 진입한다. 농경사회는 석기시대, 청동기시대, 철기시대를 거친다. 농경사회의 특징은 씨족 또는 부족이 한 곳에 정착해 집단을 형성한다는 점이다. 앞에서 보부아르의 의견을 따라 유목사회에서 이미 여자의 운명은 가혹했다는 사실을 보았다. 여자는 고통스럽고 위험한 출산을 견디고, 힘든 집안일을 해야 했다. 그런데 보부아르는 이 유목사회에서 남성들의 우위가 비교적 약했다는 의견에 동조한다. 왜냐하면 이 사회에서는 후일 농경사회에서처럼 남녀의 불평등이 제도적으로 공인되지 않았기 때문이다. 농경사회에 접어들면서 남성들의 우위는 가부장 제도와 상속권에 의해 고착되기 시작한다.

하지만 농경사회의 초기 단계, 즉 석기시대에는 여성의 위치가 유목사회에 비해 개선된 것처럼 보인다. 그 까닭은 "여성과 토지의 전적인 동화"(상:106) 때문이다. 농경사회에서 인간들은 점차 토지 개간에서 자신들을 실현하게 된다. 그 결과 다음과 같은 두 가지 현상이 발생한다. 하나는 토지와 토지에서 거두어들인 수확물에 대한 소유권 개념의 등장이다. 다른 하나는 이 소유권을 자식에게 물려주는 이른바 상속 개념의 등장이다. 이렇게 해서 농경사회에서는 자식들의 출산에 커다란 중요성을 부여하게 되었다. 그런데 농경사회에서 이처럼 크게 중요해진 출산에서 주도적인 역할을 하는 존재가 바로 여성이다. 더군다나 출산에서 여성의 역할, 곧 "번식력의 신비"와 토지에서의 수확은 "초자연적인 선물"(상:107)이라고 생각했다. 그 결과 '대지는 여성'과 같은 것으로 간주되었다.

> 유목민에게 출산은 우연한 사건에 불과했다. 그리고 토지 자원도 알려지지 않은 채로 있었다. 그러나 농부는 밭이랑에서, 또는 어머니 뱃속에서 개화되는 번식력의 신비성에 감탄했다. 농부는 자기가 가축이나 농작물처럼 생겨난 것을 알았다. 그는 자기 종족이 다른 사람을 낳고, 그 사람이 전담의 번식력을 영속케 함으로써 종족이 영속하기를 바랐다. 자연 전체가 그에게는 어머니처럼 보였다. 대지는 여자이다. 그리고 여자에게는 대지와 마찬가지로 불가사의한 힘이 있다. 경작 노동을 여자에게 맡긴 것도 얼마쯤은 바로 이런 이유에서였다.(상:107)

이처럼 농경사회에서는 여자가 씨족을 번식했다. 남자는 이 역할을 수행하는 여자에 대해 공포가 섞인 존경심을 갖게 되었다. 하지만 보부아르는 이런 상황에 속지 말 것을 권고한다. 보부아르의 주장에 따르면, 이른바 "여성의 황금시대"(상:110)는 일종의 신화일 뿐이다. 겉으로 보기에 여성들의 위상이 최고조에 달한 것처럼 보이는 농경사회에서조차 여자는 이미 '타자'의 지위를 부여받은 상태였고, 권위는 항상 남성들의 수중에 있었다는 것이다. 이에 대한 증거로 보부아르는 원시사회에 대한 연구에서 공적 혹은 단순한 사회적 권위는 언제나 남자에게 있었다고 주장하는 인류학자 레비스트로스Claude Lévi-Strauss의 말을 인용한다. 그리고 여자는 남자 소유의 "재산의 일부"가 되었으며, 따라서 "남자들 사이에서 이루어지는 교환의 도구"(상:110)로 간주되었다는 것이다. 요컨대 석기시대로 일컬어지는 초기 농경사회에서 일시적으로 여성 숭배가 나타났지만 남자는 여전히 권력을 장악하고 있었던 것이다.

보부아르는 여자의 불행이 특히 악화된 것은 농경사회의 청동기시대와 철기시대가 시작될 시점이었다고 본다. 고대 농경사회에서 농사는 상당 부분 우연성에 지배되었다. 농부는 홍수나 가뭄 같은 변덕스러운 자연현상에 모든 것을 내맡길 수밖에 없었다. 그러나 청동기시대와 철기시대의 '공작 인간(Homo faber)'은 자기 의지대로 도구의 형상을 만들었다. 이 도구를 가지고 그에게 저항하는 자연을 지배하고 다스렸다.

이 시기에 남자는 아직은 여자의 출산의 신비와 마력에 대한 공포에서 완전히 해방되지 못했다. 또한 남자는 이런 "여자에 대항해서 반기를 들 용기도 없었다."(상:114) 하지만 남자는 계속해서 이 공포를 극복하고 여자로부터 완전히 떨어져 나가기를 바랐고, 또 그럴 준비를 하고 있었다. 남자는 이제 점차 자신의 세력을 확장해 나가고, 세계와의 관계에서 도구 제작, 기술, 창조력, 지배, 지성, 질서, 이성, 초월 등을 자신의 원리로 정립한다.

> 도구의 세계는 이 명확한 개념 속에 갇힐 수가 있다. 그래서 합리적 사상과 논리의 수학이 출현한다. 전 세계의 모습은 아주 달라진다. 여성 숭배는 농경의 치세, 어쩔 수 없는 지속과 우발성과 우연성, 기대와 신비의 치세와 결부되어 있다. 만드는 사람의 치세, 그것은 공간과 마찬가지로 정복할 수 있는 인간의 치세이며, 필연성과 계획과 행동과 이성의 치세이다.(상:116)

보부아르는 가설을 세운다. 만약 청동기시대와 철기시대로 접어들면서 생산이 여자의 생물학적 조건의 범위 안에서 이루어졌더라면, 여자는 아마도 남자와 더불어 자연을 정복했을 것이며, 따라서 남자와 동등한 입장이 되었을 것이라는 가설이다.(상:118) 하지만 역사에서 가설은 가설일 뿐이다. 여자의 불행은 "생명의 신비에 종속" 되어 "일하는 남자 곁에서 노동의 반려자가 못 되었기 때문에 인간적 공존에서 제외되었다"(상:119)는 점에서 기인했다는 것이다. 또한 여자가 담당하던 노동의 몫이 점차 더 효율적인 노동을 제공할 수 있는 노예에게로 넘어갔으며, 그 결과 "확장과 지배를 꾀하는 남자의 의지는 여자의 무능력을 저주로 바꾸었다."(상:119) 이제 "생식과 2차적인 일에 헌신하고, 실제적인 중요성과 신비적인 권위를 박탈당한 여자는 하녀로밖에는 보이지 않게" 되었으며, 남자의 보호막 아래에서 기생하는 그저 소유 대상으로 전락하는 운명을 맞이한 것이다.(상:121)

일단 여자의 신비스럽고 공포스러운 힘에서 해방되고, 여자를 지배하는 위치가 된 남자는 이번에는 여자가 가졌던 권리를 요구한다. 이런 요구에는 토지의 수확물과 자식들에 대한 소유권도 포함된다. 왜냐하면 남자는 이제 생산과 출산의 비밀이 여자의 독점물이라는 생각에서 벗어나 그 자신이 직접 번식과 생산에서 주도적인 역할을 한다고 생각하기 때문이다. 이제 남자는 가부장 제도와 남성 중심의 상속 제도를 수립할 모든 준비를 끝마친 셈이다.

보부아르는 이와 같은 지배권의 이동을 원시시대에 발생한 가장 중요한 "이데올로기적 혁명"(상:120)이라고 부른다. 어쨌든 여성들을 포함한 세계에 대한 지배권을 마치 "치열한 전투의 결과로 얻은 것처럼" 생각하는 남성들은 자신들에게 유리한 법을 제정한다. 또한 점차 여자를 "적의를 품고 다루기"(상:122) 시작한다. 왜냐하면 일단 남자의 처지에서 보면 '타자'로 정립된 여자는 위협이고 위험하기 때문이다. 예컨대 플라톤을 포함하여 옛 그리스 철학자들은 "이타성은 부정과 마찬가지이기 때문에 '악'이라고 가르쳤다."(상:122)

> '타자'는 능동성에 대한 수동성이며, 통일을 깨뜨리는 잡다함이며, 형식에 대립하는 물질이며, 질서에 저항하는 혼란이다. 여자는 이와 같이 '악'에 바쳐졌다. 피타고라스는 "질서와 광명과 남자를 창조한 선의 원리, 그리고 혼돈과 암흑과 여자를 창조한 악의 원리가 있다"고 말하고 있다. 마누법전은 여자를 악의 존재로 규정해 노예 상태로 두는 것이 적합하다고 쓰고 있다. 레위기記는 여자를 가장이 소유하는 소나 말과 동일시하고 있다. 솔론의 법률은 여자에게 어떠한 권한도 부여하지 않았다. 로마법은 여자를 후견 아래에 두고 여자가 저능함을 선언하고 있다. 교회법은 여자를 '악마의 문'으로 보고 있다. 코란은 여자를 완전히 멸시하고 있다.(상:122~123)

하지만 여자는 남자에게 필요불가결한 존재이기도 하다. 따라서 남자는 여자를 무시하고 예속하기만 한 것이 아니라 사회에 합류하게 할 필요성을 인지했다. 하지만 남자가 정립한 질서에 편입되기 위해 여자는 '정화' 되어야 한다.(상:123)[43] 농경사회 이후 남녀 관계에서 특히 남자가 해결하고자 하는 여러 문제들 가운데 하나는 분명 자신의 '아내'를 어떻게 소유 대상인 '하녀'와 '반려자'로 삼을 수 있는가의 문제였다.

고대 국가사회

보부아르는 고대사회에서 여성의 역사는 대부분 "상속의 역사"(상:124)였다고 본다. 가부장 제도를 공고히 세운 남성들은 고대사회로 접어들면서 점차 아내, 재산과 어린아이에 대한 소유권을 강화한다. 가부장제가 강화됨에 따라 특히 아내의 재산 소유와 상속에 대한 모든 권리를 박탈한다. 여성들은 아무것도 소유하지 못하기 때문에 인격적 존엄성을 누리지 못했다는 것이 보부아르의 견해이다.

고대사회에서 여자는 태어나면서부터 사회에 통합되기 위해서는 아버지의 자비에 의존했다. 예컨대 아랍 세계에서는 딸이 태어나면 바로 호濠에 내던졌다. 여기에서 살아남으려면 아버지의 자비가 있어야 했다. 설사 살아남더라도 딸에 대한 모든 권리는 아버지에게 귀속되었다. 나중에 결혼하면—물론 아버지 마음대로 딸을 결혼시킨다—남편에게 그 권리를 넘겨주었다. 결혼한 여자는 남자의 소유물에 불과했기 때문에 점차 처녀성과 정절을 강요받는다. 왜냐하면 가부장 제도에서 중요하게 여기는 상속권을 다른 사람의 자식에게 넘길 위험이 있었기 때문이다. 결국 여자의 부정은 용서받지 못할 큰 죄로 여겨졌다.

이처럼 확고한 가부장제와 주로 남자 위주의 상속 제도를 갖춘 고대사회에서 동·서양과 종교의 차이를 막론하고 상대적이기는 하지만 남자들은 여자들을 거의 '물건' 취급했다. 『성서』시대의 유대인들 역시 아랍인들과 거의 같은 태도로 여성을 대했다. 예컨대 여자의 "마음은 함정이요, 그물이요, 그 손이 사슬인 여자를 나는 죽음보다도 악랄하게 생각한다"고 말하고 있는 전도서傳導書가 좋은 예다.(상:128) 동양에서도 남편이 죽었을 때 남편의 형제와 결혼을 해야 하는 수혼제嫂婚制가 시행되었다. 이런 제도 역시 여자의 운명이 완전히 남자의 손에 좌지우지되었다는 것을 잘 보여준다.

그런데도 바빌로니아의 함무라비법전에서는 여자에게 몇 가지 권리를 인정했으며, 특히 이집트에서는 제24왕조의 마지막 왕인 보코리스(BC 722~715)가 사유재산 제도를 도입하기 전까지 남녀는 거의 동등한 권리를 가지고 있었다. 사유재산 제도를 도입한 이후에는 이집트에서도 여자들은 남편의 허가 없이 재산을 양도할 수 없었고, 그 결과 "여자들은 영원한 미성년자"(상:131)가 되었다. 그리스에서도 일부다처제가 실시되지 않았다는 점을 제외하고는 사정이 비슷했다. 하지만 일부다처제가 실시되지 않아서 여자들이 길거리로 내몰리고 매음을 해야 하는 폐단을 낳기도 했다. 물론 '고급 창녀(hétaïre)'의 경우에는 경제적 여유가 있었으며, 남자들에게 인격적인 대우를 받는 경우도 없지 않았다. 또한 스파르타는 여자들과 남자들이 거의 동등한 권리를 소유했던 유일한 도시국가였다. 특히 여자아이들이 사내아이들과 똑같이 교육을 받았다. 그러나 이와 같은 경우를 제외하고 그리스에서는 특히 여자의 '후견인 제도'의 정립으로 인해 여자는 "일생 동안 미성년으로" 살 수밖에 없었으며(상:132), "절반 노예 상태"에 있을 수밖에 없었다.(상:135) 그 결과 몇몇 그리스 문인들의 작품 속에서 여자들을 경멸하는 태도를 쉽게 볼 수 있다.

> "여자는 신이 일찍이 창조한 것 중에서 가장 큰 화근이다. 때로는 유익하게 보이지만 이윽고 주인을 걱정하게 한다(그리스 서정시인 시모니데스Simonides의 말)."
> "육지나 바다에는 많은 괴물들이 있다. 그러나 모든 괴물들 가운데 가장 큰 괴물은 역시 여자다(그리스 극작가 메난드로스Menandros의 말)."(상:136)

보부아르는 그리스에 이어 로마에서 여성들의 지위에도 주목한다. 로마 시대의 여성들은 그리스 시대에 비해 법으로 "더 예속되었지만 실제로는 사회 속에 훨씬 더 깊이 융화되었다."(상:139) 우선 로마의 법률은 그리스 여성들에게 인정했던 보장을 전부 박탈했으며, 모든 공사公事에서 제외했다. 따라서 여자는 "영원한 미성년자"로 남게 되었다.(상:137) 그러나 로마 시대의 여성들은 특히 집 안에서는 주된 역할을 수행했으며, 남편과 재산권을 동등하게 나누어 갖기도 했다. 주부는 '여주인'이라고 불렸으며, 종교 의식, 만찬, 축제에도 참가하고 극장에도 다닐 수 있었다. 한마디로 로마 여성들은 적극적이었다. 거리에서도 남성들이 여성들에게 길을 비켜 주기도 했고, 심지어는 집정관도 여자에게 길을 내어 주기도 했다.

로마에서는 이처럼 여성의 역사가 국가가 개입해서 마치 여성들이 어느 정도 가부장의 권위에서 해방된 것처럼 진행되었다. 하지만 문제는 로마 여성들은 이렇게 해서 얻은 자유를 제대로 활용할 수가 없었다. 왜냐하면 국가는 한쪽 손으로 여성들에게 허용한 것을 다른 손으로 다시 거두어들이려고 애썼기 때문이다. 따라서 로마 여성들은 그 어느 때보다 법적으로 무능한 처지였다. 요컨대 로마 시대는 법률이 보장하는 여성들의 추상적인 권위와 구체적이고 실질적인 힘, 즉 경제적 힘이 서로 대항하는 모순의 시대였다는 것이 보부아르의 견해이다.

중세에서 1789년 혁명까지

로마 멸망 이후 서구 역사에는 기독교라고 하는 새로운 이데올로기와 게르만 민족의 대이동이라는 두 요소가 더해진다. 이 두 요소의 영향으로 여성의 지위 역시 큰 변화를 겪는다. 하지만 보부아르는 중세를 거치면서 일단 패배를 맛본 여성들의 상황은 더 악화되었으며 좀처럼 개선되지 않았다고 본다. 우선 이웃에 대한 사랑과 자비를 전면에 내세우는 기독교는 남녀의 성 차이에 종지부를 찍고, 특히 여성들의 짓밟힌 존엄성을 회복해 주었을 것이라고 생각할 수도 있다. 그러나 "기독교의 이념은 여자를 압제하는 데 적지 않게 기여했다"는 것이 보부아르의 견해이다.(상:143) 보부아르는 『성서』에 의거해 여자를 남자에게 종속하게 한 성 바울을 인용하고,[44] '여자-악마' 론을 펼치고 있는 테르툴리아누스와[45] 같은 의견을 밝힌 교회의 성부들을 참고한다. 이를 토대로 보부아르는 교회가 육체를 죄악으로 삼으면서 여성의 성적 식민화를 조장했다고 주장한다. 게다가 "교회법은 여자를 무능하고 무력하게 만드는 지참금 제도 말고는 다른 어떤 혼인제도도 인정하지 않았다."(상:145) 시민권 역시 여성에게 호의적이지 않았다. 왜냐하면 황제들은 교회의 영향을 강하게 받고 있었기 때문이었다. 이혼은 금지되었고, 결혼은 공적인 일이 되었다.

여기에 더해 게르만 민족의 대이동은 새로운 법률과 관습의 도입으로 서구 여성사에 많은 변화를 가져왔다. 게르만 민족이 서구 유럽으로 이동한 이후에는 그 당시 보장되던 여성들의 권리마저도 박탈되었다. 예컨대 프랑스에서는 중세 초기에 해당하는 메로빙거 왕조와 카롤링거 왕조 시대에 일부다처제가 성행했다. 또한 여자의 의도와는 상관없이 이혼이 이루어졌으며, 남자는 여자의 생사 여탈권을 가지고 있었다. 여자는 오로지 아이를 낳을 수 있는 부인인 경우에만 보호를 받았고, "여자가 더는 어머니가 될 수 없을 때는 모든 가치를 상실했다."(상:147)

중세의 봉건제도가 자리잡으면서 여성들의 지위는 매우 불안정한 상태가 되었다. 여자의 운명이 '봉토封土'에 연결되었기 때문이었다. 봉토는 원래 "군복무를 조건으로 해서 얻은 토지"였다. 또한 이 봉토는 군사력으로 보호해야 했다. 여자는 봉토를 지킬 수가 없었으므로 그것을 소유할 수가 없었다. 하지만 11세기 무렵부터 여자도 조건부로 봉토를 상속받을 수 있게 되었다. 즉 남편을 후견인으로 해서 봉토를 상속받을 수 있었다. 그러나 봉토를 상속받을 수 있다고 해서 여성들의 지위가 개선된 것은 아니었다. 물론 이때부터 이른바 '여자 상속자 사냥'에 참여하는 구혼자들의 수가 늘기도 했다. 결혼을 여러 번 하는 것은 남자에게는 영지를 늘리는 수단이 되기도 했던 것이다. 이로 인해 그 당시 결혼과 이혼이 급증하기도 했다. 하지만 보부아르는 이 시기보다 여성들의 운명이 가혹한 적이 없었다고 본다. 왜냐하면 결혼한 여성은 봉토를 통해 남편의 후견 아래에 있으면서 동시에 이 봉토를 관할하는 봉건 영주의 후견 아래에 있었기 때문이다.

중세의 무훈시에 나오는 기사와 귀부인들, 궁정 여인들의 '우아한 사랑'과 기사도 이야기를 우리는 기억한다. 하지만 이런 우아한 사랑은 남성이 여성에게 가했던 "형식적 도덕의 야만성에 대한 보상"(상:150)이었다는 것이 보부아르의 견해이다. 전설적인 이야기에 등장하는 기사들은 여자에게 관심이 없었다. 기사들에게는 오히려 '말(馬)'이 여자보다 훨씬 더 중요했다.

중세 서구에서 한때나마 여성의 지위를 약간 개선하게 한 두 요소가 있었다. 하나는 왕권 강화에 힘입어 중앙집권화가 진행되면서 나타난 봉건 영주 세력의 약화였다. 다른 하나는 봉건 영주가 자신의 영지 안에 사는 사람들의 여러 의무 가운데 군무를 화폐로 대신 치르게 한 것이다. 따라서 재산이 있으면 여자도 지배권을 가질 수 있었고, 재판을 하고, 계약에 서명하기도 하며, 법률을 제정할 수도 있었다. 한마디로 여자도 남자와 같은 가치가 있다는 것이 입증된 것이다. 하지만 여성의 독립을 방해하는 요소가 너무나 많았기 때문에 이것들을 모두 한꺼번에 사라지게 할 수는 없었다.

로마 시대와는 달리 중세에 여성들의 우둔함과 연약함에 대한 혹평이 법률에 근거를 둔 것은 아니었지만 여전히 유효했다. 예컨대 성 아우구스티누스는 여자를 "온건하지도 착실하지도 못한 짐승"(상:154)으로 규정했다. "여자는 자기 남편도 당황하게 할 만큼 증오심에 불타고 있다. 여자는 사악의 온상이며, 모든 재판의, 모든 말썽의 동기이며, 모든 부정의 길이다"(상:154)와 같은 말들이 많은 사람들의 입에 오르내렸다. 또한 중세 여성들의 지위와 관련해서 한 가지 지적해야 할 점은 '매음부'의 존재이다. 후일 쇼펜하우어는 매음부들을 "일부일처제의 제단 위에 바쳐진 인간 재물"(상:156)로 규정한다. 하지만 중세에 벌써 매음부들은—유대인들과 마찬가지로 옷 위에 표시를 하고 다녀야 하는 치욕을 겪었다—이중으로 모순되는 입장이었다. 예컨대 기독교는 매음부들에게 모욕을 주고 있지만 또한 필요악으로 받아들였다. 성 토마스 같은 신학자의 "매음부-하수도"론은 매음부들이 갖는 이중으로 모순된 의미를 분명하게 보여주고 있다.(상:155~156)

중세에 이어 15세기부터 시작된 르네상스 시기에는 중세에 비해 여성들의 지위가 비교적 개선되었다. 주로 특권 계급에서 눈에 띄게 개선되었다. 르네상스의 본거지인 이탈리아에서는 강력한 여군주 카트린느 드 메디치가 탄생했다. 또한 전쟁에 참가한 용맹한 여성 용병대장, 작가, 예술가들도 많이 배출되었다. 특히 고급 창녀들은 경제적 자주성과 더불어 품행의 자유와 정신의 자유까지도 누렸다. 이름을 후세에까지 전한 성 테레사와 같은 성녀聖女들의 존재 역시 여성들도 남성들의 위치에까지 올라갈 수 있다는 것을 보여주었다. 16세기에 접어들어서도 사정은 비슷했다. 하지만 15~16세기에 걸친 르네상스 시기에 볼 수 있는 이와 같은 여성들의 활동은 특권 계급에만 국한되었다. 나머지 대다수 여성들은 여전히 불평등한 대우를 받았고, 특히 교육을 받을 기회를 거의 갖지 못했다는 것이 보부아르의 견해이다.

17세기에 들어서면서 주로 여성들은 지식 분야에서 두각을 나타낸다. 이른바 살롱을 중심으로 사교계 활동이 이루어졌다. 예컨대 프랑스에서는 라파이에트 부인(Mme de Lafayette), 세비녜 부인(Mme de Sévigné) 같은 저명한 부인들이 살롱을 열어 정치, 학문, 철학 등을 논의했다. 프랑스 말고도 영국의 엘리자베스 여왕, 스웨덴의 크리스티나 여왕 등의 존재가 두드러졌다. 18세기 초까지 계속해서 살롱을 통해 여성들의 자유와 독립이 고양되어 여성들의 활동 범위를 상당히 넓혀 준 것은 부인할 수 없다. 그 결과 프랑스의 몽테스키외Baron de

La Brède et de Montesquieu는 "프랑스에서 여자들이 모든 것을 이룬다고 생각할 정도였다"(상:165)고 말하고 있다.

그렇다고 해서 여성들이 실제로 이제껏 역사에서 배제되어 온 것을 만회할 정도로 큰 성과를 거둔 것은 아니었다. 왜냐하면 살롱에서 여성들은 세계의 흐름에 적극 참여한 것이 아니라 그저 한담을 나누었기 때문이다. 게다가 여성들이 이 정도로 거둔 성공은 또 다른 공격을 야기했다. 프랑스의 극작가 몰리에르Molière는 살롱에서 한담을 주고받는 귀부인들을 "현학적"이고 "티를 내는" 부류의 여성들이라고 비꼬았다. 그의 뒤를 이어 보쉬에Bossuet, 부왈로Boileau 같은 프랑스 작가들 역시 여전히 여성들을 풍자하는 태도를 보였다.

하지만 17~18세기에 들어서면서 남성들 가운데서도 여성들을 옹호하는 자들이 나타났다. 1673년에 데카르트의 영향으로 『남녀평등론』을 쓴 풀랭 드 라 바르를 꼽을 수 있다. 과거의 업적을 토대로 여성들을 평가하는 것은 부당하며, 미래에는 여성들을 위해 견실한 교육이 필요하다고 주장했던 그는 그 시대의 가장 단호한 페미니스트였다. 계몽의 시기로 알려진 18세기에 들어와 여성을 지지하는 남성들의 수는 더 늘어났다. 계몽주의 철학자들 가운데도 여성을 깎아내리는 자들이 있었다. 예컨대 1744년에 암스테르담에서 『여성의 영혼에 관한 서설』을 쓴 사람은 여자의 영혼은 불멸이 아니라는 결론을 내렸다. 루소는 덜 과격하지만 여자를 "아내와 어머니의 의무"(상:170~171)에 묶어 두고 있다. 하지만 대부분의 철학자들은 여자를 남자와 동등한 인간 존재로 보았다. 볼테르Voltaire, 디드로Denis Diderot 등과 같은 백과전서파는 물론이고, 엘베시우스Claude Adrien Hélvétius, 콩도르세Condorcet 등도 남녀의 차이가 타고난 것이 아니라 교육과 사회 환경 탓이라는 견해를 밝혔다.

1789년 혁명에서 1949년까지

인류 역사상 중요한 분기점인 1789년 프랑스 대혁명 역시 여성들의 운명에 커다란 변화를 가져다주지 못했다는 것이 보부아르의 주장이다. 여성들 역시 혁명 대열에 참여했다. 하지만 여성들이 얻은 것은 아주 적었다. 대혁명으로 채택된 '인간과 시민의 권리선언'에 여성의 권리가 보장되지 못한 것이 그 단적인 예이다. 따라서 올랭프 드 구즈Olympe de Gouges는 이 선언 대신에 1989년에 '여성과 여성 시민의 권리선언'을 제안하기도 했다. 그러나 구즈는 단두대의 이슬로 사라졌다. 어쨌든 대혁명이 진행되는 동안 무정부 상태의 자유를 누린 여성들은 혁명이 끝난 뒤에 장자 상속권과 남성 특권 폐지(1790), 이혼에 대한 법률 가결(1792) 등을 획득했다. 하지만 하찮은 승리였다. 혁명의 역군들은 주로 남성들이었으며, 특히 여성들은 정치 분야에서 거의 활동하지 않았다. 여성들은 도의회에 출입하는 것도 금지되었고, 심지어는 정치 수업을 하던 클럽에도 출입을 금지할 정도였다.

대혁명 이후 극심한 변화를 겪은 프랑스에서는 다른 나라들에 비해 상대적으로 여성의 권리가 신장되었다. 하지만 근대 프랑스 여성의 불행은 여성에 대한 법률이 군국 독재 시대에 제정되었다는 점이다. 나폴레옹은 여자에게서 아이를 낳는 어머니로서의 기능만을 인정했을 뿐이다. 민법은 미혼모와 사생아에 대해 엄격했다. 여자가 간통을 하면 남자가 간통했을 때보다 더 엄하게 처벌했다. 남편은 간통한 아내를 징역형에 처할 수도, 일방적으로 이혼을 할 수도 있었다. 더군다나 간통 현장에서 잡혀 남편이 아내를 살해해도 법 앞에서 용서를 받기도 했다. 보부아르는 한 세기 동안 여성들의 운명을 결정한 나폴레옹법전이 여성해방을 훨씬 지체하게 했다고 보고 있다. 이때부터 프랑스 페미니즘의 역사는 나폴레옹법전의 가혹한 법조문을 수정하기 위해 노력하는 것과 같았다.

보부아르는 19세기 초 프랑스에서는 여성에 관계된 법률이 나폴레옹법전의 엄격성을 더욱 강화했다고 본다. 특히 여자들에게서 모든 양도권을 빼앗았다. 1826년에는 이혼을 폐지했고, 1848년의 입법의회도 이혼의 부활을 거부했다. 이혼의 자유는 1884년에야 비로소 부활되는데, 그 과정도 평탄하지는 않았다. 19세기 초에서 중반까지는 서구 역사상 부르주아가 강력한 세력을 누렸던 시기이다. 이 시기에 자유주의 성향의 부르주아들은 자신들의 지배를 정당화해 줄 강력한 윤리의 토대를 세웠다. 그 과정에서 반동 보수주의 사상가들은 여성을 깎아내리는 입장을 여지없이 보여주었다. 예컨대 보날드Vicomte de Bonald는 "여자에게는 지도도 교육도 필요없다"(상:176)고 말한다. 실증주의 철학자로 널리 알려진 콩트Auguste Comte도 여성은 일종의 "부단한 어린애 상태"에 있기 때문에 "완전성"과는 거리가 멀다는 의견을 개진한다.(상:176) 19세기 프랑스의 대표적 작가인 발자크Honoré de Balzac도 『결혼 생리학』에서 여성을 "계약으로 얻을 수 있는 재산이나 동산動産"(상:177)으로 보았다. 발자크는 또한 여자를 여왕으로 대접함과 동시에 노예로 취급해야 한다는 입장을 견지하기도 했다.

하지만 이와 같은 부르주아들의 반동적 분위기도 역사의 진행을 방해할 수는 없었다. 역사는 점차 여성에게 유리한 방향으로 흘러가기 시작했다. 특히 생 시몽Saint-Simon, 푸리에François Marie Charles Fourier 등이 대표하는 유토피아적 사회주의와 더불어 '자유 여성'에 대한 공상이 싹텄다. 예컨대 생 시몽은 모든 노예제도, 즉 노동자와 여성 노예제도의 철폐를 주장했다. 또한 클레르 바자르Claire Bazard는 여성 교육의 문제를 제기했다. 19세기에 활발하게 활동한 위고Victor Hugo, 미슐레, 상드George Sand와 같은 작가들도 여성해방에 나름 대로 기여했다.(상:179) 하지만 이들은 예외 없이 여성들에게 해방을 가져다줄 수 있는 구체적 수단을 갖추지 못한 채 여성들을 이상화하는 데 그치거나, 개인주의적이고 감상주의적인 페미니즘에 그쳤다는 것이 보부아르의 견해이다.

19세기 여성들의 조건은 실제로 산업혁명의 결과로 여성들이 대거 생산 노동에 참여하면서 확연히 달라진다. 보부아르는 이 변화를 "여성들에게 새로운 시대의 문호를 개방한 대혁명"이라고 부른다. 왜냐하면 기계를 사용하면서 여성들은 남성들에 비해 열등한 신체 조건을 극복할 수 있었으며, 또한 노동에 참여한 덕택으로 경제적인 힘을 회복할 수 있었기 때문이었다.

이와 같은 이론상의 논쟁은 현실의 사태를 진전시키는커녕, 오히려 현실을 명료하지 못하게 하고 있었다. 여성은 전사前史 시대 이래 잃어버렸던 경제적 세력을 극복하게 되었다. 왜냐하면 가정에서 빠져나와 공장에서 생산에 다시 참여하기 시작했기 때문이다. 이 큰 변혁을 가능케 한 것은 기계였다. 남성 근로자와 여성 근로자의 육체적 힘의 차이를 기계가 해소해 주었기 때문이다. 공업의 급속한 발전은 남성 근로자가 제공하는 노동력보다 더 큰 노동력을 요구하기 때문에 여성들의 협력이 필요하다. 그 점이야말로 19세기에 여성의 운명을 변혁하고 여성들에게 새로운 시대의 문호를 개방한 대혁명이었다.(상:180)

하지만 바로 이때부터 앞으로 두고두고 여성해방에서 중요한 문제가 제기된다. 여성의 노동 조건과 거기에 따르는 집안일과 출산 같은 모성과의 균형 문제가 그것이다. 19세기 초에 여성 노동자들은 남성 노동자들보다 더 치욕스럽게 착취를 당했다. 쥐꼬리만한 월급, 힘든 시간표, 한심스러운 위생 조건 등이 주된 문제였다. 여성들의 구직을 미끼로 몸을 욕보이는 등 불쾌한 행동을 하는 남성들도 있었다.

여성 노동자들은 이런 파렴치한 착취에 대해 적극 대응하지 못했다. 우선 자신들의 노동을 부수입 정도로 여겼던 여성들은 직업적 책임을 지는 데까지 밀고 나가지 못했다. 또한 수가 많지 않아 불리한 입장이었던 여성 노동자들은 착취에 저항하기 위해 처음에는 노동조합을 조직할 줄 몰랐다. 보부아르는 이처럼 19세기 여성들이 자신들에게 열린 새로운 가능성 앞에서 주춤하고 무기력했던 것은 여성들에게 익숙한 "체념과 복종의 전통" 그리고 "연대 책임과 집단의식의 결여" 때문이었다고 진단한다.(상:183)

프랑스에서는 여성 노동에 대한 법률을 제정하기 위해 많은 움직임이 있었지만, 1874년에야 비로소 단 두 가지 규정을 정할 수 있었다. 첫째는 미성년 여성에게는 야간 노동을 금하고, 일요일과 일반 축제일에 휴가를 주며, 하루 노동 시간은 12시간이라는 것이고, 둘째는 21세 이상의 여성에게는 광산이나 채석장에서는 갱 안에서 작업을 금지하는 규정이다. 최초의 여성노동헌장은 1892년에 제정되었다. 그 이후 1900년부터 노동 시간, 휴가, 출산 휴가 등에 관한 법률들이 제정되어 조금씩 개선되기 시작했다.

19세기 여성 노동자들의 삶에서 제기되는 또 한 가지 중요한 문제는 바로 집안일과 출산과 생산 노동과 조화를 이루는 문제였다.(상:186) 여성들이 일을 한다고 해서 집안일에서 해방되는 것은 아니다. 하루 일과는 길고 힘들었고, 식구들 수는 많았으며, 남편은 거의 도와주지 않았다. 특히 출산은 여성들을 옭아맸다. 산아 제한을 위해 콘돔을 사용하기 시작한 것이 1849년 무렵이었으며, 낙태는 법으로 허락하지 않았다. 특히 기독교에서는 낙태를 범죄로 규정했다. 예컨대 성 아우구스티누스는 "낳을 수 있을 만한 수의 어린애를 낳지 않는 여자는 그만한 수의 살인죄를 범하는 것이다. 임신 후에 자기 몸에 상처를 입히려고 하는 여자도 마찬가지이다"(상:188)라고 말했다. 낙태 금지 법률은 20세기 후반까지도 계속된다.

하지만 문제는 여전히 낙태가 비밀리에 불법으로 자행되었다는 사실이다. 이로 인해 여성들의 건강이 위태로워지는 등 문제가 여전히 해결되지 않았다. 한 가지 분명한 사실은 19세기 여성들의 상황이 변화했다는 것을 여성 자신들이 생산에 참여하고 출산의 의무에서 해방된 것으로 설명할 수 있다는 점이다.

19세기 여성의 역사에서 주목해야 할 또 한 가지 사실은 여성의 정치적 권리, 특히 투표권을 획득하는 과정이다. 보부아르는 19세기 후반까지만 하더라도 프랑스, 영국, 미국에서도 여성의 정치적 권리의 문제는 문제를 제기하는 단계에 머물렀다고 본다. 예컨대 영국에서는 1867년에 의회에서 그때까지 한 번도 공식적으로 발언한 적이 없는 '여성 투표권'을 위해 최초로 변호를 했다. 영국에서는 1918년에 제한된 형태로, 1928년부터는 완전히,[46] 독일에서는 1919년에, 핀란드에서는 1906년에, 노르웨이에서는 1907년에 여성의 참정권이 허용되었다.[47] 러시아에서는 레닌이 1917~1918년에 제정한 두 가지 법령에 따라 여성에게 사회적·정치적·성적 독립을 허용했다. 프랑스에서는 위베르틴 오클레르Hubertine Auclert라는 여성이 19세기 말엽에 '여성 투표'라는 단체를 조직하고 『여성 시민』이라는 신문을 창간해 여성 투표권 운동을 최초로 벌였다. 그러다가 1901년이 되어서야 비로소 처음으로 여성의 투표권 문제가 의회에 제기되었다. 1919년에는 여성의 투표권을 인정하는 법이 하원을 통과했으나 1922년에 상원에서 인준을 받지 못했다. 앞에서 지적한 대로, 프랑스에서는 1945년이 되어서야 비로소 여성들의 투표권이 인정되었다.

씁쓸한 결론

원시시대부터 1949년까지의 여성 억압의 역사를 살펴보고 나서 보부아르는 "여성의 모든 역사는 남성이 만들었다"(상:202)는 결론을 내린다. 씁쓸한 결론이다. 여성의 참정권 역시 모든 여성들의 지위를 실질적으로 높여 주지는 못했다. 결국 지금까지 여성들이 남성들과 투쟁해서 얻은 많은 것들이 실제로는 가부장적 권력에 여성들이 아첨을 한 결과였다는 것이다.

> 남성들이 장악한 경제적 특권, 그들의 사회적 가치, 결혼의 영예, 남성에 의존해서 얻는 효과, 이 모든 것은 여성들이 남자의 마음에 들기를 열렬히 원하도록 만든다. 여성들은 전체적으로 아직도 가신家臣의 신분으로 있다. 그 결과 여성은 자기로서 살아가는 것이 아니라 남성이 여자를 정의하는 대로 자기를 인식하고 자기를 선택하는 것이다.(상:214)

그리고 나서 보부아르는 여성들에게 시각을 바꾸라고 충고한다. 여성들에게 보장된 추상적 권리는 구체적 현실을 보장해 주지는 않는다. 아니 여성들에게 추상적 권리조차도 인정하지 않고 있다. 여성들은 항상 역사의 주변부에 있었다. 이것은 여성들이 원래부터 남성들에 비해 열등해서가 아니었다. 오히려 여성들의 "역사적 무의미가 여성들을 열등성의 상황으로 떨어뜨렸다"(상:207)는 것이다. 따라서 보부아르는 『제2의 성』을 집필하던 당시 여성들이 처해 있는 상황을 극복하기 위해서는 부단히 노력할 필요가 있다는 사실을 강조한다. 특히 남성들의 세계에 안주하려고 하는 안일에 대한 유혹이 존재하는 한, 그리고 경제적 불평등이 존재하고, 이런 특권층에 속하는 남자들에게 몸을 파는 권리가 여성들에게 인정되고 남아 있는 한, 여성이 자립하는 길을 선택하기 위해서는 남성들보다도 더 큰 정신적 노력이 필요하다는 것이다.

이와 같은 노력은 결국 여성들에게서 '초월'이 '내재'를 극복하고, 여성들에게 주어진 추상적 권리와 구체적 가능성, 그리고 구체적 현실이 일치되기를 바라고, 또 이것들을 일치하도록 만들기 위해 노력하는 것이다. 한 가지 다행스러운 것은 보부아르는 1949년은 "과도기"에 해당하며, 그것도 여성들의 소망이 "성취 중"이라는 진단을 하고 있다는 점이다.(상:208) 그리고 21세기로 접어들어 몇 해를 보낸 우리는 『제2의 성』을 집필한 당시에 보부아르가 이처럼 '성취 중'이라고 진단한 여성들의 소망 가운데 많은 것이 실현되기도 했고, 또한 지금도 여전히 성취되고 있는 중이라고 말할 수 있을 것이다.

여성 신화

　.

　보부아르는 여성 억압의 장구한 역사를 검토한 뒤 이어서 여성 신화를 고찰한다. '신화'라는 제목이 붙은 부는 『제2의 성』 전체의 약 10분의 1에 달하는 백 여 쪽 분량을 차지하고 있으며, 세 장으로 구성되어 있다. 제1장은 제목이 붙어 있지 않고, 제2장은 몽테를랑, 로렌스, 클로델, 브르통, 스탕달 같은 작가들이 저지른 여성 비하를 다루고 있고, 제3장은 역시 제목이 붙어 있지 않다.

　보부아르가 여성 신화를 고찰하는 것은 남성들이 여성들보다 우월하다는 것을 정당화하고, 나아가서는 이것을 고착화하기 위해 여성들에게 어떤 이미지를 투사했는지를 살펴보기 위해서다. 실제로 신화는 그 권위를 통해 여성을 억압한 실제 역사보다도 더 끈질긴 억압의 실체를 보여준다. 보부아르는 수많은 신화들 속에, 그리고 위에서 나열한 몇몇 작가들의 작품 속에 의도적으로 숨겨진 남성의 우월성과 여성의 열등성을 조장하는 신화를 탈신비화하려고 노력한다.

이 탈신비화의 과정을 미리 살펴보면, 그것은 남자가 여자에 대해 갖는 두 가지 의미로 요약된다. 하나는 남자에게 여자는 생명 잉태와 관련된 신비로운 힘을 가진 두려움의 대상이자 절대적으로 필요한, 따라서 절대적으로 미화해야 하는 존재라는 점이다. 다른 하나는 같은 이유로 여성과 관련된 신화는 애매하고 모순적이고 종잡을 수가 없으며, 따라서 해석하기 쉽지 않다는 점이다.

> 신화를 설명하기란 언제나 쉬운 일이 아니다. 신화는 손쉽게 파악할 수도, 이해할 수도 없다. 신화는 사람들의 의식에 달라붙어 있지만, 고정된 대상으로서 의식의 정면에 놓이는 법이 결코 없다. 하도 변덕스럽고 모순투성이어서 우선 그 통일성을 파악할 수 없다. 데릴라(삼손을 유혹한 여자)와 유디트(적장을 죽인 열녀의 전형), 아시파지아(고대의 창녀)와 루크레티아(정숙한 여성의 전형), 판도라(마녀의 상징)와 아테네(제우스의 딸. 지혜의 여신) 같은 여자들처럼, 여자는 이브인 동시에 성모 마리아이다. 여자는 우상이자 하녀이며, 생명의 원천이자 암흑 세력이

다. 진리의 소박한 침묵인가 하면 기이하고 교묘하기도 하고, 수다이기도 하며 거짓말이기도 하다. 여자는 의사이며, 마술사이다. 여자는 남자의 먹이이며, 남자가 파멸하는 씨앗이다. 여자는 남자에게는 없으며 남자가 갖고 싶어하는 전부이며, 남자의 부정이고, 남자의 존재 이유이다.(상:220)

이브 신화와 이타성

이처럼 복합된 의미를 가지고 있는 여성 신화를 검토하면서 보부아르는 먼저 천지창조 신화에 주목한다. 보부아르는 기독교의 창조신화에서 여자가 남자에 대해 갖는 열등성을 자연 조건으로 본다. 아담과 이브의 신화에서 볼 수 있는 것처럼, 여자는 "그 출생부터 자주적이 아니었다."(상:217) 왜냐하면 신이 여자를 창조한 것은 자발적인 목적으로 이루어진 것이 아니었고, 특히 여자를 남자의 일부로 만들었기 때문이다. 이브를 창조한 것은 아담을 고독에서 구하기 위함이었다. 따라서 "여자의 기원과 그 목적은 남자 속에 있는 것"이며, 여자는 단번에 "남자의 보충물"로 "비본질적인 것"의 성격을 갖는다.(상:218)

이와 같은 아담과 이브의 신화를 중심으로 보부아르는 이타성에 대한 생각을 길게 전개한다.(상:214~221) 인간은 자신의 자아를 지각하기 위해 타자를 필요로 한다. 앞에서 본 것처럼, 남자는 여자를 '타자화' 했다. 문제는 여자를 타자화한 남자는 고독하다는 점이다. 남자는 자연을 개척하고 정복해 나가면서 자신의 초월 능력을 발휘하고, 이를 바탕으로 미래를 향해 자기 자신을 창조해 나간다. 그러면서 주체로 서게 된다. 하지만 남자는 혼자이며, 또한 그는 고독 속에서 자신을 완수하는 것은 불가능하다. 왜냐하면 남자는 자기를 하나의 주체로 인정해 줄 자기와 같은 존재가 필요하다. 이 세계에 그런 존재는 여자밖에 없다. 따라서 남자에게 여자는 절대로 필요한 존재가 된다. 하지만 문제는 남자는 여자를 끊임없이 '타자' 의 영역에 가두어 두려고 했고, 또 거기에 성공했다는 점이다. 그 결과 남자는 자신을 주체로 인정해 줄 참다운 주체로서의 여자를 잃어버린다.

보부아르의 이와 같은 설명은 전혀 새로울 것이 없다. 왜냐하면 보부아르는 여기에서 헤겔의 주인과 노예의 상호 인정 변증법을 그대로 수용하고 있기 때문이다. 하지만 중요한 것은 남자를 통한 인정에서 여자는 거의 항상 실패를 했다는 점이다. 남녀 간에는 상호 인정이 제대로 이루어진 적이 없다. 이와는 달리 희생의 대가를 치르는 것은 항상 여자였다. 심지어 이것은 방금 살펴본 아담과 이브의 신화에서도 마찬가지였다. 그 이후로도 여자들은 남자들을 한 번도 타자화하지 못했으며, 따라서 자신들의 이미지를 남자들에게 투사해 남성 신화를 만들어 내지도 못했다. 보부아르는 "아마 여자의 신화는 어느 날 갑자기 소멸될 것이다"(상:219)라고 예언하고 있다. "왜냐하면 여성들 자신이 인간으로서 자기를 확립해 나가면 나갈수록 '타자'라는 신비한 특질은 여자 속에서 사라져 갈 것이기 때문이다."(상:219) 하지만 『제2의 성』을 집필하던 시기에는 남자들이 만들어 놓은 여성 신화는 여전히 존재한다는 것이 보부아르의 씁쓸한 진단이기도 하다. 그 시작이 바로 이브 신화이다.

생명과 수태 신화

앞에서 여자가 갖는 이중의 의미, 즉 남자에게 필요한 존재임과 동시에 번식과 관련한 신비한 힘을 가진 존재라는 사실이 여성 신화가 갖는 애매성과 연관되어 있다는 점을 지적했다. 보부아르는 이 사실을 남자가 여자에게서 '자연'으로서의 여자와 자기와 같은 인간 동료로서의 '타자'를 보는 것으로 해석한다. 그리고 여자가 갖는 이 '자연'으로서의 지위가 여자에 대해 남자가 갖는 상반적이면서도 애매한 감정을 설명해 준다고 보았다.

남자는 여자에게서 '자연'으로서의, 또한 같은 인간 동료서의 '타자'를 찾는다. 그러나 '자연'은 여러 가지 상반된 감정을 남자에게 불어넣어 준다. 남자는 자연을 개발하지만 자연은 인간을 파멸한다. 인간은 자연에서 낳고 자연에서 죽는다. 자연은 인간 존재의 원천이며, 또 인간이 자기 의지로 복종하게 하는 영토이기도 하다. (중략) 때에 따라 동지도 되고 적도 되는 자연은 생명이 솟아나는 암흑의 혼돈처럼 보이고, 생명 그 자체처럼 보이고, 또 생명이 행하는 피안처럼 보인다. 여자는 '어머니' '아내' 그리고 '이념'으로서 이 자연을 요약하고 있다. 이 모습들은 때로는 융합되기도 하고, 또 때로는 대립되기도 하면서 제각기 이중의 얼굴을 가지고 있다.(상:221)

이처럼 여자는 무엇보다도 생명, 수태, 번식과 무관하지 않은 자연과의 관계 속에서 이해된다. 이런 이유로 여자는 남자가 경외하고 찬양하는 대상이 된다. 물론 수태에서 여자와 남자의 역할이 같다는 인식은 보편화되었다. 하지만 여자가 가지고 있는 신비로운 힘에 대한 남자들의 경외와 찬양의 감정은 신화나 전설에 그대로 투사된다. 예컨대 호머는 "내가 노래하는 대지여, 부동의 만물의 어머니여, 땅 위에 존재하는 만물을 기르는 존경하는 조상이시여"(상:222)라고 여성을 찬양한다. 성 프란체스코는 "대지, 우리들의 자매, 우리를 보호하고, 우리를 기르고, 가지각색의 꽃과 풀과 더불어 가장 다양한 과실을 열게 하는 우리의 어머니"(상:223)에 대해 말한다. 프랑스 작가 미슐레는 "친애하는 우리 모두의 어머니여! 우리는 하나이다. 나는 당신에게서 오고, 당신에게로 돌아간다"(상:223)라고 외친다. 요컨대 남자에게 여자는 출생의 근원이자, 영원히 돌아가고자 하는 고향이라고 할 수 있다.

> 어머니는 우주의 밑바닥에 가라앉아 거기서 수액을 빨아올리는 뿌리이다. 어머니는 자양의 젖과 더운 물이기도 한 생생한 물이 용솟음치는 샘이요, 땅과 물로 된 재생의 힘이 충만한 진흙이다.(상:223)

하지만 남자는 자신이 "찬란한 별에서 떨어져 어머니 뱃속 혼돈의 암흑 속으로 밀어 넣었다"는 것을 큰 "불행"으로 생각한다.(상:223) 특히 생명이 형성되는 자궁은 항상 남자의 혐오감을 불러일으킨다. 고대의 모든 법률은 산모에게 청정淸淨 의식을 부과했다. 탄생은 또한 죽음과 연결된다. 대부분의 전설에서 죽음이 '여자의 모습'을 하고 있는 것은 이런 이유에서이다. 여자는 또한 혼돈, 어둠, 허무 등의 의미와도 연결되며, 따라서 남성이 두려워하는 대상, 곧 "마魔의 심연"(상:226)이기도 하다.

다른 한편, 탄생과 죽음이 연결되어 있듯이 죽음은 다시 다산多産과 결부되기도 한다. 예컨대 이집트 신화에서 죽은 자의 수호신인 오시리스Osiris는 봄마다 부활하고 새로운 출산으로 재생한다. 많은 신화에서는 여자를 상징하는 바다가 남자를 상징하는 태양을 삼킨다. 하지만 바다 밑에서 이 태양이 다시 뜨는 것, 즉 다시 태어나는 것과 같은 주제가 공통으로 나타나기도 한다. 결국 여자는 "살기를 원하면서도 휴식과 수면과 허무를 갈망하는"(상:226) 남자를 "유한성"에 가두고 있지만, 또한 이 남자에게 "그의 본래의 한계를 벗어날 수 있도록 한다."(상:227) 보부아르는 바로 거기에 여자를 감싸는 애매한 마력이 있다고 본다.

이와 같은 여자의 마력 때문에 남자들은 여자들을 찬양한다. 하지만 남자들은 두려움을 갖고 여자들을 찬양한다. 앞에서 여자와 어머니는 혼돈, 어둠, 허무, 죽음 등과 연결되어 있다고 했다. 남자가 여자 앞에서 갖는 이런 감정은 특히 임신과 관련된 여러 현상 앞에서 공포심으로 연결되기도 한다. 월경이 그 한 예이다. 원시사회에서는 월경을 시작한 소녀는 그 날부터 금기와 터부의 대상이 되었다. 여자의 성기에서 흘러나오는 그 수상한 액체, 여자의 몸속에서 일어나는 "불가사의한 연금술의 산물"(상:230)인 월경은 생명을 파괴하는 부정, 타락, 재앙의 원천으로 여겨졌다. 이런 견해는 20세기 초까지도 계속되었다. 예컨대 영국에서는 월경 중인 여자들을

'커스curse(저주)'라고 불렀는데, 제당製糖 공장에 출입하는 것을 금지했다. 왜냐하면 월경을 하는 여자들이 공장을 출입하면 설탕이 검게 변한다고 믿었기 때문이었다. 남자들이 이처럼 월경을 두려워한 것은 여자의 생식력, 그리고 그 형이상학적 기원과 무관하지 않다. 따라서 남자들은 월경과 같은 여성적 원소元素와 접촉하면 자신들의 남성적 원소가 정복당할까 봐 두려워했던 것이다.

또한 남자들은 여자들에게 고유하고 신비한 힘, 특히 우주나 신들과 소통할 수 있는 신비한 능력 때문에 이 여자들을 경계하기도 했다. 보부아르의 설명을 들어 보자.

> 고대 그리스에서는 여자가 지하의 소리를 듣고, 바람과 나무의 언어를 포착했다. 여자는 무당이요, 점쟁이요, 예언자였기 때문이다. 죽은 자들과 신들은 여자의 입을 통해 말을 한다. 여자는 오늘날에도 점을 보는 능력을 보존하고 있어서, 영매도 되고, 수상가도 되고, 카드 점쟁이도 되고, 예언자도 되고, 영감을 받는 자도 된다. 여자는 사물의 소리를 듣고 유령을 본다.(상:232)

이와 같은 특징은 디오니소스 축제와 같은 제의적 행사에서 잘 나타난다. 이 축제에서 뭇 남자들을 신성한 광기와 종교적 도취로 몰아넣는 것은 바쿠스들과 같은 여자들이다. 남

자들은 바로 이 여자들이 가지고 있는 생식력의 폭발―이것
은 에로티시즘의 폭발과 무관하지 않다―을 통해 자기를 넘
어서 열광에 도달하는 것이다.

하지만 보부아르는 여자에 대한 남자의 찬양과 공포는 마
지막에는 남자가 여자를 방어하고 경시하는 것으로 귀착된
다고 주장한다. 남자들은 여자들에게 수태와 생식의 기능을
일임하면서, 한편 이 기능과 관계된 여자들의 신비스러운 힘
을 찬양하지만, 다른 한편 그렇게 함으로써 여자들을 움직이
지 않는, 그리고 반복적인 이 기능 안에 붙잡아 매서 행동반
경을 좁혔다. 족장 사회가 시작되면서 남자들은 점차 생식과
수태에서 남자의 능동적 역할과 여자들의 수동적 역할을 강
조하기 시작했다. 여자를 대지와, 남자를 쟁기와 일치시키는
신화들은 헤아릴 수 없이 많다. 남자들이 여자들을 찬양한다
고 해도, 이것은 그들이 찬양을 받는 여자들을 소유하고 지배
함으로써 그들의 지배와 정복, 그로 인한 우월을 더욱 공고히
하려는 의도를 담고 있는 것이다.

> 보습이 밭고랑 속을 파고들 듯, 남자는 여자를 파고든다. 남자
> 는 자기가 경작하는 토지를 자기 소유로 하듯이 여자를 자기 것
> 으로 만든다. 그는 밭을 갈고, 나무를 심고, 씨를 뿌린다. 이런
> 비유는 문자만큼 오래 되었다. 옛날부터 오늘날까지 그 실례를

무수히 들 수 있다. "여자는 밭과 같고 남자는 씨앗과 같다"라고 마누법전에 씌어 있다. 앙드레 마송의 그림에는 한 남자가 손에 삽을 들고 여자의 성기에 해당하는 마당을 파고 있는 것을 볼 수 있다. 여자는 남편의 먹이이며 그의 재산이다.(상:233~234)

처녀성 신화

보부아르는 여성의 생명과 수태 신화에 이어 처녀성 신화를 다룬다. 이 신화 역시 남자가 여자에 대해 품는 이원적 감정을 보여준다. 여자에 대한 공포와 성적 욕망이 그것이다. 보부아르는 처녀성을 "여성 신비의 가장 극단적인 형태"(상:234)로 규정한다. 남자들은 일반적으로 처녀성에 대해 이중으로 반대되는 태도를 갖는다.

> 남자가 자기를 에워싼 힘에 압도된다고 느끼는가, 아니면 그가 그런 힘을 자신 있게 다룰 수 있다고 믿는가에 따라 자기 아내가 남자에게 처녀성을 맡기기를 거부하기도 하고 요구하기도 한다.(상:234)

먼저 남자가 처녀성을 거부하는 경우를 보자. 보부아르가 소개하고 있는 거부의 이유는 여러 가지이다. 그 가운데 몇 가지를 추려 보자. 첫째, "남편은 이전에 한 번도 남자의 욕망을 불러일으키지 못한 아내를 원치 않는다."(상:234) 이것은 오늘날 이른바 '노처녀들'에 대해 남자들이 느끼는 성적 반감을 설명해 준다. 둘째, 어떤 원시인들은 출산을 경험한 여자와만 결혼했다. 왜냐하면 이것으로써 생식 능력이 증명되었기 때문이다. 셋째, 처녀막이 파열되어 생긴 출혈은 월경과 같은 것으로 여기며, 따라서 남성적 요소를 파괴할 수 있는 것으로 여겼다. 이와 마찬가지로 처녀성을 파괴해서 화를 입는 것을 두려워해 초야권을 이방인, 승려, 의술을 가진 남자, 추장, 종족의 두목들에게 주는 것도 남자의 두려움과 공포를 반영하는 것이라고 할 수 있다.(상:235)

다른 한편, 남자는 여자의 처녀성을 강하게 요구하기도 했다. 특히 남자가 아내를 개인 재산으로 생각하는 경우에 그러했다. 어떤 물건에 대해 소유권을 주장하기 위해서는 다른 사람이 그 물건에 접근하는 것을 막는 것이 보통이다. 남자는 전인미답의 것, 새로운 것, 깨끗한 것에 매료된다. 왜냐하면 정복은 '유일하고 절대적인 사실'처럼 보이기 때문이다. 이런 시각에서 '처녀지處女地' '처녀림處女林'과 같은 말은 의미심장하다. 인간은 새로운 것을 소유하고 차지하면서, 그것을 자신이 직접 만들어 낸다는 인상을 받는다고 한다. 이런 이유로 남자는 자기 몫으로 주어진 가장 소중한 재산인 '여자'가 '소비되지' 않은 채 자기에게 오기를 원하는 것이다.

성적 터부

남자가 태어난 곳, 남자가 침입하는 곳, 어린애를 분만하는 기관은 같은 곳이다. 즉 여자의 성기이다. 남자는 이 기관을 두려워하고, 신비스럽게 여기며, 또한 거기로 돌아가려고 한다. 따라서 남자는 여자의 성기에 대해 많은 금기를 설정한다. 성인이 된 남자는 자신의 페니스를 '초월과 권력의 상징'으로 생각한다. 그는 이것을 "우람한 근육"임과 동시에 "마법의 선물"(상:247)처럼 자랑한다. 또한 그는 이것을 '타자를 지배하는 방법'으로 파악하면서 찬양한다. 그러나 이것은 지배되지 않는다. 페니스는 욕구불만으로 압박감을 느끼며, 불시에 고개를 쳐들고, 때로는 꿈속에서 자위를 얻기도 하는 등 괴이하고 종잡을 수 없는 생명력을 발휘한다. 남자는 '정신'으로 '생명'을 이기고, '능동성'으로 '수동성'을 이기려 한다. 그러나 남자는 페니스를 통해 자신이 뭔지 모를 자연의 힘에 농락당한다고 느낄 때 수치감을 느낀다.

여기에 더해 남자는 자신의 육체적 조건이 갖는 '애매성' 때문에 여자의 성기에 대해 금기를 설정한다. 보부아르가 말하는 애매성이란 다음과 같은 두 가지 사실을 의미한다. 첫째, 페니스를 가지고 있는 남자가 여자를 소유하려고 하는 경우, 그 자신도 어쩔 수 없이 육체가 되어서 여자의 육체를 소유할 수밖에 없다. 둘째, 남자가 자신의 페니스를 통해 아무리 초월과 능동성을 실현한다고 하더라도, 결국 그는 여자의 성기 안에서 사정을 하고 죽는다. 그러니까 남자는 항상 끝에 가서는 여자의 "피소유자"(상:249)가 되고 만다. 바로 이런 이유로 남녀의 성교는 '신성한 행위'가 됨과 동시에 '금단과 경계'로 에워싸인다. 파종을 할 때라든가 나무를 심을 때 성교를 금지하기도 한다. 특히 남자의 힘을 한꺼번에 쏟을 일이 있는 경우 성교를 피해야 한다. 왜냐하면 여자는 남자의 기력을 쇠진하게 하고, 그 결과 공동체에 필요한 번식력을 약하게 하기 때문이다.[48]

이처럼 여자는 "수동적"이지만 "마술적인 힘"을 가진 것으로 간주된다.(상:250) 실제로 여자의 마술적 힘을 보여주는 신화는 많다. 그리스 신화에 나오는 세이렌과 키르케가 좋은 예이다. 세이렌은 자기 노래에 이끌린 선원들을 암초에 부딪히게 했으며, 키르케는 자기의 애인들을 짐승으로 만들어 버렸다. 이 신화들은 여자의 신비한 힘, 매력에 포로가 된 남자들은 더 이상 의지도, 계획도, 미래도 갖지 못하게 되며, 육체의 노예가 된다는 것을 잘 보여준다. 남자는 타자로서의 여자를 소유하려 한다. 하지만 그러기 위해서 남자는 스스로 파멸의 구렁텅이로 떨어져야 한다. 신비로운 힘을 가진 여자가 그렇게 이끄는 것이다. 한마디로 여자는 자신의 성기로 "게걸스럽게 남성의 성기를 먹고 산다"는 의미에서 "흡혈귀요, 식

충이요, 술고래"이다.(상:257) 그렇기 때문에 남자들은 여자, 여자와의 성행위, 여자의 성기에 항상 금기를 설정한다.

여자, 여자의 성, 여자의 성기에 대한 가장 강한 금지를 규정한 것은 기독교 전통이다. 물론 역설적이기는 하지만 기독교는 남녀평등을 선언하고 있다. 하지만 기독교에서는 육체를 영혼의 적으로 삼고 있으며, 육체에 대한 모든 애착은 모두 악으로 간주한다. 육체는 곧 증오할 만한 '타자'이다. 기독교에서는 이와 같은 육체를 충동하는 자로서 여자를 육체와 구별하지 않는다. 따라서 기독교에서 여자는 타기唾棄하고 경계해야 할 대상이다. 초기 교회의 장로 가운데 한 사람인 테르툴리아누스는 여자를 "악마의 문"으로, "하수구 위에 세운 전당"으로 깍아내린다.(상:255) 그리스도의 무염수태 역시 육체에 대한 기독교의 혐오감과 무관하지 않다는 것이 보부아르의 생각이다.

보부아르는 또한 보편성과 엄밀성을 생명으로 하는 과학조차 여자에 대한 기독교의 혐오감 때문에 오랫동안 마비해 버렸다고 본다. 스웨덴의 유명한 박물학자인 린네Carl von Linné는 그의 논문에서 "여자의 생식기에 대한 연구를 증오할 만한 것으로 여기고 치워 버렸다."(상:256) 프랑스 의사 로랑Laurens은 "이성과 분별이 충만한, 남자라고 부르는 이 신에 가까운 동물이 어째서 점액으로 더러워진 채 육체의 맨 아래 부분에 수치스럽게 있는 여자의 치부에 끌릴 수 있느냐"고 분개하기도 했다.(상:256) 청교도 전통이 살아 있는 세계에서 아직도 볼 수 있는 육체를 증오하는 습성 역시 이런 기독교 전통과 그 맥을 같이 한다고 보부아르는 보고 있다.

마리아, 어머니, 하녀 신화

여자가 갖는 이와 같은 마술적이고 신비한 힘은 남자로 하여금 여자에 대해 지금까지와는 다른 태도를 갖게 한다는 것이 보부아르의 견해이다. 타자로 머물러 있던 여자가 가공할 만한 힘을 발휘하는 경우 남자는 이런 여자를 자기와 동등한 존재로 인정하면서 소유하려고 든다. 다만 간과해서는 안 될 사실은 남자가 여자에 대해 취하는 이런 태도는 결국 여자의 마력을 길들임으로써 더욱더 여자를 지배하는 것을 공고히 하기 위한 의도에서 비롯되었다는 점이다. 마치 피뢰침이 낙뢰의 위험을 유도하는 것처럼 말이다.

보부아르는 이와 같은 남자들의 태도를 동정녀 마리아 신앙에서 찾는다. 이 신앙은 우선 여자가 신의 상태에 도달하기 위해서는 자신의 육체를 부정해야 할 필요가 있다는 것을 보여준다. 남자는 '자연'과 가까운 여자, '육체'로서의 여자를 두려워한다. 따라서 여자가 자신의 자연성과 육체성을 부정한다면 "거의 무성화無性化가 되어 신의 가호를 입어, 지상의 유혹을 물리치고", 남자들과 함께 "천상의 환희가 약속된 영혼들의 대열에 낄 수" 있다.(상:259) 이런 관점에서 보면 마리아의 처녀성은 '육체'와 '자연', 곧 '동물성'에서 가장 거리가 먼 그런 여자의 요소를 간직한 것의 상징이라는 것이 보부아르의 견해이다. 왜냐하면 "육체의 죄를 속죄한 여자는 육체적이지 않기 때문이다."(상:260) 그렇기 때문에 이브가 원죄의 매개자였던 것과는 달리 마리아는 구원의 매개자가 되는 것이다. 하지만 마리아가 찬미를 받는 것은 자기에게 할당된 종속적 역할을 수락해야만, 즉 "저는 주의 여종이로소이다"를 선언해야만 가능하다는 점을 잊어서는 안 될 것이다. 보부아르는 결국 마리아 신앙이 역설적으로 여자에 대한 남자의 결정적 승리를 보여준다고 해석한다. 즉 이 마리아 신앙은 "패배"를 통한 여자들의 "권리 회복"이라는 것이다.(상:260)

마리아 신앙은 이처럼 여자는 남자에게 순종하는 하녀가 됨으로써 축복받는 성녀가 된다는 것을 보여준다. 그런데 이 역설은 '어머니'에게도 해당된다. 여자가 남자에게 복종하게 된 것은 바로 '어머니'의 역할, 즉 생식과 그로 인한 종에 예속되기 때문인 반면, 여자가 남자에게 대우를 받는 것도 "우선은 어머니로서이다."(상:261) 어머니는 남자들이 수용할 수 있는 유일한 여성상이다. 왜냐하면 "자기가 어머니의 아들이라는 것을 스스로 인정하는 것은 자기 속에 어머니를 인정하는 것이며, 대지와 생명과 과거와 관련이 있는 것으로서 여자를 자기가 거두어들이는 것이기" 때문이다.(상:262) 이른바 남자의 회귀본능은 이처럼 그의 "개인적 존재가 그를 분리시킨 그 근본을 찾으러 가는 것"으로 이해된다.(상:262)

또한 앞에서 본 대로 남자는 초월과 창조에 의해 자연을 정복하고, 거기에서 벗어나고자 한다. 하지만 정작 자연에서 떨어져 나오면 자연으로 되돌아가려고 갈망하는데, 이때 남자의 이런 갈망을 충족해 줄 수 있는 존재가 바로 '어머니'이다. 여자는 어머니의 역할을 통해 "선善의 화신"(상:262)이 된다. 어머니로서 여자는 남자의 적이 아니다. 또한 어머니로서 여자가 신비로운 힘을 발휘할 때조차도 무서운 여자가 아니다. 이와는 달리 어머니는 남자의 모든 것, 즉 그의 탄생과 죽음까지도 주관하는 거룩한 존재이다. 그렇기 때문에 어머니로서 여자는 남자의 숭배 대상이 된다.

> 어머니는 피난처이며, 수면이다. 남자는 어머니의 두 손으로 애무를 받으며, 다시 한 번 자연의 품속에 안긴다. 자궁이나 무덤 속에서처럼 조용히 생명의 큰 흐름에 몸을 맡긴다. 남자는 죽을 때에도 어머니를 부르는 것이 전통인데, 그것은 어머니의 시선 밑에서 죽음까지도 길들여져, 탄생과 대칭이 되어, 모든 육체의 생명과 불가분의 관계를 맺고 있기 때문이다.(상:263)

하지만 남자가 어머니를 존경하는 마음 한쪽에는 여전히 잠재된 혐오감이 남아 있다는 것이 보부아르의 견해이다. 예컨대 프랑스에서 중세 이후에 나타난 '장모 신화'에서 그것을 볼 수 있다. 남자는 자기 아내의 어머니를 통해 모성 전체를 조롱한다. 남자는 사랑하는 아내가 장모에게서 태어난 것을 증오하며, 장모의 운명인 노쇠, 즉 비만과 주름 따위가 역시 자기 아내의 운명이라는 것을 안다. 남자는 이와 같은 운명이 결국 자기의 운명이라는 것을 알기 때문에 장모를 조롱한다. 또한 남자의 모성에 대한 혐오는 후처後妻에게서 나타나는 모성의 잔인함을 통해서도 나타난다. 특히 계모가 등장하는 동화가 좋은 예이다. 이와 같은 사실은 결국 남자의 지배력이 어머니의 영역까지 미친다는 것을 보여준다.

또한 신성시되는 어머니의 신화 뒤에는 "남자에게 봉사하는 흰 마녀의 무리들이 몰려든다는 것"(상:265)이 보부아르의 견해이다. 보부아르는 그 무리들로 "할머니들, 눈에 자애가 넘치는 노파들, 선량한 하녀들, 자선원의 수녀들, 놀라운 솜씨를 가진 간호원들", 그리고 시인 베를렌Paul Verlaine이 꿈꾸었던 "상냥하고 생각이 깊은 갈색 머리의 절대로 놀라는 일이 없는, 그리고 아이처럼 당신 이마에 가끔 키스를 해주는 그런 여자"(상:265) 등을 나열하고 있다. 이른바 '하녀 신화'이다. "현명한 여자는 헌신적으로 남자를 돌보면서 남자의 하녀로서 자기를 인정한다."(상:266) "남자들이 이런 여자들의 지혜로운 힘에 순종하는 것은, 그 순종에서 자기가 주인으로 머물 수 있다는 것을 알기 때문이다."(상:266) 보부아르는 이와 같은 신화에는 "자매들, 어린 시절의 여자 친구들, 청순한 소녀들, 장차 어머니가 될 여자들"이 모두 해당된다고 본다. 이것은 남자들이 숭배하는 어머니와 하녀로서의 여자 사이에는 결국 아무런 차이가 없다는 것을 보여준다.

여성적 수동성의 신화

어머니에 대한 신화에 이어 보부아르는 '착한 아내' 신화를 검토한다. 남자에게 이른바 '착한 아내'는 가장 큰 보배라는 것이 보부아르의 생각이다. 남자는 결혼 제도를 통해 여자에게서 신비한 힘을 빼앗고, 경제적, 사회적으로 예속해 완전히 자기 것으로 만든다. 이른바 남자가 여자를 "만들어 간다"는 표현이 담고 있는 의미가 바로 그것이다. 여자는 결국 남자가 마음대로 빚을 수 있는 "부드러운 반죽"이며, 남자가 빚는 대로 얌전하게 자기 자신을 내맡긴다. 즉 완전히 수동적이 된다. 물론 여자가 저항을 하기도 한다. 하지만 여자의 저항이 강하면 강할수록 남자의 정복욕만 더 커질 뿐이다.

성性뿐만 아니라 도덕이나 지혜로 남편은 자기 아내를 '만들어

간다.' 남편은 아내를 교육하고, 각인을 찍고, 영향을 남긴다. 남자가 만족하는 꿈 중 하나는 자기 의지를 사물에 침투하게 하고, 그 형체를 빚고, 그 실재 속으로 돌입하는 것이다. 이때 여자는 더할 나위없는 '부드러운 반죽'이며, 얌전하게 빚어지며 시공하는 그대로 있다. 만들어지는 대로 있으면서 저항하기 때문에, 이것이 남자의 행위를 영속화하는 것이다. 너무 쉽게 뜻대로 되는 재료는 감칠맛이 없어서 못쓴다. 여자의 귀중한 점은 여자 속의 무엇인가가 어떠한 포옹에서도 제한 없이 빠져나간다는 데 있다. 남자는 손아귀에 들어오지 않을수록 그만큼 더 지배할 가치가 있는 현실의 지배자이다.(상:267)

이렇게 해서 아내는 결국 남편의 것이 되므로 완전히 남편의 본질을 나누어 갖는다. 따라서 남편은 자신의 뜻에 따라 만들고 길들인 아내를 통해 자신을 드러내 보인다. 예컨대 회교 국가에서는 가능한 아내를 많이 소유하며, 이 아내들이 건강해 보일수록 그만큼 더 존경받는다. 부르주아사회에서 부자 남편이 아내를 화려한 옷과 금은보석으로 감싸 주는 행위 역시 이 수동성의 신화에서 비롯된 것으로 이해할 수 있다. 남편의 요구에 따라 아내가 갖추어야 하는 아름다움, 매력, 지성 등은 남편의 다른 재산과 마찬가지로 보여주기 위한 것에 불과하다. 하지만 보부아르는 이와 같은 여성의 수동성 신화는 결국 남자가 자신의 우월성을 결정하기 위해 이용하고 있는 전략이라는 점을 고발하고 있다.

여성적 신비의 신화

앞에서 농경시대에 여자는 생식 능력 덕택으로 신비한 힘을 가진 존재로 여겨지고, 이를 바탕으로 '대지'와 동일시되면서 남자들이 숭배하고 경외하는 대상이 되었다는 점을 살펴보았다. 그런데 여자의 성과 출산에 대한 비밀이 어느 정도 밝혀진 뒤에도 여전히 남자들은 여자를 신비로운 존재로 간주한다. 특히 정신적인 면에서 그러하다. 예컨대 여자는 집, 가족, 가정의 "혼魂"으로 간주된다.(상:269) 여자는 또한 훨씬 더 큰 집단, 도시나 지방, 국가의 혼이기도 하다. "도시"는 항상 "어머니"와 흡사하다고 보고 있는 융Carl Gustav Jung의 지적이 그것을 뒷받침해 준다.(상:269) 같은 이유로 "어머니인 조국"이란 말을 사용하기도 한다. 이처럼 여자는 때때로 한 '장소'와 연관되어 있으며, 그것도 그 장소의 '혼'을 담고 있는 것으로 여겨진다.

이처럼 신비한 존재로 여겨지는 여자에 대해 남자는 극단적으로 금단의 영광 속에서 존경하는 태도를 취하기도 한다. 앞에서 살펴본 바 있는 성모 마리아의 경우가 좋은 예이다. 여자를 "악마의 문"이라고 규정했던 테르툴리아누스와는 정반대로, 마리아는 인간의 구원을 위해 변호하는 "하늘의 문"으로 여겨진다.(상:274) 보부아르는 또한 여자에게 할당되어 있는 모든 역할 중에서 가장 중요한 한 가지는 애정의 역할이라고 본다. 여자는 애정으로 남자들의 공격성과 난폭함을 누그러뜨린다. 더 나아가 이런 여자는 남자에게는 낯선 꿈을 구현하는 존재이기도 하다. 이런 자격으로 여자는 꿈을 동경하지만 거기에 도달할 수 없는 뭇 남자들에게 예술적 영감과 직관을 주는 역할을 하기도 한다. 예술의 여신들인 뮤즈Muse들은 모두 여자다. 남자들은 정체를 알 수 없는 신비로운 지혜의 이름으로 이 뮤즈들이 자기들에게 말을 걸어온다고 상상한다. 이처럼 뮤즈들로 대표되는 여자들은 침묵과 심연의 밤을 탐색하기를 원하는 많은 남자들에게 마르지 않는 샘을 제공해 준다.

이처럼 신비로운 존재로 간주되면서 남자로부터 존경을 받게 된 여자는 이들 곁에서 또 다른 중요한 역할을 담당한다. 바로 남자의 "가치 척도"가 되는 것이다. 남자는 자신이 하는 많은 행동의 원인과 목적을 여자에게서 발견한다. 또한 남자는 자신이 행동한 결과를 신비로운 힘을 가진 여자에게 인정받고자 한다. 예컨대 기사가 말을 타고 싸우는 것은 자기 귀부인을 위해서이고, 시인들이 얻으려고 하는 것은 여자들의 이해와 공감이다.

남자가 자진해서 여자에게 맡긴 다른 직능이 또 하나 있다. 여자는 남자가 활동하는 목적이며, 또 남자의 결단의 원천이기 때문에 동시에 가치의 척도가 된다. 여자는 뛰어난 판단자도 된다. 남자가 '타자'를 꿈꾸는 것은 그것을 소유하기 위해서뿐만 아니라 타자로부터 인정받기 위해서이다. 자기의 동류인 남자들로부터 인정을 받기 위해서는 부단한 긴장이 필요하다. 그 때문에 남자는 외부에서 오는 시선이 자기 생활에, 자기 사업에, 자기 자신에 대해 어떤 절대적인 가치를 주었으면 한다. 신의 시선은 가려져 있고, 낯설고 불안하다. (중략) 신과 같은 역할이 흔히 여자에게 주어졌다.(상:276~277)

남자는 이처럼 자기의 모습을 여자의 살아 있는 두 눈 속에서 찾고자 열망한다. 보부아르는 이런 관점에서 "만약 여자가 이 세계에 없었다면 남자들은 여자를 일부러 만들어 냈을 것이라고 말해도 좋다"(상:282)고 단언한다. 실제로 보부아르는 이 가정에서 한 걸음 더 나아가 "실제로 남자들은 여자들을 만들어 냈다"(상:282)고 주장한다. 다만 문제는 남자가 만들어 놓은 여자의 모습이 "유례 없는 괴물"(상:281)과도 같다는 점이다. 어떤 이유에서 남자가 만든 여자의 모습이 괴물이 되었을까? 이 질문에 답을 하면서 보부아르는 바로 남자가 만든 여성 신비화의 신화를 탈신비화한다.

보부아르는 우선 남자가 여자에게 자신을 인정해 주는 아주 중요한 역할을 맡기면서, 즉 여자의 신비한 힘을 인정하면서 이중으로 모순인 상태에 있다고 본다. 그 내력은 이렇다. 남자가 자신의 행동 결과에서 더 강력한 존재로 인정받기 위해서는 그만큼 더 강력한 힘을 가진 여자가 필요하다. 이것은 어쩔 수 없다. 왜냐하면 그래야만 비로소 남자는 이 여자의 눈을 통해 더 확고하고 강한 자신의 모습을 발견할 수 있기 때문이다. 하지만 남자는 여자가 자기와 완전히 동등한 위치에 서서 자기를 위협하는 것을 결코 용납하지 않는다. 남자는 여자를 항상 소유하는 대상으로 여긴다. 즉 남자가 여자에게 독립을 부여하는 경우에도 항상 여자가 자기의 소유 대상이 될 수 있는 한도 안에서이다.

따라서 남자는 이와 같은 이중으로 모순인 욕망을 여자에게 투사하면서 여자가 이중인격자가 되길 원하고, 또 그렇게 만든다는 것이 보부아르의 견해이다. 남자는 여자가 자기 것이 되기를 원함과 동시에 온전한 타자로 머물러 있기를 원한다. 남자는 여자가 하녀임과 동시에 마녀이기를 꿈꾼다. 남자는 자기 아내가 정숙하면서도 요염하기를 원한다. 남자는 여자가 타락했으면서도 성스럽기를 바란다. 그러니까 남자는 여성이 '선'임과 동시에 '악'이길, 밝음과 어둠이길, 삶의 원천과 죽음의 비밀이길 꿈꾼다. 그리고 여자가 남자의 이와 같은 이중으로 모순인 요구를 받아들이는 경우 여성의 신비로움은 극에 달할 수 있다. 하지만 여자는 남자의 이와 같은 요구를 받아들여 이중인격자가 된다. "여자의 마음속에는 이원론이 깃들여 있다"(상:290)는 주장에 담긴 의미가 바로 그것이다. 따라서 여자는 비밀스러운, 미지의 상태에 있는 존재, 변덕스러운 존재, 종잡을 수 없는 존재로 규정된다. 여자는 암흑의 심연이며, "자연"임과 동시에 "반反 자연"이기도 하다.(상:277) 여자가 보통 '물'의 이미지로 상징되는 것은 바로 이런 이유 때문이다. 물의 본질은 유동적인 것인데, 여자는 물처럼 "불안정하다"(상:286)는 것이다. 여기에 더해 보부아르는 "여자의 이런 복잡성 자체가 남자를 매혹한다"(상:290)고 본다.

하지만 여기에는 여자가 빠져나오기 힘든 함정이 도사리고 있다. 어떤 함정일까? 남자가 여자에게 이중인격자가 되라고 요구하면 할수록, 여자가 남자들의 이런 요구를 받아들여 매력이 많아지면 많아질수록, 여자는 더욱더 남자들의 지배 전략에 깊이 말려들게 되는 함정이다. 남자들은 이렇게 주장한다. 남자들에게서 해방되면 될수록 여자는 자신의 신비스러운 힘과 매력을 상실할 우려가 있다고 말이다. 이처럼 남자는 여자에게 자기가 필요로 하는 유일한 존재이자, 영원히 접근할 수 없는 매력을 가진 존재라는 확신을 심어 주는 기만적인 술책을 폄으로써 여자를 영원히 자기 아래 두고자 한다. 여자는 남자들의 신비화 전략 속에서 남자에게 신비한 존재로 인정받으면 받을수록, 여자 자신의 예속화라는 더 비싼 대가를 치른다. "여자는 포로가 되어야만 자유롭다"(상:285)는 보부아르의 주장은 바로 이런 의미를 담고 있다. 그러나 보부아르가 바라는 진정한 여성의 모습은 자유를 토대로 자신을 창조하면서, 남자에게 영원한 '타자'가 아닌 진정한 '주체'로 나설 수 있는 그런 여성의 모습이다.

작가들의 여성 비하

보부아르는 여성과 관계된 여러 신화들을 검토한 뒤 몽테를랑, 로렌스, 클로델, 브르통, 스탕달 등과 같은 작가들의 작품 분석을 통해 남성의 여성 비하가 그들의 작품 속에 어떻게 나타나는가를 분석한다. 제3부 '신화'의 제2장에 해당하는 이 부분을 자세히 이해하기 위해서는 위의 다섯 작가들의 작품을 자세하게 분석하고 이해하는 작업이 필요할 것이다. 하지만 여기에서는 보부아르의 분석을 토대로 이들 작가들이 여성을 깎아내리는 과정과 그 의미를 간략하게 살펴보자.

몽테를랑

보부아르는 프랑스 작가 앙리 몽테를랑Henry Montherlant

(1894~1972)을 제일 먼저 '몽테를랑, 혹은 혐오의 빵'이라는 제목으로 다루고 있다. 이 제목이 암시하는 것처럼 몽테를랑은 남성이 여성보다 우월하다는 오래된 전통에 자신의 이름을 새겨 넣은 작가로 간주된다. 자신의 문학작품에서 주로 영웅주의, 인간의 자기 초극의 가능성, 위대함 등을 추구하고 있는 몽테를랑은 특히 여성을 통렬하게 비판한다. 몽테를랑은 남자를 "초월자로서 영웅의 천공을 비상"하는 자로 보는 반면, 여자는 "지상에서 그의 발밑에서 구르는" 존재로 본다.(상:370)

몽테를랑은 우선 남자의 가장 큰 적으로 '어머니'를 꼽는다. 어머니의 죄는 아들의 창창한 미래를 가로막는 것이다.

> 어머니의 죄는 자기 아들을 자기 배의 암흑 속에 영원히 가두어 보호하려는 것이다. 어머니는 아들을 독점하고, 그렇게 해서 자기 존재의 메마른 공허를 메우기 위해 아들의 팔다리를 자른다. 어머니처럼 한심한 교육자도 없다. 어머니는 아들의 날개를 잘라, 그가 갈망하는 정상에 이르지 못하도록 그를 우둔하게 만들며, 못쓰게 만든다.(상:299)

게다가 아들은 어머니를 혐오하기도 한다. 그 까닭은 그 자신의 몸에 있다. 아들은 "뛰어난 인간"이며 "신과 같은 완벽한 몸"을 가지고자 한다. 그러나 어머니 때문에 아들은 "이 덧없고, 우발적이고, 상하기 쉬운 몸"밖에 갖지 못한 것이다.(상:299)

몽테를랑은 어머니 다음으로 애인을 비난한다. 그는 여자들을 모두 "불완전한 존재" "노예근성"을 가진 존재로 간주한다. 그는 여자들을 "자기만으로는 불충분한, 일종의 기생하는 존재"로 본다.(상:300) "물러 빠지고 근육도 없는 것 같은 여자들은 이 세계에 대해 영향력도 없다"는 것이 그의 견해이다. 따라서 여자는 남자를 사랑하면서 자기와 같은 수준으로 끌어내리고자 하며, "남자가 자기 속에서 신을 부활하게 하는 것을 방해한다." 여자가 남자를 사랑한다는 것은 그를 "잡아먹는 것"이다.(상:300) 따라서 여자는 남자에게 해로운 존재라는 것이 몽테를랑의 견해이다.

몽테를랑은 여자 운동선수들에 대해서만은 예외를 인정한다. 여자 운동선수들은 남자 운동선수들과 비슷하게 몸을 극단적으로 단련함으로써 정신과 혼을 정복할 수 있다는 것이다. 하지만 예찬은 잠깐이다. 왜냐하면 그런 여자들을 높은 경지에서 다시 바닥으로 끌어내리는 것은 어렵지 않기 때문이다. 또한 여자가 고된 훈련을 통해 위대한 정신에 도달할 수 있다 할지라도, 결코 이것이 여자의 참모습은 아니라는 것이다. 이와는 반대로 몽테를랑은 순수하게 육체적이고 순종하는 여자를 이상적으로 여긴다. 하지만 이처럼 이상적인 여성상을 규정하고 있는데도, 몽테를랑에게는 이른바 관능욕 sensualité이 없다는 것이 보부아르의 견해이다. 왜냐하면 남자는 여자의 몸을 소유하면서도 "의식이며, 순수하고 투명한 지상의 존재"(상:305)로 간주하기 때문이다.

하지만 여자의 몸을 소유하면서 남자 역시 여자에게 소유되는 것, 즉 어느 정도 공범 관계에 빠지는 것이 정상이 아닌가? 그러나 몽테를랑은 이런 상호 관계를 전혀 인정하지 않고 오로지 여자를 "지배한다는 오만불손한 고독"(상:305)을 더 좋아한다. 결국 남자가 여자에게서 구하는 것은 관능이 아니라 두뇌를 만족하게 해주는 것이다. 그런데 이런 남자의 태도는 균형을 잃은 태도라는 것이 보부아르의 주장이다.

보부아르는 몽테를랑의 여성 혐오증을 그의 세계관 속에서 설명한다. 몽테를랑은 인간에 대해 항상 경멸하는 태도를 취하며, 자기보다 강한 자에게는 마조히즘적 태도를, 자기보다 약한 자에게는 사디즘적 태도를 보인다. 첫째 예는 몽테를랑이 나치즘을 찬미한 것이며, 둘째 예는 기어 다니는 곤충에게 오줌을 갈기면서 쾌락을 느끼는 것이다. 그리고 이와 쾌를 같이하는 몽테를랑의 남성 숭배와 여성 혐오의 태도를 보부아르는 "위선적 숭고"(상:318), "초인주의적 신비설"(상:319)로 요약한다. 그러니까 몽테를랑의 세계에서 남자는 절대로 자신의 힘을 가늠하기 위해 자기의 동류와는 우월성 시험을 하지 않는다. 왜냐하면 그는 언제라도 패할 수 있기 때문이다.

하지만 남자에게 여자는 자신의 힘을 가늠하기 위한 아주 "편리한 상대"이다.(상:317) 왜냐하면 그는 여자를 절대로 자기와 같은 주체로 보지 않기 때문이다. 이처럼 몽테를랑은 남녀 간에 상호성을 정립할 수 있다는 가능성 자체를 처음부터 부정하고 있다. 그러나 이런 그의 태도는 유폐된 방에서 그가 혼자 "나는 왕이다" "나는 영웅이다"라고 우기는 자기기만, 초인주의적 신비주의일 뿐이다. 또한 이런 태도는 결국 남자가 여자에게 가하는 폭력이다. 보부아르는 니체의 "여자는 영웅의 노리개이다"(상:320)라는 말로 몽테를랑에 대한 논의를 마친다. 보부아르가 전하고자 하는 메시지는 분명하다. 여자를 결코 자기와 같은 인간으로 보지 않고 그저 노리개로 여긴 몽테를랑의 여성관, 나아가서는 그의 삶 전체가 결국 장난일 뿐이었다는, 따라서 그는 의미가 없는 삶을 살았다는 메시지인 것이다.

로렌스

보부아르는 몽테를랑에 이어 영국 작가 로렌스David Herbert Lawrence(1885~1930)를 'D. H. 로렌스, 또는 팔루스의 자존심'이라는 제목을 붙여 분석한다. 보부아르가 보기에 로렌스는 몽테를랑과는 달리 겉으로는 여성을 일방적으로 깎아내리는 작가가 아니다. 로렌스는 여자를 남자의 노리개, 먹이, 객체, 구실로 간주하지 않는다. 이와는 달리 여자는 남자와 정반대 극을 형성한다. 따라서 남녀 관계에서 "한 편이 다른 편을 얌전히 삼켜서는 안 된다."(상:321) 이상적인 남녀 관계는 쌍방 모두 "훌륭한 극을 가진 하나의 존재"로서 어느 한 편이 다른 한 편을 정복하는 것이 아니라, 서로 상대방을 통해 신비한 완성에 도달해야 한다. 이처럼 남녀 양성은 어느 편도 처음부터 특권자처럼 보이지 않으며, 결국 "남자의 피와 여자의 피는 섞일 수 없는 영원히 다른 두 개의 강이다."(상:322)

이런 이유로 로렌스는 남녀가 서로를 단순한 성의 도구로 여기는 경우 거기에서 증오가 나타난다고 본다. 또한 남자의 지배욕 때문에 여자의 희생이 따르고, 그 결과 여자는 노예가 된다고 본다. 남자가 이처럼 노예로 전락한 여자를 지배하고 정복한다고 해도, 그것은 남자에게 대단한 일이 아니라 비참한 일이다. 이와는 달리 남녀가 서로의 "극"을 존중하면서 결합하는 것이 "생명의 기적 같은 풍요로움"(상:322)을 낳는다는 것이 로렌스의 주장이다.

하지만 보부아르는 로렌스가 강조한 이와 같은 신비가 과연 아무런 문제없이 실행되는가를 묻고 있다. 이 물음에 대한 보부아르의 답은 부정적이다. 보부아르는 로렌스 역시 "남성의 패권"을 열렬히 강조하는 오류를 저지르고 있으며, 나아가서는 "어머니 여신 숭배"를 "음경 숭배"로 바꾸어 놓고 있다고 비난한다.

> 신비스럽게 결합되는 피의 두 흐름 중에서 팔루스의 흐름 쪽이 특권적이다. "팔루스는 두 강 사이에 연결선 기능을 한다. 그것은 두 개의 다른 리듬을 유일한 흐름으로 결합한다." 그래서 남자는 한 쌍의 두 요소 중의 하나일 뿐만 아니라 또한 그 연결 요인이 된다. 남자는 남녀를 초월한다. "미래로 통하는 다리, 그것은 팔루스이다." 로렌스는 '어머니 여신'의 숭배를 팔루스 숭배로 바꾸어 놓으려고 한다.(상:325)

로렌스가 이처럼 남자의 패권을 강조하는 쪽으로 기운 근본 이유는 남자가 갖는 매력, 곧 "불가사의하고 위력에 찬 생명의 신비를 구현하는 것은 남자라는 동물"(상:326)이라는 확신이다. 로렌스는 이런 남자의 패권을 우주적이라고 본다. 그러니까 로렌스가 "우주의 성적 성격을 드러내 보이려고 할때, 그가 떠올리는 것은 여자의 복부가 아니라 남자의 생식력이다."(상:325) "생명의 깃발을 들고 전진하는 것"은 "남자의일"이다.(상:326) 최종적으로 남자는 신성神性으로까지 고양될 수 있으며, 이런 남자는 여자의 절대적 충성을 받을 만하다는 것이다. 여자는 '선'도 '악'도 될 수 있다. 하지만 이것은 온전히 남자에게 달려 있다. 여자는 예속자이다. 이렇게 함으로써 로렌스는 "자기를 '타자'로 여기는 여자를 이상형"(상:332)으로 인정함으로써 여성 비하에 동참하고 있다는 것이 보부아르의 결론이다.

클로델

보부아르는 로렌스에 이어 '클로델과 주主의 여종'이라는 제목으로 프랑스의 대표적인 기독교 작가 폴 클로델Paul Claudel을 분석한다. 얼핏 클로델은 남녀평등을 주장하는 것처럼 보인다. 우선 클로델은 창조주의 의도에 따라 창조된 온갖 창조물을 찬양한다. 따라서 기독교 전통에서 이브의 잘못으로 여성이 '악의 화신'으로 깎아내렸지만, 클로델은 피조물의 자격으로 여자 역시 정당화될 수 있다는 입장을 고수한다.(상:333)

클로델은 여자가 "파괴적"일 수 있으며, 남자의 육체를 유혹하는 것은 남자에게 유익하다고 판단한다. 왜냐하면 여자의 이런 행위는 "남자를 잠에서, 안일에서 일깨우는 것"이기 때문이다.(상:334) 클로델은 또한 여자가 남자의 약점을 잘 알고 있다는 사실도 남자가 여자를 경계하고, 나아가서는 지배하는 요소는 못된다고 본다.

『소피의 모험』에 나오는 다음 구절에 클로델의 개념이 거의 다 요약되어 있다. 신은 여자에게 이런 이야기를 했다. "아무리 기이하게 변했다고 하더라도 그 얼굴은 신의 완전함으로 만든 하나의 모사이다. 신은 여자를 바람직한 것으로 만들었다. 신은 끝과 시작을 동시에 부여했다. 신은 여자를 자기 목적의 수탁자로 만들었다. (중략) 여자는 운명의 지주이다. 여자는 선물이다. 여자는 소유의 가능성이다. (중략) 여자는 창조주를 부단히 그의 작품에 연결하고 있는 존재이다. 여자는 '그'를 이해한다. 여자는 보면 행하는 혼이다. 여자는 말하자면 그와 더불어 창조의 인내와 능력을 나누어 갖는다." (상:344~345)

이처럼 얼핏 보면 클로델은 여성을 아주 높게 평가하고 있는 것 같다. 다만 문제는 클로델이 여성을 숭배하는 것은 오직 '창조자 앞에서'라는 점이다. 이와는 반대로 클로델은 사회에서 여성을 하녀로 취급한다. 보부아르는 사회에서 클로델이 남성에게 명백하게 우선권을 부여하고 있다고 주장한다. 클로델은 계급제도를, 특히 가족 안의 계급을 믿고 있다. 가족의 우두머리는 '남편'이며, 따라서 결혼을 하면서 여자는 '남편'에게 자기를 맡기는 것이라고 생각한다. 마치 서원 誓願하는 수녀가 신 앞에서 맹세하는 것처럼 여자는 남자에게 충성과 복종을 맹세한다는 것이다. 한마디로 보부아르는 클로델을 "신의 의지"라는 이름 아래 이와 같은 계급제도를 신성화함으로써 남녀의 차별을 개선하는 것이 아니라, "반대로 영원 속에 그것을 고정하려고 한다"(상:345)고 비판하고 있다.

브르통

초현실주의를 대표하는 프랑스의 시인이자 소설가인 앙드레 브르통André Breton 역시 보부아르에게 비판을 받았다. 보부아르는 '브르통, 또는 시詩'라는 제목으로 브르통의 여성 폄하를 분석한다. 보부아르에 따르면, 클로델의 종교 세계와 브르통의 시적 우주 사이를 갈라놓는 심연이 존재하는데도 이들이 여자에게 할당한 역할 속에는 한 가지 유사점이 있다. 그것은 여자가 남자를 혼란스럽게 하는 요소라는 것이다. 여자는 남자를 "내재의 수면"에서 떼어 놓고, 여자는 모든 남자에게 "단테를 천국으로 인도하는 베아트리체"라는 것이다.(상:346) 다만 클로델과 브르통 사이의 차이점은 브르통에게는 천국이 종교적이 아니라 세속적이라는 점이다.

보부아르는 브르통의 입장은 "비교적秘教的 자연주의"(상:355)라고 본다. 브르통은 이 세계와의 교감과 대화에서 이 세계에 가장 깊이 닻을 내리고 있는 존재가 천국의 열쇠를 가지고 있다고 생각한다. 따라서 브르통에게는 바로 이 열쇠를 가지고 있는 존재를 만나거나 발견하는 것이 무엇보다도 중요하다. 그런데 브르통은 바로 "여자"가 이 열쇠를 지니고 있는 "수수께끼"이며, 신비라고 생각한다. 여자는 세계의 비밀이 드러나는 "계시" 곧 진리이다.(상:346) 따라서 이 세계와의 교감과 대화는 여자 없이 이루어질 수가 없다. 만약 여자가 중개하지 않으면 이 세계는 침묵을 지키게 될 것이다. "이 세계에 존재하는 모든 것은 여자에게서 그 의미를 끌어낸다." (상:350) 이 세계가 여자를 통해 드러내는 비밀의 언어화, 이것이 곧 "시"이다. 결국 브르통은 "여자"와 "시"를 구분하지 않는다.(상:351)

남자는 과연 여자의 중개를 통해 이루어지는 이 세계의 비밀을 구체적으로 어떻게 포착할까? 이 물음에 대한 브르통의 답은 두 가지이다. 하나는 여자를 통한 계시는 오직 남녀의 사랑, 그것도 육체적인 사랑으로만 드러난다는 것이다. 다른 하나는 세계의 비밀 열쇠를 가지고 있는 여자는 단 한 사람이라는 것이다. 그 결과 브르통이 추구하는 사랑은 바로 이 유일한 여자를 발견하고 소유하는 것이다. 이런 의미에서 브르통에게 사랑의 대상이 되는 이런 여자는 "자연의 경이" (상:351)이다. 여기에 더해 브르통은 여자를 '아름다움' 그 자체로 보기도 한다. 따라서 여자를 통하지 않고서는 이 세계에 '아름다움'이 존재하지 않는다. 한마디로 브르통에게서 여자는 곧 "모든 것"인 셈이다.

이 유일한 여자, 인공적이고 자연적이며, 동시에 인간적인 여자
는 초현실주의자들이 좋아하는 정체불명의 물건과 같은 마력을
지니고 있다. 그런 여자는 시인이 고물 시장에서 발견하거나 꿈
속에서 창조하는 구두 모양의 스푼이나, 늑대 모양의 테이블이
나, 대리석 모양의 각설탕과 같다. 그런 여자는 돌연 그 진실한
모습을 드러낸 낯익은 물건들의 신비감을 갖추고 있다. 그리고
나무와 돌의 신비성도. 즉 여자는 모든 것이다.(상:350)

하지만 보부아르는 이와 같은 브르통의 견해에 대해 분통
을 터트린다. 비록 브르통이 클로델과는 달리 종교적이 아닌
세속적 입장에서 여자를 "진리, 아름다움, 시"가 결합된 "전
체"(상:355)로 보고 있다고 해도, 결국 브르통이 규정하고 있는
여자는 "시적" 존재이며, 따라서 "타자"라는 것이다.(상:354)
브르통은 여자를 결코 "주체"로서 파악한 일이 없으며, 그저
여자를 즉자적 존재, 직접적 존재, 오로지 "남성에 대한 시"로
서만 파악했다.(상:354) 바꿔 말해 "여자는 '타자'의 모습 아래
에서의 전체이며, 자기 자신을 제외한 '전체'일 뿐이다."
(상:355) 요컨대 브르통에게 여자는 모든 것을 다 얻은 것으로
보이나, 실제로는 모든 것을 다 잃었다는 것이 보부아르의 결
론이다.

여성 폄하 신화를 극복하기 위해

보부아르는 이처럼 여성과 관련된 많은 신화와 여성 폄하 신화를 창조하고 있는 서구의 몇몇 작가들을 비판적으로 검토한 뒤에 제목이 붙어 있지 않은 한 장章에서 이 신화들을 극복하기 위해 다음과 같은 사실들을 지적하고 있다.

첫째, 신화를 "의식이 아무리 파악하려고 해도 끝까지 도피하는 초월적 이념"(상:377)으로 규정하면서, 신화가 규정한 여성들은 각자 다양한 모습으로 실존하는데도 신화적 사고방식을 통해 "유일하며 변함이 없는 '영원한 여성'으로 환원된다"(상:375)는 사실이다. 그런데 앞에서 보았듯이, 실존주의 입장을 견지하고 있는 보부아르가 볼 때 영원한 여성을 전제로 하고 있는 여성 신화는 그 출발점부터 왜곡되어 있다.

둘째, 여성 신화에서 가장 깊이 뿌리박고 있는 것은 '여성적 신비'의 신화인데, 이 신화는 남자의 태만과 허영심을 속이려고 하는 "알리바이"의 소산이라는 것이 보부아르의 주장이다. 왜냐하면 여자를 이해할 수 없는 남자는 자신의 "무능력을 일반적인 저항으로 대치해서 숨기고 싶어하기 때문이다."(상:378~379) 실제로 여자만이 신비로움을 가지고 있는 유일한 존재가 아니다. 신비로움은 상호적이며, 따라서 남녀 모두 신비로움을 간직하고 있다. 따라서 여자만의 신비로움을 강조하는 것은 남자가 세계를 생각하는 일방적인 방식의 산물인 것이다. 또한 "아주 드문 예이긴 하지만, 여자가 경제적·사회적 특권을 가지고 있는 경우에는 신비가 역전될" 수도 있다.(상:381~382) 즉 남자가 신비로운 존재로 나타날 수도 있다. 따라서 신비로움은 특정한 성에 부속물처럼 붙어 다니는 것이 결코 아니다.

하지만 보부아르는 여성 신화에 대해 이처럼 소극적으로만 대응하지 않는다. 오히려 보부아르는 왜곡된 여성 신화를 극복하기 위해 훨씬 적극적인 방책을 제시한다. 그 방책 가운데 하나는 여자가 남자와 마찬가지로 '주체'의 입장을 찾는 것이다. 예컨대 19세기를 대표하는 프랑스 소설가 스탕달 Stendhal이 제시하고 있는 여성들에서 우리는 그런 예를 볼 수 있다. 사실 보부아르는 여성 폄하 신화를 창조한 작가 네 사람을 검토한 뒤에 바로 스탕달의 여성관을 '스탕달, 또는 진실의 로마네스크' 라는 제목으로 분석한다.

그런데 앞에서 살펴본 네 사람의 작가들과는 달리 스탕달은 여성을 전혀 신비화하지 않았다는 것이 보부아르의 주장이다. 스탕달은 여자에 대해 그 어떤 본질로도 규정하지 않는다. 그러니까 스탕달의 여성관은 보부아르 자신의 여성관, 즉자유를 토대로 자기 자신을 창조해 나가는 실존주의적 여성관에 어느 정도 부합하는 것으로 보인다. 스탕달은 또한 여자를 남자와 동등하게 본다는 것이 보부아르의 주장이다. 따라서 스탕달에게 남녀 관계는 자유와 자유의 상호성이라는 특징을 갖고 있으며, 여자가 남자를 필요로 하는 것만큼 남자역시 여자를 필요로 한다. 이런 시각에서 보부아르는 스탕달을 "페미니스트"(상:368)로 규정한다. 이처럼 보부아르는 스탕달이 여성 폄하 신화를 극복할 수 있는 가능성을 보여주었다고 평가한다.

> 라클로, 스탕달, 헤밍웨이의 여주인공들은 신비가 없다. 그렇지만 그녀들은 매력적이다. 여자에게서 한 인간적 존재를 인정한다고 해서 남성의 생활 경험을 빈약하게 만들진 않는다. 그것이주체와 주체의 상호 관계에서 이루어진다면, 그 다양성도, 그풍요성도, 그 강인함도 무엇 하나 잃는 것이 없다. 신화를 거부하는 것은 양성 간의 모든 극적 관계를 깨뜨려 버리는 것도 아니고, 여자라는 현실을 통해 남자가 올바르게 발견하는 의미를부정하는 것도 결코 아니다. 그것은 시와 사랑과 모험과 행복과꿈을 잃어버리는 것이 아니다. 단지 행동, 감정, 정열이 진리 속에 터를 잡기를 요구하는 것뿐이다.(상:385)

보부아르가 제시하고 있는 또 하나의 여성 폄하 신화의 극복 방법은 여자 자신들이 남자들에게 예속된 생활을 받아들여서 얻는 현실적인 이익을 과감히 포기하는 것이다. 물론 눈앞의 이득을 보면서 당장 포기하기란 쉬운 일이 아니다. 하지만 완전한 한 인간이 되기 위해 여자는 해방이라는 훨씬 힘든 길을 갈 각오를 해야 한다. 물론 남자들 역시 여자들의 노력으로 새롭게 창조하는 상황을 기꺼이 받아들여야 한다. 분명 남자들은 존재론적이고 정신적인 면에서 점차 더 거센 여자들의 반대를 예상해야 할 것이다. 보부아르는 여성 신화에 대한 긴 논의를 프랑스 시인 라포르그Jules Raforgues의 소원과 랭보Arthur Rimbaud의 편지 한 구절을 인용하면서 끝내고 있다.

> "오 젊은 처녀여, 언제 그대들은 우리의 형제들과 생존경쟁의 저의 없이 친한 형제가 되는가? 언제 우리는 마음으로부터 악수를 할 수 있을까?" (중략) "여자의 무한한 속박이 풀리고, 여자가 자기를 위해 자기 자신으로 살 수 있을 때, 남자—지금까지 가증스런—는 여자를 해방해서." (상:387)

여자의 형성

보부아르는 『제2의 성』의 제1권에서 여성 억압의 역사와 신화를 논의한 뒤 '체험'이라는 부제가 붙은 제2권에서 여자의 형성, 여자들이 처한 상황, 여자들의 정당화, 그리고 여성 해방의 가능성과 조건 등의 문제를 집중해서 검토한다. 제2권의 '서론' 부분에서 보부아르는 자신의 의도가 어디에 있는지를 분명히 밝히고 있다.

여자는 어떤 식으로 그 신분을 수업하는가? 그것을 스스로 어떻게 느끼고 있는가? 어떠한 세계 속에 갇혀 있는가? 여자에게는 어떤 탈출법이 허용되고 있는가? 나는 여기에서 이런 것들에 대해 쓰려고 한다. 그렇게 함으로써 무거운 과거를 물려받아 새로운 미래를 만들려고 노력하는 여자들에게 어떠한 문제가 가로 놓여 있는가를 비로소 이해할 수 있을 것이다. (중략) 대부분의 내 주장은 '현재의 교육과 풍습의 단계에서' 라고 이해해야 한다. 여기에서는 영원한 진리를 말하려는 것이 아니라, 여자가 여자로서 살아가는 모든 실존의 공통되는 배경을 그려 보고자 한다.(상:391)

보부아르는 『제2의 성』의 반이 넘는 분량을 이 문제들에 할애하고 있다. 그 과정에서 보부아르는 지나치다 싶을 정도로 많은 사실, 구체적인 예들, 참고자료들에 의존하고 있다. 여기에서는 보부아르의 핵심 주장을 간략하게 기술하면서 『제2의 성』에서 가장 유명한 "여자는 태어나는 것이 아니라 만들어지는 것이다"(상:392)라는 명제가 구체적으로 어떻게 증명되는가를 추적한다.

사춘기 이전

보부아르는 '형성' 이라는 제목이 붙은 『제2의 성』제2권의 제1부를 다시 '유년기' '젊은 처녀' '성性에 입문' '동성애 여자' 의 네 개의 장으로 나누어 여자가 여자로 만들어지는 주요 단계들을 검토한다. 그 가운데서도 '유년기' 에서 보부아르는 특히 다음과 같은 세 가지 점을 강조하면서 여자가 여자로 만들어지는 과정의 첫 단계를 분석한다. 그 세 가지 점이란 어른들에게 예속된 어린아이의 상태와 이에 대한 보상, 남녀의 성 분리에 대한 전통적 양상, 그리고 부모와의 관계 등이다.

아이들은 약 열두 살 정도까지는 남녀 사이에 정신과 육체에 별다른 차이가 없다. 그러나 열두 살 이전에도—물론 열두살 이후에도 마찬가지이다—여자아이들은 남자아이들에 비해 초월적 존재보다는 내재적 존재로, 능동적 존재보다는 수동적 존재로 교육받는다. 보부아르는 그 이유와 과정을 추적한다. 물론 그렇게 하면서 보부아르가 부각하고자 하는 것은 내재성과 수동성이 여자에게 고유한 불변의 '본질'이 아니라 실존하는 과정에서 획득한 후천적인 결과라는 점이다.

보부아르는 어린아이에 대한 기존의 주장들을 대부분 받아들인다. 첫째, 어린아이는 그 자신이 성으로 구별되어 있다는 것을 이해하지 못한다는 주장이다. 어린아이는 출생의 드라마는 물론 이유기離乳期까지 성욕 발달을 포함한 여러 과정들이 거의 동일하게 전개된다. 둘째, 갓난아이의 세계는 내재적 감각의 형태로밖에 존재하지 않으며, 특히 수유기에 어린아이는 엄마와 한몸이 되어 마치 태 안의 어둠 속에서 살고 있을 때처럼 '전체'의 품에 안겨 있다는 주장이다. 셋째, 이유기를 거치는 과정에서 어린아이는 점차 엄마와 강제로 분리되는 아픔을 겪게 된다는 주장이다. 그 이후 어린아이는 미지의 세계에 내던져진 고독한 존재가 되어 자기를 식별해 나간다. 이처럼 어린아이는 엄마에게서 떨어지면서 "이미 세계를 향해 자기를 초월하는 하나의 자주적인 주체"(상:394)가 될 준비를 끝낸다. 하지만 어린아이는 아직은 홀로 설 수 있을 만한 충분한 정신과 신체의 힘을 갖고 있지 못한 상태다. 따라서 어린아이는 일단 소외된 형태에서만, 그러니까 주변 어른들이 부여하는 모습을 통해서만 자신의 모습을 확인한다.

엄마와 분리된 뒤 어린아이는 다음과 같은 두 가지 방식으로 대처한다. 분리 그 자체를 '부정'하는 방식과 타인을 통해 자신의 존재를 '정당화하는' 방식이다. 첫째 방식을 통해 어린아이는 엄마와 한몸이 되었던 '황금기'를 되찾으려 한다. 즉 "엄마의 품에 웅크리고 앉아서 그 생생한 온기를 찾고, 젖을 탐낸다."(상:394) 그러나 분리는 이미 어린아이가 받아들여야 하는 엄연한 현실이다. 따라서 어린아이는 어른들―부모가 가장 좋은 예이다―에게 의존해 자기 존재를 정당화하려고 한다. 여기에는 어린아이가 어른들 앞에서 보이는 교태나 과시 행동 따위가 포함된다. 또한 이런 교태나 과시 행동에는 항상 어른들의 보상이 따른다. 바로 이와 같은 보상에 대한 차이가 바로 남녀의 차이를 만든다는 것이 보부아르의 주장이다.

어른들은 여자아이에게는 상대적으로 부드럽고 관대하다. 애교, 재롱, 눈물, 변덕 따위를 허용한다. 근사한 옷을 입히기도 한다. 한마디로 엄마의 치마폭 주위를 맴도는 것을 허락한다. 그러나 남자아이에 대한 어른들의 태도는 사뭇 다르다. 어른들은 그를 벌써 '조그마한 어른'으로 취급한다. 엄마의 치마폭 주위를 맴도는 것보다는 오히려 거기에서 더 멀리 떨어지면 떨어질수록 칭찬한다. 물론 남자아이는 이처럼 "가혹한 독립을 선고받은 것에 대해 겁을 먹고 여자아이가 되고 싶어하기도 한다."(상:396) 그러나 남자아이는 곧 부모가 자기에게 거는 기대를 내면화한다. 이렇게 함으로써 남자아이는 어른들이 가혹하게 대접하는 것이 곧 여자아이보다 자신이 우월하기 때문이라는 것을 깨우친다. 남자아이의 우월성을 보여주는 여러 가지 요소들 중에서도 페니스는 아주 훌륭한 상징 요소이다. 이 과정을 거쳐서 남자아이는 페니스에서 자주성과 초월의 징표를 보기에 이른다.

보부아르는 프로이트가 주장하는 여자아이의 남근 선망이 선천적인 것이 아니라는 점을 다시 한 번 주장한다. 일정한 나이에 이르기까지 남자의 신체 구조를 모르는 여자아이들이 많다. 그리고 "남자아이의 두 다리 사이에 있는 늘어진 조그마한 살덩이는 의미 없는 하찮은 것, 아니 경멸받아 마땅한 것으로 보이기까지 한다."(상:399) 요컨대 여자아이가 페니스에 관심을 갖는 경우는 있지만, 그렇다고 해서 여자아이가 페니스를 질투하거나, 또는 페니스가 없어서 정신적으로 큰 충격을 받는 것은 아니다. 하지만 남녀의 성기와 다른 배뇨 자세 등은 남자아이와 여자아이에게 적잖은 영향을 준다는 것이 보부아르의 견해이다. 예컨대 남자아이는 서서 소변을 보면서 방향을 마음대로 조정할 수 있다. 이를 통해 그는 "특히 사디즘적 성격을 띤 전능의 환상"(상:399)을 품기도 한다. 하지만 여자아이의 경우 쪼그려 앉아야 하고 살갗을 드러내야 하는 행위에서 부끄러움과 굴욕을 느끼기도 한다. 보부아르는 여자아이의 페니스 선망이 이처럼 구체적이고 일상적인 경험 속에서 나타난다는 것을 보여주기 위해 많은 자료를 제시한다. 그 가운데서도 다음과 같은 임상보고서는 의미심장하다. "병상에 있는 한 여자는 길가에서 오줌을 누는 남자를 보고 느닷없이 이렇게 외쳤다. '신에게 무엇이든 한 가지만 간청하는 것이 허락된다면, 나는 내 일생에 단 한 번이라도 남자처럼 소변을 볼 수 있게 해달라고 하겠다.'"(상:401) 어쨌든 한 가지 분명한 것은 "페니스가 없다는 것은, 가령 여자아이가 진정으로 페니스를 원하고 있지 않더라도, 여자아이의 운명에 중요한 역할을 할 것"이라는 점이다.(상:406)

그 역할 가운데 하나가 바로 여자아이가 수동성을 배우는 것이다. 어른들은 남자아이에게 그의 상징이자 자연이 준 노리개인 페니스를 통해 남성성을 고양하게 해준다. 남자아이는 페니스에 자기를 투사해 자신의 '제2의 자아'로 삼는다. 하지만 여자아이가 생식기 부분에 대해 관심을 갖는 것은 금지된다. 여자아이의 성기는 늘 터부시된다. 이때부터 여자아이에게는 페니스에 대한 보상으로 '제2의 자아'를 찾도록 외부에 있는 대상인 수동적인 사물을 준다. '인형'이 그 좋은 예이다. 여자아이는 인형에게 자신을 투사한다. 이렇게 해서 여자아이는 인형을 자기와 같은 것으로 간주한다.

다만 남자아이의 페니스와 여자아이의 인형 사이에는 커다란 차이가 있다. 전자는 "그 완전한 형태로 육체를 대표하지만", 후자는 전적으로 "한 개의 수동적 물체"에 불과하다.(상:407) 따라서 남자아이가 페니스를 통해 "자주적으로 자기를 추구하는" 것과 달리, 여자아이는 "인형처럼 단장해서 귀여움을 받고 싶다고 자신이 공상하는 그대로 인형을 꾸며 귀여워해 준다."(상:407) 이처럼 여자아이는 인형과의 관계를 통해 자신의 '수동성'을 배운다. 여자아이는 일찍부터 실존하기 위해서는 어른들의 마음에 들어야 한다는 것, 즉 자신을 철저하게 객체화해야 한다는 것, 자신의 자아와 자유를 포기해야 한다는 것 등을 배운다. 반면 사내아이는 자신의 몸을 세계를 정복하는 근본적인 도구로 여긴다. 이처럼 이른바

'여성성'의 주요 특질 가운데 하나로 여겨지는 여자의 수동성은 어린 시절부터 발현된다.

더 비극적인 것은 여자의 수동성이 어린 시절이 지나서도 계속되고 강화된다는 점이다. 바로 관습적 의무인 전통에 따라서 그렇게 된다. 사회 관습은 여자아이들에게 남성적 교육을 하는 것을 반대하며, 남자아이들에게 여성적 교육을 하는 것도 또한 반대한다. 부모들이 이처럼 남자아이와 여자아이를 따로 교육하는 것은 종종 주위 사람들에게 비난과 조롱을 받을지도 모른다는 공포 때문이다. 또 다른 이유가 있다. 그것은 어머니와 딸의 관계이다. 어머니는 딸을 '여성의 세계'에 완전히 들어가게 하려고 한다. 어머니는 딸에게 자기의 운명을 강요하는데, 이것은 다음과 같은 두 가지 사실을 반영한다. 하나는 어머니의 그런 태도에는 자기가 여자라는 사실에 대한 자부심이 포함되어 있는 것이고, 다른 하나는 그것에 대한 복수라는 점이다. 따라서 어머니와 딸의 관계는 종종 오만과 원한으로 점철될 가능성이 짙다.

보부아르는 이런 견해를 더 확장해서 여자아이와 다른 사람들과의 관계에도 적용된다고 본다. "여자아이를 맡았을 때 여자들은 오만과 한이 서린 감정이 뒤섞인 열의를 갖고 여자아이를 자기와 닮은 여자로 바꾸는 데 열중한다."(상:410) 따라서 사람들은 여자아이를 한 사람의 여자로서 양육하기 위해 필요한 조치를 강구한다. 일상생활에서 현명한 여자에 대한 귀감을 거의 강제로 주입하며, 몸가짐, 언어, 화장 등에서도 여성다움을 강조한다. 여자아이에게 고등교육을 받을 수 있는 기회를 주기도 하지만, 이 경우에도 사람들은 "여자는 역시 여자이기를 원하고, 그 여자다움을 잃지 않기를 바란다."(상:411)

여자다움을 강조하는 교육과 관습 때문에 여자아이는 성장하면서 점차 남자아이에 대한 '열등감'을 키워 간다는 것이 보부아르의 주장이다. 물론 여자아이가 남자아이보다 더 조숙하고, 어머니와 더 가까이 지내면서 남자아이보다 여러 면에서 우위를 점할 수도 있다. 하지만 일반적으로 여자아이는 성장 과정에서 남자아이를 부러워하고, 결국 부러움은 '열등감'으로 이어지는 경우가 많다. 그 근원에는 부모의 일상사에서 영향을 받은 것을 발견할 수 있다. 보부아르의 추론은 이렇다. 어머니가 주로 하는 집안일은 쉽게 여자아이의 눈에 띤다. 여자아이는 종종 집안일을 돕기도 한다. 특히 맏딸이 그러하다. 물론 사내아이는 집안일에서 일찍부터 배제된다. 하지만 아이들에게 아버지의 활동은 신비에 싸여 있다. 따라서 남자아이는 미래에 자신이 어떤 어른이 될지 전혀 알 수 없다. 하지만 여자아이는 어머니의 모습에서 이미 자신의 미래의 모습을 보기 마련이다.

이처럼 여자아이의 열등감이 커지는 과정에서 나타나는 결정적 사건 가운데 하나는 바로 아버지가 어머니의 권위를 억지로 빼앗는 것이다. 남자아이는 일찍부터 어머니의 품을 떠나 어머니와 동화되어서 만족을 얻는 것을 거부한다. 오히려 오이디푸스 콤플렉스에서 주장하는 것처럼 남자아이는 어머니를 소유 대상으로 삼으려 한다. 하지만 여자아이는 계속해서 어머니의 사랑과 원한 속에서 살다가 점차 "최고 권력을 가지고 있는 자는 아버지라는 사실"(상:418)을 자각하게 된다. 여자아이의 눈에 아버지는 "초월이며 신"이 된다.

> 아버지의 생활은 신비스러운 위신으로 에워싸여 있다. 아버지가 집에서 보내는 시간, 아버지가 일하는 방, 아버지 주위에 있는 물건들, 아버지의 일, 아버지의 습성 등은 모두 신성한 성격을 띤다. 가족을 부양하는 것은 아버지이다. 또 그는 집안의 책임자이며 가장이다. 평소에 아버지는 밖에서 일하므로, 그를 통해서 가정과 사회의 다른 부분이 연결된다. 아버지는 파란중첩한, 광대무변한, 곤란하고 신기한 세상의 화신이다. 그는 초월이며 신이다.(상:419)

보부아르는 이와 같은 사실을 바탕으로 프로이트의 엘렉트라 콤플렉스를 성적 욕망을 토대로 설명하는 것을 거절한다. 보부아르는 이 콤플렉스를 여자아이가 "복종과 찬미 속에서 자기를 객체화하는 데 동의하는 주체의 철저한 자기 포기"(상:419)로 설명한다. 보부아르는 이 콤플렉스를 여자아이가 절대 권위를 가진 아버지와의 관계에서 보여주는 실존적 투기投企로 해석하는 것이다. 이 논의에서 한 가지 분명한 것은 여자가 남자에 대해 갖는 열등성은 어린 시절부터 여자가 직접 느끼고 겪은 삶의 결과물이라는 점이다. 어쨌든 일단 남자아이에 비해 열등성을 느낀 여자아이는 그 이후로도 계속 그 열등성을 교육과 수업을 통해 확인해 나간다.

『성서』, 신화, 역사 속에서 만나는 영웅들은 대부분 남자들이다. 세계사에서 중대한 사건의 주인공들도 대부분 남자들이다. 서양 종교에서도 아버지인 신은 남자이며, 특히 남성다운 특징, 즉 탐스러운 흰 수염을 가진 노인으로 정해져 있다. 전통적으로 신부神父도 모두 남자이다. 또한 실제 생활에서도 여자는 행복해지기 위해서는 사랑받지 않으면 안 된다는 것을 알게 된다. 사랑을 받기 위해서는 사랑을 기다리지 않으면 안 된다. 잠자는 숲속의 공주, 백설공주, 신데렐라 등의 이야기에서 볼 수 있는 것이 바로 여자의 수동성이다. 남자아이들은 '영웅놀이'를 하는 데 반해 여자아이들은 '순교자 놀이'에 익숙하다.

결국 보부아르가 주장하는 것은 어렸을 때부터 여자는 남자에게 열등성을 느끼고 확인하면서 결국 실존의 주체로서 갖는 모든 권리를 스스로 포기하고, 거기에서 씁쓸한 기쁨을 맛보도록 —종종 강제로— 교육받는다는 것이다. 남자아이는 어쨌든 미래를 향해 돌진한다. 남자아이는 그의 장래가 어떤 것이든지 간에 비교적 자유롭다. 하지만 여자아이는 장차 아내가 되고 할머니가 될 것이다. 여자아이는 어머니가 예전에 했던 것처럼 아이를 낳고, 돌보고, 부양하게 된다. 한마디로 "12세에 벌써 여자아이의 일생은 하늘에 적혀 있는 것이다." (상:433) 여자아이의 삶은 미래를 향해 자기를 초월하고 창조해 나가는 것이 아니라 날마다 하늘에 기록된 자신의 역사를 하나씩 발견하는 것에 불과한 그런 삶이 되고 말 것이다.

사춘기

여자아이가 막연하게나마 느끼고 있던 여자의 운명은 사춘기가 되면서 뚜렷해진다. 남자아이에 비해 여자아이가 자신의 몸에 나타나는 생리 변화 앞에서 불안함과 두려움을 훨씬 더 크게 느낀다. 물론 사춘기로 접어든 남자아이에게도 신체 변화가 나타난다. 남자아이는 자기 몸에 나타난 변화에 대해 거북함을 느끼기도 한다. 하지만 대개 이런 변화를 의기양양하게 맞는다. 그는 몸의 변화에서 '무한한 약속'을 찬미한다. 이와는 달리 '사춘기의 위기'는 주로 여자아이에게 해당된다. 유방, 생식기 등에서 나타나는 신체 변화로 인해 여자 아이는 이중으로 상반된 감정을 느낀다. 바로 여자가 되어 간다는 사실에 대한 '자긍심'과 '수치'다. 문제는 사춘기 이후의 여자아이가 주로 몸에 대해 수치를 느끼는 경우가 많다는 것이다. 특기할 만한 점은 이 수치심에 '공포'가 더해진다는 점이다. '성性'에 대해 관심을 갖기 시작하면서부터이다.

> 출산에 대한 공포, 남자에 대한 공포, 결혼한 사람을 위협하는 '발작'에 대한 공포, 불결한 성행위에 대한 혐오, 거기에 아무 의미도 없는 행위에 대한 경멸, 이런 것들이 어우러져서 가끔 여자아이들은 "나는 절대로 결혼을 안 할 테야"라는 선언을 하는 경우가 있다.(상:441)

여자아이가 느끼는 수치와 공포는 '초경初經'과 더불어 구체적으로 나타난다. 보부아르는 초경을 했을 때 아버지에게 조롱 당한 것을 기억하고 있다. 그런 이유 때문인지는 모르지만, 보부아르는 여자아이가 특히 초경을 한 뒤에 겪는 심리 변화에 대해 자세하게 기술하고 있다. 그 내용은 비극적이다. 여자아이에게 초경은 '타락성과 열등성'의 상징으로 나타나며, 그 결과 주로 이 생리 현상은 혐오와 공포로 이어진다는 것이 보부아르의 견해이다. 보부아르 역시 여러 분야에서 "초월의 길을 개척해 나가는 처녀"는 월경을 자신의 "불구성"을 인정하지 않는 대신 그것을 오히려 쉽게 극복한다고 보고 있기는 하다.(상:457) 하지만 대부분의 경우 여자아이는 초경을 "부끄러운 결점"(상:452)으로 간주한다.

여자아이에게 여자로서의 운명을 예고하는 것은 월경뿐만이 아니다. 특히 성감대의 감수성이 발달하기 시작하면서 여자아이는 점차 '성'에 노출된다. 사춘기를 지나면서 남자아이와 여자아이가 자신들의 내부에서 발달하는 성욕을 대하는 태도는 대체로 상반된다. 남자아이는 성욕에서 '주체성과 초월성'을 보면서 공격적인 태도를 취한다. 반면 여자아이는 성욕을 "마치 수치스러운 병처럼 느끼는 괴로움을 당하게"되며, 자기의 몸속에서 항상 "위험"을 느낀다.(상:463) 이런 위험은 특히 성관계를 갖는 경우 "남자의 성기가 관통"한다는 것을 생각하면서 여자아이는 자신의 "육체를 남자들이 가죽을 뚫듯이 뚫고, 천을 찢듯이 찢을 수 있다는 것을 증오하게 된다."(상:464) 사춘기에 여자아이가 '강간'을 당하는 악몽을 꾼다든가, 아버지를 포함한 모든 남자들에게 거리를 두고 혐오감을 품는 것도 결국은 이런 공포에서 기인한다. 또한 성에 대한 환상과 유희 속에서도, 한편 성의 신비에 유혹당하고, 다른 한편 성의 공포 때문에 두려움을 갖기도 한다.

이처럼 여자아이는 사춘기를 거치면서 "자기의 성이 자기

를 불완전하고 무력한 존재로 만들고 있다"는 것을 알게 된
다. 그리고 수동성, 열등감, 불안, 공포, 나아가서는 죄의식까
지 마음에 품은 채 '미래'를 향해 자기 생의 또 다른 단계로
나아간다. 이에 대해 보부아르는 유년기를 거쳐 사춘기에 이
른 여자아이가 이와 같은 상태에 빠지지 않기 위해서는 여자
아이 스스로가 성장하는 과정에서 겪는 모든 상황과 조건을
당당하게 받아들이라고 충고하는 것을 잊지 않는다.

> 어떤 교육을 한다고 해도 소녀가 자기의 육체를 의식하는 것과
> 자기의 운명을 꿈꾸는 것을 막을 도리는 없다. 고작해야 소녀를
> 엄격하게 억제하는 수밖에 없는데, 그 억제는 나중에 소녀의 성
> 생활에 무거운 짐이 될 것이다. 바람직한 것은 오히려 자기도취
> 가 되거나 수치스럽게 생각하지 말고 스스로 받아들이도록 가
> 르치는 일이다.(상:469)

사춘기 이후

사춘기를 지나면서 여자아이는 성숙한 처녀가 된다. 보부
아르는 유년기에 이어 사춘기를 지난(대략 열세 살부터) 처녀
가 겪는 평균 과정을 기술한다. 이 과정에서 특히 처녀에게
가장 중요한 문제는 신체 변화와 관련된 심리 상태이며, 이
상태 역시 미래에 이루어지는 자기 창조의 전망에 대한 불안

과 밀접하게 연결되어 있다는 점을 강조한다. 실제로 사춘기를 지나면서 청년과 처녀[49]의 신체는 완전히 성숙한다. 하지만 청년과 처녀가 각각 자신의 성숙한 몸에 대해 갖는 인식은 사뭇 다르다. 청년의 경우는 몸에 나타난 변화를 통해 "자기 초월과 능력의 표시"(상:475)를 발견한다. 또한 이 세계와의 관계에서 도전적이고 공세적인 태도로 전진하며, 매 순간 주어지는 여건에 능동적으로 대응한다. 반면 처녀는 이 세계와의 관계에서 소심하고 방어적인 태도로 임함으로써 점차 수동성과 무기력성에 함몰된다.

보부아르는 처녀의 신체 변화에 따르는 심리 변화, 그것도 부정적 변화에 특히 주목한다. 보부아르는 여성의 몸―특히 처녀의 몸―을 "히스테리성 몸"으로 규정한다. 처녀에게는 정신 변화와 생리 변화 사이에 커다란 차이가 없다는 것이다. 예컨대 월경을 할 때 처녀에게 나타나는 불안, 그리고 한동안 성격과 행동에서 보이는 고통과 혼란 등이 그것이다.

> 월경의 속박이 무거운 결점이 되는 것은 처녀가 갖는 심리적인 태도 때문이다. 처녀를 짓누르는 그 위협이 일정 기간 동안 너무도 견딜 수 없이 느껴져, 자기의 사나운 꼴이 남에게 알려질까 두려워 여행이나 오락을 포기할 정도이다. 처녀가 느끼는 공포는 모든 기관에 파급되어 그 기관의 혼란과 고통을 더하게 한

다. 이미 본 바와 같이 여성 생리의 한 가지 특징은 내분비와 신경 조절의 밀접한 관계이다. 그래서 거기에는 상호작용이 있다. 여성의 몸—특히 처녀의 몸—은 정신생활과 생리적 실현 사이에, 말하자면 거리가 없다는 의미에서 '히스테리성 몸'인 것이다.(상:475)

　　물론 몸에 병적인 장애를 가지고 있지 않는 한, 처녀는 히스테리성 몸을 극복한다. 또한 주어진 기회에 합당한 교육—다만 『제2의 성』을 집필할 때 여성들이 교육을 받을 수 있는 기회는 극히 제한되어 있었다는 점을 상기하자—을 받으면 모든 직업에 문제없이 종사할 수 있다. 게다가 오늘날에는 기술이 발달해서 대부분의 일은 여성의 힘만으로도 충분하다. 다만 문제는 처녀의 불안감은 미래의 불투명성과 자신을 에워싸고 있는 억압적인 상황 때문에 갑절이 된다는 점이다. 사람들은 보통 처녀가 신체와 정신이 성숙하면 할수록 여성다운 여성이 되기를 원한다. 강한 자가 되기 위한 청년의 행동과 모험은 권장한다. 하지만 처녀가 자기 계발을 하기 위해 행동과 모험을 하는 것은 저지한다. 결국 처녀의 젊음은 억압을 당한다. 이처럼 처녀는 자기 제어와 포기의 미덕을 강요당하고 배우며, 그렇게 함으로써 열등감과 패배주의를 받아들인다.

이제 처녀는 자신의 삶과 미래가 자기의 의지와 노력에 달려 있지 않다는 것을 알게 된다. 따라서 처녀는 자신의 가치를 다른 사람들, 특히 남자들의 눈에서 찾는다. 처녀는 또한 남자들이 너무 대담하고, 너무 교양이 있고, 너무 총명하고, 너무 개성 있는 여자를 별로 좋아하지 않는다는 것도 알게 된다. 청년의 경우에는 '인간'이 되려는 노력과 진정한 '남자'가 되려는 노력 사이에 차이가 없다. 하지만 처녀에게는 '인간'이 되려는 노력과 진정한 '여자'가 되려는 노력 사이에 모순이 존재한다. 처녀는 자신을 주체, 능동성, 초월, 자유로 파악하고자 한다. 그러나 처녀의 상황은 스스로 이 모든 것을 포기하도록 강요한다.

이처럼 두 가지 첨예한 욕망의 충동에서 발생하는 알력과 미래의 불확실성에 대해 처녀는 여러 방식으로 대응한다. 첫째로 처녀는 "수동성에서 오는 매력"을 알고, 자신을 수동성의 상태로 떨어뜨리는 남자들의 환심을 사려고 하는 태도를 강화할 수 있다. 처녀는 거추장스럽게 여겼던 자신의 몸이 "이상한 마력"을 지닌 "보배이며 무기"라는 사실을 알게 된다.(상:481) 처녀는 이제 몸 가꾸기, 옷맵시, 화장, 교태 등을 통해 자신의 존재를 남자에게 알리기 시작한다. 하지만 이런 방식은 남자를 이미 주체로 상정하고, 자신을 객체로 파악하는 방식이다. 처녀는 외부에서 자기를 보는 '시선'을 전제로 하며, 자기를 보는 그 시선에 따라 자기를 규정한다. 따라서 이런 방식은 자기의 삶에 대해 처녀가 진정하지 못한 태도를 취하는 것으로 간주된다.

처녀가 자신의 운명을 마주하는 둘째 방식은 '나르시시즘적 태도'이다. 실제로 처녀가 남자의 시선 아래에서 자신을 객체화하려는 태도와 자신의 시선으로 자기 자신을 객체화하려는 태도 사이에는 '애매성'이 있다. 청년도 나르시시즘적 태도를 가질 수 있다. 그러나 일정 시기가 되면 이 태도를 극복한다. 하지만 처녀는 자기를 자기의 시선 아래에 두고서 두 가지 욕구를 충족한다. 자기를 자기가 소유하는 욕구와 자기가 자기를 객체화하는 '주체'가 되는 은밀한 욕구를 충족하는 것이다. 그러나 이런 방식은 자기를 기만하는 것이다. 왜냐하면 처녀는 자기를 '응시하는 자기'와 '응시당하는 자기'로 분리해, 이 둘의 관계를 더 신비롭고 '정열적인' 관계로 몰고 가기 때문이다.(상:486) 그렇게 함으로써 처녀는 "자기의 고독에 도취되어 자기를 특수하고, 우수하고, 예외적인 인간이라고 느낀다."(상:486) 따라서 처녀는 나르시시즘에 빠질 수 있는 위험에 처하게 되고, 점차 몽상과 몽롱한 마법의 세계로 빠져든다. 하지만 이것은 현실 세계에 대한 망각과 도피라는 비싼 대가를 치러야만 가능하다.

처녀가 자신의 불안한 미래에 대해 대응하는 셋째 방식은

'동성애' 경향이다. 동성애는 나르시시즘적 태도와 거의 구별되지 않는 쾌락을 준다. 처녀들 사이에 맺는 동성애는 남자·타자 앞에서 "객체"가 되는 "굴욕"을 느끼지 않는 "상호적 연애"이다.(상:491) 처녀는 남자에 대해 성적 두려움을 가지고 있다. 하지만 상대가 여자라면 두려움을 느끼지 않는다. 따라서 처녀들 사이의 동성애에는 공범성이 존재한다. 그러나 보부아르는 이런 방식 역시 진정하지 않은 것으로 본다. 왜냐하면 처녀는 "자신이 꿈꾸면서도 경험할 용기나 기회가 없었던 연애를, 별다른 위험 없이 모방하고 있다는 생각을 다소나마 자기에게 인정하면서, 사랑, 질투, 분노, 오만, 환희, 고통 등의 흉내를 내고 있기" 때문이다.(상:495)

처녀가 자신의 불안한 미래에 대응하는 넷째 방식은 늙은 남자—보부아르는 우스꽝스러운 노교수의 예를 든다—와의 사랑이다. 남자는 여전히 처녀의 마음을 사로잡는다. 처녀는 '남성성'에 대해 양가적인 감정을 품고 있다. 남자는 '두려운 존재'임과 동시에 숭배의 '우상'이기도 하다. 따라서 두려움을 주지 않는 남자와의 사랑을 통해 처녀는 우상으로서의 남자만을 갖고자 한다. 보부아르는 이런 사랑을 "추상적 사랑" "두뇌적 연애"(상:496) 등으로 규정한다. 그러나 이것 역시 "현실과 환상"을 혼동하는 대응 방식일 뿐이며, 처녀가 두려워하는 장차 겪게 될 "실제 경험에 대한 방어"에 불과하

다는 것이 보부아르의 견해이다.(상:497)

보부아르에 따르면 처녀가 자기를 기다리고 있는 미래의 운명에 대해 취하는 다섯째 대응 방식은 '냉소' '무시하는 태도'와 '자기 상해' 등과 같은 반항이다. 처녀는 앞에서 살펴본 여러 대응 방식을 겪으면서 다음과 같은 사실을 뼈저리게 느끼고 확실하게 배운다. 자기를 객체화하는 남자의 힘이 강하면 강할수록 처녀는 더욱더 강한 자기를 갖게 된다는 역설적인 진리가 그것이다. 따라서 처녀는 강하고 똑똑한 남자를 찾는다. 물론 처녀는 그런 남자일수록 더 두려운 존재라는 것을 안다. 하지만 그런 남자를 더 숭배한다. 후자의 경우, 처녀는 완전히 자기를 포기하고 그 남자라는 타자 속에서만 자기를 찾아야 할 것이다. 전자의 경우, 처녀는 지금까지 보았던 진정하지 못한 태도로 살아가야 할 것이다. 이처럼 처녀는 자기 포기와 주체를 확립하는 것 사이에서 끊임없이 갈등한다. 그러니까 처녀는 완전한 굴욕과 끓는 피 사이에서 계속 갈등을 겪는다. 보부아르는 이것을 젊은 처녀의 "미래에 대한 소유의 갈망"과 자기의 "과거와 단절하는 두려움"의 갈등으로 규정한다.(상:504) 그리고 거기에서 처녀의 독특한 행위를 이해하는 중요한 열쇠를 찾고 있다.

처녀는 이런 갈등 상황에서 다음과 같은 두 가지 태도를 취할 수도 있다. 하나는 다른 사람, 특히 남성을 비웃는 태도다. 예컨대 처녀는 여자의 육체를 비웃고, 남자들을 웃음거리로 만들고, 연애를 비웃는 방법으로 자신의 성 본능을 부인한다. 그중에서도 특히 남자가 가지고 있는 이중의 의미, 즉 두려운 존재와 우상의 대상으로서의 의미를 부정한다. 다른 하나는 첫째 태도가 더 발전한 형태이다. 예컨대 처녀에게 나타나는 "기식벽寄食癖"(상:505)이나 "자기 상해"와 "파괴"(상:506)가 그것이다.[50] 처녀는 "연필 심, 풀, 나무 조각, 살아 있는 새우를 먹고, 아스피린 정제를 열 개씩 삼키기도 한다. 그 외에 파리나 거미를 먹기도 한다."(상:505) 또한 몸에 상처를 내기도 하고 "유리컵이나 화분을 깨뜨리기도 한다."(상:507)

보부아르는 처녀의 이런 행동을 모두 '반항'으로 본다. 특히 장차 남편이 될 남자에게 던지는 도전으로 본다. 남자가 아무리 두려운 존재라고 할지라도 자기의 몸을 자해하는 처녀 자신보다 더 두려운 존재는 아니라는 사실을 몸소 보여주는 것이다. 요컨대 처녀는 현재의 고통을 통해 미래의 복종에 반항하고자 한다.

> 젊은 처녀가 자기 가슴 위에 민달팽이를 올려놓을 때, 아스피린 수십 알을 삼킬 때, 처녀는 미래의 애인에게 도전하고 있는 것이다. '당신은 내가 내 몸에 가한 것보다 더 지겨운 것을 나에게 가하지는 못할 것이다.' 이런 것은 성적 모험에 대한 병적이며

자존심에 찬 시도이다. 꼼짝없이 먹이로 바쳐질 처녀는 고통과 혐오를 한 몸에 지닐 때까지 자기의 자유를 요구하는 것이다. 처녀가 자기 몸을 칼로 긋고 불로 지질 때, 그것은 처녀가 자기의 처녀성을 박탈하는 고통에 항의하는 것이다. 즉 그런 항의로써 처녀성의 박탈을 무효화하는 것이다.(상:506)

하지만 이런 대응책은 근본적으로 자기기만에 불과하다. 처녀는 이런 행동을 하면서 자기 이외의 모든 타자들을 경멸한다. 물론 그 대상은 어른들과 남자들이다. 처녀는 자기가 감행하는 행위를 하지 못하는—또는 하지 않는—어른들이나 남자들을 속이 좁고 용기가 없는 사람들로 규정하고, 그런 행동을 과감히 하는 자신을 그들과 같은 위치에 두는 것이다. 처녀는 "자기의 가치를 자기 자신의 노력에서 끌어내는 것이 아니라, 그때그때의 변덕스러운 사람의 의견으로부터 끄집어내고 있다."(상:514) 물론 처녀가 희망과 야심에 부푼 한창 나이에 자기가 수동적이며 의존적이라는 것을 자각한다는 것은 괴로운 일임에 틀림없다. 하지만 처녀는 이런 조건을 정면으로 바라보려고 하지 않는다. 오히려 순간적인 기분, 발작, 기이한 행동, 자기 상해 등과 같은 방식으로 대응한다. 하지만 이것은 결국 처녀가 현실에 제대로 적응하고 있지 못한 징표에 불과하다.

처녀가 미래의 운명에 대응하는 여섯째 방식은 '자연'과 같은 비인간적인 세계에 몰두하는 것이다. 처녀는 항상 주체가 되려고 한다. 따라서 처녀는 식구들이 있는 집에서 벗어나려고 한다. 처녀는 특히 아버지가 지배하며, 그의 지배 아래에서 통용되는 법칙에서 벗어나길 원한다. 하지만 인간들의 세계는 어느 곳이나 비슷하다. 따라서 처녀는 이제 인간들의 세계에 들어가는 것을 '포기'함으로써 자신의 해방에 대한 대가를 지불한다. 처녀는 나무, 꽃, 동물 등과의 관계에서 주체가 되어 해방을 만끽한다. 비인간적인 존재들과의 관계에서 처녀는 이제 저주받은 존재가 아니다. 처녀는 오히려 그것들과의 관계에서는 승리감을 맛본다. 하지만 처녀는 이런 삶을 끝까지 영위하지 못한다. 왜냐하면 이런 대응 방식은 결국 처녀를 자멸의 길로 빠져들게 만들기 때문이다.

처녀는 이런 단계들을 거치면서[51] 특히 자신의 반항심이 이 세계, 특히 남자들과의 투쟁에서 아무런 소용이 없다는 것을 자각한다. 그 이후 처녀는 자신의 과거를 매장하고, 점차 자신을 기다리고 있는 미래를 온순한 태도로 맞이한다. 한마디로 처녀는 "여성다움"을 받아들이기로 결심한다.(상:524) 이 세계와 투쟁하고 반항하면서 처녀는 청년들보다 풍요로운 정신적 삶을 누릴 수 있는 자양분을 습득할 수도 있다. 하지만 처녀는 이런 내적 풍요로움보다는 현실적 필요성을 충족해 주는 것을 선택하기에 이른다. 예컨대 이제 결혼을 하는 것은 처녀에게 중요하고도 긴급한 계획이 된다. 처녀는 계속해서 남자의 손에 자신의 운명을 맡기는 것을 거부하고 운명을 지배하기 위해 노력하고, 또 그럴 수 있다. 하지만 이 세계는 여전히 그런 처녀에게 호의적이지 않다. 또한 독립을 선택하면서도 처녀 스스로 여전히 남자와 사랑이 차지할 자리를 비워 둔다. 곧 처녀는 여자로서 그리고 직업에서 모두 성공하고자 노력한다. 그러나 대부분의 경우 처녀는 "결혼" 속에서 자신의 "사회적 지위"와 "정당성"을 발견할 것을 강요당한다. (상:528) 그뿐만 아니라 직업을 가진 채 결혼을 하면 쉽사리 그 직업을 포기하는 경우도 비일비재하다. 이렇게 해서 처녀는 여자로 만들어지는 예비 준비를 마친다.

성에 입문

보부아르는 처녀가 자신의 과거를 매장하고 점차 어른이 되는 예비 준비를 마쳤다고 해서 여자가 되는 "연수 기간"(상:528)이 완전히 끝난 것은 아니라고 본다. 이제 처녀는 자신을 기다리고 있는 또 하나의 과정, 즉 '성에 입문'하는 과정을 거친다. 물론 남녀 모두 어렸을 때부터 의식적, 무의식적으로 성을 자각한다. 그러나 보부아르가 여기에서 문제 삼고 있는 것은 바로 구체적인 '성 경험'이다. 특히 처녀에게 '첫 경험'

이 평생 중요한 영향을 미친다는 것은 잘 알려진 사실이다. 보부아르는 처녀가 새롭게 성을 경험하는 것이 미래에 어떤 영향을 주는가에 대한 문제를 자세히 검토한다.

보부아르는 우선 생물학, 사회학, 심리학 관점에서 막 성에 입문하려는 처녀와 청년의 입장을 소개한다. 청년의 경우에는 성에 입문하는 과정이 상대적으로 단순하다. 청년은 성욕의 발현을 통해 초월적 존재로서의 자신의 지위를 확인하고 고양하기를 원한다. 페니스가 발기하는 것이 상징적 표현이다. 청년은 발기된 페니스를 통해 자기를 외부 세계에 투사하고, 자기를 주체로 정립하며, 미래를 향해 자기를 초월해 나간다. 이 과정에서 청년은 성욕을 충족하고 종족을 보존하는 두 가지 목적 사이에서 전혀 모순을 느끼지 않는다. "자기가 종족에게 한 봉사는 자신의 향락과 혼연일체가 된다."(하:9)

반면 처녀의 경우에는 사정이 많이 다르다. 처녀에게 종족 보존과 자신의 성욕을 만족하게 하는 것이 항상 일치하지는 않는다. 처녀는 성욕이 생기지 않아도 성행위를 해야 하는 경우가 있고, 항상 임신할 위험에 노출되어 있으며, 종족을 보존하는 목적은 희생으로 여겨지는 경우가 허다하다. 보부아르는 이와 같은 이율배반을 여자의 주요 성 기관인 '클리토리스'와 '질' 사이의 대립을 통해 설명한다. 처녀가 유년기부터 쾌감을 느껴 왔던 클리토리스와는 달리 질은 '종을 위한 기관'이다. 수태를 위해서는 남자의 성기를 자신의 질 속에 받아들여야 한다. 중요한 사실은 처녀에게 첫 경험은 "폭행의 성격"을 갖는다는 점이다.

여자의 질은 관통되고 그곳에서 수태가 이루어진다. 그것은 남자가 개입해야만 성적 욕구의 중심이 된다. 그리고 그 개입은 일종의 폭행의 성격을 띤다. 옛날에는 위장한 혹은 사실상 약탈에 의해, 여자는 어린이 세계에서 유리되어 아내로서 생활에 투입되었다. 그녀를 처녀에서 여자로 바꾸는 것은 폭력이다. 그래서 처녀성을 '빼앗는다' 느니 처녀의 꽃을 '꺾는다' 느니 하는 말이 있다. 이런 처녀성의 상실은 계속해서 발전하는 원만한 결말이 아닌 과거와 급격하게 단절하는 것이며, 새로운 과정의 시작이다.(하:10)

보부아르는 성에 입문하는 과정에서 나타나는 남녀의 생물학적 차이에 도덕적, 사회적 차이들을 덧붙인다. 특히 가부장 사회에서 여자의 성욕은 결혼 제도와 법률이 통제한다. 결혼한 여성의 역할은 점차 종족 보존에만 국한되며, 남편이 아닌 다른 남자에게 몸을 허락하는 것은 죄로 간주된다. 하지만 남자의 경우에는 결혼한 뒤에도 상당한 자유가 주어진다. 또한 남자는 성관계에서 주도권은 자기에게 있다는 생각에 빠져 있다. "남자들은 보통 여자와 동침했다는 말 대신에 여자를 '소유했다' '가졌다'고 말한다."(하:12) 게다가 일반적으로 성행위 자체가 "전투"로 비유되기도 하며, 따라서 성행위를 묘사하면서 군대 용어가 사용되는 경우가 허다하다. 바로 "정복, 공격, 습격, 공방전, 패배, 항복" 등의 용어다.(하:13) 이와 같은 사실은 그대로 성관계에서 남자가 주도권을 쥐고 있다는, 아니 쥐어야 한다는, 또한 그렇게 함으로써 여자를 객체화하고 자신이 주체가 되려는 이기주의의 단편적 징후들이다. 이것이 이른바 남자의 성적 이기주의이다.

하지만 성적 이기주의는 거기에서 그치지 않는다. 여자를 객체화하는 것을 넘어서 여자의 성욕 자체가 자주적이지 않기를 바라기까지 한다. 여자는 성욕을 알지 못하며, 남자가 여자의 성욕을 유도한다고 믿고자 한다. 이것은 그대로 남자가 성적으로 여자를 지배한다는 것을 보여준다. 물론 성의학의 발달로 오늘날 이런 견해는 아무런 의미를 갖지 못한다. 다만 한 가지 중요한 사실은 남자의 성적 이기주의, 지배욕, 공격성 등을 제대로 파악하고 있지 못한 상태에서 처녀가 첫 경험을 통해 갖는 인상으로 인해 평생 동안 성의 질곡桎梏에서 헤어나지 못할 수도 있다는 점이다. 다행스럽게 첫 경험을 쉽게 넘겼다면 그래도 많은 질곡을 피해 갈 수 있다. 그러나 그렇지 못한 경우 첫 경험 이후에 성생활을 포함해서 여자의 일상생활은 비극이 될 수도 있다. 첫 경험을 치르고 성에 입문하는 과정에서 나타나는 남자와 여자의 심리 차이를 보부아르는 상세하게 기술하고 있다.

처녀에게 자신의 '과거와의 단절'이자 아주 '급격한 변화'이기도 한 운명의 순간—결혼 초야—이 왔을 때 생기는 감정은 주로 '걱정'과 '수치심'으로 요약된다. 처녀가 합당한 성교육을 받고, 또한 첫 경험의 순간에 남편의 권리를 인정한 경우에도, "실제로 이 권리를 받아들여야만 하는 순간이 되면 걱정이 앞선다."(하:20) 보부아르는 또한 남편의 시선을 받을 아내의 신체에 대한 걱정도 기술한다. 물론 아내는 처음으로 자신의 알몸을 남편에게 보이는 것이기 때문에 당연히 수치심을 느낀다. 일반적으로 아내가 "어둠을 좋아하며, 이불 속에 몸을 숨기는 것"은 바로 그 때문이다.(하:22) 그러나 이런 수치심에 더해 아내는 자신의 몸을 남편이 어떻게 평가할지 걱정한다. 이런 종류의 걱정은 의미심장하다. 왜냐하면 후일 첫 경험 당시 남편이 우연히 던진 말 한마디—예컨대 "오! 당신 다리는 왜 무 다리야!" "너는 나를 속였군, 너는 처녀가 아니야"(하:23) 등— 때문에 평생 불감증이 되는 경우도 있기 때문이다.(하:21~22)

남편의 시선 못지않게 그의 '손' 역시 또 다른 위협이다. 아내는 여태까지 폭력 세계와는 다른 세계에서 살아왔다. 즉 아내는 "타인에게 자신의 몸을 맡기는 시련을 겪은 일이 없다."(하:24) 아내가 경우에 따라서는 남편이 애무하는 손길을 못 견뎌하는 경우도 상정해 볼 수 있다. 그리고 성교하는 순간은 아내에게 기대와 고통과 아픔의 순간이다. 처녀막이 찢어지면서 느끼는 고통과 출혈도 걱정거리 중의 하나이다. 그러나 더 중요한 것은 심리 상태이다. 삽입하는 순간 아내는 "관통된다" "내부까지 침범당한다"는 느낌을 받는다. 마치 발기한 페니스가 "점막의 칼집 속에 들어와 박힌다"고 상상한다.(하:26) 이처럼 아내는 평소 걱정하고 "예감했던 굴욕을 생생하게 경험한다." 성행위 중에도 여전히 아내는 남편의 손에 맡겨진다. 체위에서도 주로 "밑에 있다."(하:27)

이렇게 해서 정상으로 첫 경험을 한 경우에도 아내는 자기를 "도구"처럼 느낄 수 있고, 수동적이고 무기력한 물체로서 "열등감"을 느낄 수도 있다.(하:27~28) 보부아르는 이런 이유로 아내가 첫 경험 이후에 여자로서의 숙명에 대해 더욱 강한 반항심을 갖는 경우도 있다고 본다.

성에 입문하는 과정에서 또 다른 걱정거리는 바로 임신에 대한 두려움이다. 그러나 그 과정에서 무엇보다도 가장 중요한 사실은 특히 처녀에게 첫 경험의 과정과 결과가 종종 그 이후의 삶에 커다란 영향을 미친다는 점이다. 보부아르는 첫 경험을 하는 과정에서 마음에 상처를 입어 그 이후 특히 정신

적 고통, 예건대 신경증, 히스테리, 불감증 등을 겪는 수많은 임상 사례를 소개하고 있다.(하:31~35)

더군다나 첫 경험을 쉽게 넘긴 다음에도 부부는 성의 완숙함을 맛보기 위해서는 여러 고비를 넘긴다. 그 가운데 하나가 아내의 정신적 억압 요소를 현명하게 극복하는 것이다. 앞에서 우리는 여자의 몸은 이른바 '히스테리성 몸'이라는 사실을 지적했다. 즉 여자에게는 종종 의식하는 사실과 그 신체 표현 사이에 거리가 존재하지 않는다는 의미이다. 그렇기 때문에 첫 경험 이후에 나타나는 부부의 태도는 향후 삶에 큰 영향을 미친다. 여자는 대부분 첫 경험에서 성적 쾌감을 느끼는 경우가 드물다고 한다. 특히 첫 경험에서 고통, 걱정, 실망 등으로 인해 여자는 점차 자신의 쾌락을 적극적으로 추구할 수 있는 힘과 의지를 잃어버리는 경우도 있다. 게다가 아내가 성적 쾌락을 적극 추구하려고 하면 남편은 경계를 늦추지 않는다. 왜냐하면 아내의 그런 태도 때문에 남편의 성적 이기주의와 공격성이 타격을 입기 때문이다.[52] 따라서 아내는 자신의 쾌락을 적극적이고 능동적으로 추구하지 못하게 된다. 이런 현상은 결국 아내에게 일종의 정신적 억압으로 작용한다.

게다가 성생활에서 아내는 남편의 태도에 따라 이중 태도를 취하는 경우가 종종 있다. 남편이 너무 공격적이고 남성적이라면 아내는 그의 품안에서 "단순한 물건"(하:39)이 되는 느낌을 받는다. 반대로 남편이 너무 자제하고 지나치게 이성적인 경우에 아내는 몸으로 자신의 욕구를 자유롭게 표현하지 못한다. 보부아르는 이 두 경우 모두 "여자의 자존심이 반항한다"(하:39)고 본다. 요컨대 부부 사이에 성적으로 완벽하게 일치하기 위해서는 서로의 심리적 장애 요소를 제거해야 한다.

남녀가 완전한 성적 결합에 이르기 위해서 넘어야 할 또 다른 고비는 바로 성행위 리듬의 차이이다. 남자의 쾌감은 "화살처럼 올라가서 일정한 문턱에 도달하면 완성된다." 남자는 일정 시점에서 "돌연 까무러친다."(하:44) 이에 비해 여자의 성적 리듬은 느리며, 성감대도 "생식기관에만 집중되어 있지 않고 온몸에 퍼져 있다." 따라서 성적 쾌락의 일치를 "수학적 동시성"(하:45)으로 생각하고 서두르거나, 침대를 "투기장"(하:46)으로 간주하면서 자신의 성적 리듬을 여자에게 강요하는 남자의 태도는 여자에게 항상 커다란 부담을 준다.

결국 성에 입문한 이후—비록 비교적 정상으로 입문했는데도—특히 남자가 잘못해서 여자의 성생활에 먹구름이 드리울 수 있는 가능성은 얼마든지 있다. 그렇다고 이런 상황에 대해 보부아르가 마법 같은 처방전을 마련해 주는 것은 아니다. 아니 마법 같은 처방전 자체가 아예 존재하지 않는다. 왜냐하면 성 체험이란 당사자인 남녀 각자의 존재 전체가 투사

되는 "인생 체험의 하나"(하:53)이며, 그렇기 때문에 거기에는 각자의 고유성과 특이성이 반영되기 때문이다. 그런데도 보부아르는 남녀가 행복한 성생활을 하기 위해서 일반적으로 통용될 수 있는 처방전을 제시한다. 그것은 남자와 여자가 "자발적인 성적 매력에 바탕을 둔 육체와 정신 양면의 상호적 관용"이다. 이 처방전은 간단하다. 하지만 현실에서 적용하는 것은 간단하지 않다. 현실은 오히려 그 반대라고 할 수 있다.

성행위에 감동적인 성격을 부여하는 것은 이 분리 속에서 이루어지는 육체 결합에 대한 의식意識이다. 자기들의 한계를 부정하고 또 긍정하는 두 존재는 같지만, 또 다르기 때문에 그만큼 더 놀랍다. 이 차이가 그들을 흔히 격리하고 고립하게 하지만, 다시 결합했을 때에는 그들이 감격하는 원천이 된다. 여자를 불태우는 부동의 정염, 여자는 남자의 거친 격정 속에서 전도된 정염의 모습을 본다. 남성의 위력, 그것은 곧 여자가 남자에게 가하는 힘이다. 이 생명으로 팽창된 남자의 성기, 마치 여자의 미소가 자신에게 쾌락을 주는 남자의 것인 것처럼 그것은 여자의 것이다. 남자가 가지고 있는, 또 여자가 가지고 있는 모든 부富는 서로 반영되고 서로를 통해서 재확인되어, 동적이며 황홀한 결합을 이루어 나간다. 이런 조화에 필요한 것은 기교적인 세련이 아니라, 그것은 오히려 자발적인 성적 매력에 바탕을 둔 육체와 정신 양면의 상호적 관용이다.(하:52)

동성애 여자

동성애에 대한 편견은 뿌리 깊다. 특히 동성애자들은 사회 윤리에 반하는 존재들로 매도되어 왔다. 물론 지금은 동성애자들이 커밍아웃을 통해 자신들의 성 정체성을 스스럼없이 드러내기도 한다. 서구의 몇몇 나라에서는 동성애자들끼리 결혼하는 것을 법으로 인정하고 있다. 해마다 동성애자들의 날에 대규모 집회를 통해 자신들의 정치 권리를 주장하기도 한다. 보부아르는 『제2의 성』에서 동성애—특히 여자 동성애—를 다루면서 동성애에 대한 편견의 껍질을 벗겨 내고 있다.

보부아르에 따르면 여자 동성애는 생물학적이고 해부학적인 운명의 소산이 아니다. 물론 생리적인 여건, 가령 정상이 아닌 호르몬이 분비되어 동성애 경향이 나타나기도 한다. 보부아르는 그런 경우를 인정한다.[53] 그러나 보부아르에 따르면 "생리와 호르몬은 하나의 상황을 설정하는 데 그친다." (하:55) 다른 한편, 정신분석학자들은 여자 동성애를 여자의 성 발달의 자연스러운 한 단계로 본다. 예컨대 프로이트에 따르면, 여자 동성애는 클리토리스에서 질로 이행하는 여자의 성이 제대로 성숙하지 않아 성적 관심이 클리토리스에 고착된 결과라고 보았다. 또한 아들러Victor Adler에 따르면, 여자 동성애는 "주체가 권력 의지에 의해 자기의 거세 상태를 단호히 부인하고, 지배를 받고 싶지 않은 남자와 동일화하려는 노력"의 소산이다.(하:56) 어쨌든 정신분석학자들은 여자 동성애를 여성의 미완성의 지표로 본다.

하지만 보부아르에 따르면 여자 동성애자는 "진보한 여자"도 그렇다고 "모자란 여자"도 아니다.(하:56) 이와는 달리 여자의 동성애는 "여자의 자주성과 육체의 수동성을 조화롭게 하려는 하나의 시도"(하:57)이다. 앞에서 우리는 사춘기를 지나면서 대부분의 여자아이들이 동성애 성향을 경험한다는 사실을 지적한 바 있다. 즉 자신의 불안한 미래에 대해 대응하면서 여자아이는 남자아이 앞에서 '객체'가 되는 굴욕을 느끼지 않으면서 동성 간의 연애를 통해 이성과의 사랑을 대신하려고 한다. 이와 마찬가지로 여자 동성애에 대한 본격적인 논의에서도 보부아르는 '선택'을 강조한다. 보통 여자는 남자와의 일방적 관계, 특히 성관계에서 수동적 존재가 되기를 강요당한다. 여자는 또한 성에 입문하기 위해 통과해야만 하는 첫 경험에 대한 두려움을 가지고 있다. 게다가 여자는 남자의 성기가 질을 관통하는 것과 이후에 성생활에서 남자에게 지배당하는 것을 못 견뎌 하는 경우도 없지 않다. 더 근본적으로 여자는 남자의 육체 자체, 즉 까칠한 피부, 수염, 단단한 근육 등에 대해 혐오감을 가질 수도 있다. 이와 같은 복합적인 이유로 해서 여자 동성애자는 여자를 자신의 성 파트너로 삼는다. 결국 여자 동성애자 개인의 성 역사는 '숙명적'인 성격을 띠지 않는다는 것이 보부아르의 견해이다.

동성애가 문제가 될 때 항상 제기되는 문제들 가운데 하나는 왜 많은 여자 동성애자들이 남자의 모습을 하는가이다. 보부아르는 '남성형'의 동성애 여자를 남자가 되고 싶어하는 모방 의지로 정의하는 것을 거부한다. 그 까닭은 일반적으로 통용되는 남성다움과 여성다움이라는 규정이 "인위적 산물"(하:59)이기 때문이다. 우리는 '여성답다'라는 표현을 즐겨 사용한다. 예컨대 어떤 여자가 순종적이고, 수동적이며, 조신하고, 적당한 아양과 성적 매력을 갖고 있을 때 '여성답다'고 한다. 하지만 부보아르는 '여성다움'을 규정하는 이런 시각 자체가 이미 남자들이 일방적으로 부여한 것이라고 본다. 보부아르의 실존주의적 시각에서 보면 여성다움이라는 본질은 선험적으로 존재하지 않는다. 이와는 달리 여자도 남자와 마찬가지로 "완전한 개인, 하나의 주체, 하나의 자유이기를 선택한다."(하:59~60)

따라서 여자 동성애자가 동성애를 선택하면서 남자의 모습을 하는 것은 모방 의지 때문이 아니라, 온전히 선택한 것이다. '남성형' 여자 동성애자가 자신의 자유로운 선택을 통해 바라는 것은 오직 자신의 눈에 수동성과 내재성에 안주해 살아가는 것으로 보이는 다른 많은 여자들과의 차별화이다. 결국 '남성형' 여자 동성애자가 남자의 모습을 하는 것은 남자에 대한 콤플렉스에 복수하기 위한 것도, 여자로서 갖고 있는 부족한 부분─예컨대 신체적인 결점─을 보충하기 위한 것도 아니다. 이런 시각에서 보면 스포츠에 종사하는 여자들 중에서 동성애자가 많다는 사실은 아주 흥미롭다.

만약 여자가 동성애자가 되어 성과 관련된 모든 심리적, 육체적 문제들을 해결할 수 있다면, 세상에 있는 모든 여자들은 예외 없이 동성애자가 될 것이다. 하지만 현실은 그렇지 않다. 여자 동성애는 여자의 행복과 불행의 원천이 되기도 한다. 보부아르는 여자 동성애가 갖고 있는 문제의 하나로 여자 동성애자에게 '여자가 되고자 하는 가능성'이 남아 있는 것을 들고 있다. "쾌락을 거부하면서도 그 쾌락을 바라는 불감증인 여자처럼, 동성애 여자는 한편으로는 그렇게 되고 싶지 않다고 생각하면서 종종 정상인 완전한 여자가 되고 싶어할 수도 있다."(하:64) 어떤 이유로 동성애를 선택했건 간에 여자 동성애자는 남자와의 관계를 통해 성적 쾌락을 느끼는 것을 완전히 포기한 것은 아니다.

보부아르는 이성애자들끼리의 사랑을 "행위"로 규정하는

반면, 동성애 여자들끼리의 사랑을 "관조觀照"로 정의한다. 이성애자들은 성행위 과정에서 서로 신체를 주고받는 동작이 필요하다. 이에 반해 여자 동성애자들이 사랑을 나눌 때는 두 여자가 "정확한 상호성 속에서 각자가 동시에 주체이자 객체이며, 지배자이자 노예"인 애매한 상태로 있기 때문에, 거기에는 궁극적으로 "투쟁"이나 "승리"가 없다. 두 여자는 이성애에서 나타나는 것과 같은 성행위의 끝을 모르고, 그저 서로의 몸에서 서로의 몸을 확인하며, 서로 애무를 통해 나타나는 흥분을 관조하는 "거울의 기적"을 실현할 따름이다. 이런 의미에서 여자 동생애자들의 사랑은 "이중의 공모"이다.

> 오로지 그녀의 손가락이 한 여자의 몸을 어루만지고 확인하면, 그 여자가 또 그녀의 몸을 애무할 때 비로소 거울의 기적이 완전히 나타난다. 남자와 여자 사이의 사랑은 하나의 행위이다. 각자는 자기를 떠나서 타자가 되어 버린다. (중략) 여자들 사이에서의 사랑은 관조이다. 애무는 타자를 자기 것으로 만들기 위해서라기보다는 타자를 통해 자기를 재창조하기 위한 것이다. 분리란 전혀 없기 때문에 투쟁도 패배도 없다. 정확한 상호성 속에서 각자가 동시에 주체이자 객체이며, 지배자이자 노예이다. 이중의 공모이다.(하:70)

여자 동성애자들이 자신들의 사랑에서 나름대로 성적 만족을 얻을 가능성을 부인할 수 없다. 보부아르는 50년 이상 아무런 문제없이 평탄하게 동성애를 유지한 여자들의 예를 들고 있다.(하:75) 물론 이러한 예는 예외적인 경우이다. 어쨌든 이 예는 만족스러운 생활을 영위하는 여자 동성애 연인이 존재한다는 것을 보여준다. 하지만 여자 동성애 연인 역시 이성애 연인과 마찬가지로 자신들의 의지로 선택한 것을 위협하는 문제에 봉착하는 것을 피할 수 없다. 보부아르는 다음과 같은 두 가지 이유를 꼽는다. 첫째, 여자 동성애자들은 너무 친밀한 관계로 인해 자기 자신들의 깊은 속마음까지 모두 드러낼 가능성이 있으며, 그 결과 감정을 격하게 폭발할 수도 있다. 둘째, 남녀 사이의 사랑보다도 여자 동성애자들의 사랑을 주위에서 곱지 않은 시선으로 바라볼 수 있다. 예컨대 동성애는 비난의 대상이 될 수도 있고, 동성애 당사자들이 사회에 성공적으로 합류하지 못할 수도 있다. 특히 남자 역할을 하는 여자의 경우 "애인에게 정상적이며 존경할 만한 생활을 하도록 못해 주고, 결혼할 수 없으며,[54] 이상한 길을 함께 걷는 것을 유감으로 생각할 수도 있다."(하:76) 그렇기 때문에 여성 동성애자들은 자기들끼리만 일종의 비밀 클럽 같은 것을 조직해서 "사회적으로나 사적으로 자기들에겐 남성이 필요하지 않다는 것을 시위하고", 또한 "불필요한 허장성세나

온갖 허위의 유희에 빠져들기도 한다." (하:79)

이와 같은 가능성이 있지만 중요한 것은 보부아르가 『제2의 성』에서 동성애, 그것도 여자 동성애를 검토하고 있다는 사실 그 자체이다. 보부아르의 의도는 다음 두 가지 면에서 이해된다. 우선 여자 동성애가 사회에서 부도덕하다고 비난하는 성도착, 피 속에 악의 요소가 있어 나타나는 운명적인 저주가 아니라는 점을 강조하는 것이다. 그 다음으로 여자 동성애자들이 뚜렷한 의지를 가지고 구체적이고 일상적인 상황 속에서 자유롭게 선택한 것이라는 점을 강조하는 것이다. 이런 시각에서 보면 보부아르는 동성애에 대한 논의에서도 일관되게 실존주의적 입장을 견지하고 있다.

사실 동성애는 의식적인 배덕도 아니요, 숙명적인 저주도 아니다. 그것은 '상황에서 선택하는' 하나의 태도, 즉 동기를 갖는 것과 동시에 자유로이 선택하는 하나의 태도이다. 주체가 이 선택에 따라 수락하는 어떤 요인들―생리적 요건, 심리적 역사, 사회적 상황―이 그것을 설명하는 데 도움이 된다고 해도 그것만으로는 결정적이 아니다. 그것은 여자에게 그 일반적인 조건, 특히 성적 입장에 따라 설정되는 여러 문제를 해결하기 위한 한 가지 방법에 불과하다. (하:80)

여자의 체험

　　보부아르는 『제2의 성』의 제2권 제1부에서 여성의 '형성'을 다룬 뒤 제2부에서 여성의 '상황'을 다룬다. '상황'이라는 제목이 붙은 이 제2부는 다시 '결혼한 여성' '어머니' '사교생활' '매춘부와 첩' '성숙기에서 노년기로' '여자의 상황과 성격'의 여섯 개의 장으로 나뉘어 있다. 보부아르는 이 여섯 개의 장에 3백여 쪽 이상을 할애한다. 이 부분은 『제2의 성』에서 가장 중요한 부분이다. 특히 이 부분에서 보부아르는 '결혼'과 '모성애'에 대한 사유를 전개하고 있는데, 바로 이 사유 때문에 보부아르는 1949년 당시 프랑스 부르주아 계층으로부터 융단폭격을 당했다. 여기에서는 이 책의 핵심 논의를 담고 있는 이 부분을 여섯 개의 장을 따라 차례로 간략하게 살펴보도록 하자. '사교 생활'과 '매춘부와 첩'은 편의상 하나로 묶어 살펴본다.

결혼한 여성

여자는 성년이 되어 동성애나 독신을 선택하지 않는 한 결혼을 한다. 보부아르는 결혼에 대해 커다란 중요성을 부여한다. 제2부 '상황'의 3백여 쪽 가운데 1/3이 조금 넘는 110여 쪽을 이 결혼 문제에 할애하고 있는 것을 보면 잘 알 수 있다. 하지만 보부아르는 결혼에 대해 엄격하면서 비판적이다. '결혼한 여성'의 어떤 부분은 분노로 가득 차 있으며, 또 어떤 부분은 거의 저주에 가깝다. 왜냐하면 결혼을 계기로 남자와의 관계에서 여자의 '타자'로서의 지위가 더욱 강화되기 때문이다. 물론 균형 잡힌 원만한 결혼 생활을 영위하는 부부들도 아주 많다. 하지만 대부분의 경우 기혼 여성들은 어린 시절부터 보았고, 느꼈고, 알게 된 남성들과의 불균형을 다시 확인하게 되고, 더욱더 불균형한 상태를 직접 경험하게 된다고 보부아르는 진단한다.

결혼은 "자주적인 두 사람 간에 자유롭게 합의한 하나의 결합"(하:81)으로 정의된다. 하지만 결혼에서 배우자의 입장은 결코 동등하지 않다. 결혼을 계기로 배우자는 어느 정도 부담과 이익을 나누어 갖는다. 그렇지 않다면 전혀 결혼을 할 이유가 없다. 하지만 보통 결혼을 통해 여자의 수동적 지위는 더 강화된다. 여자는 우선 결혼을 위한 만남에서부터 수동적 위치에 있다. 지금이야 사정이 많이 달라졌지만, 조금만 과거로 거슬러 올라가면 여자에게 배우자를 선택할 수 있는 권한이 거의 없었다. 여자는 이미 집안 어른들 사이에 혼담이 오간 뒤에 결혼이라는 형식을 통해 남자에게 "주어진다." (하:85) 또는 맞선을 보는 자리에서도 여자는 구혼자에게 "그냥 주어진다." (하:84) 결혼의 첫 단계에서부터 여자의 수동성은 두드러진다.

그 다음으로, 결혼 생활을 하면서 부부는 상당히 다른 처지에 있게 된다. 앞에서도 지적했지만, 결혼을 통해 배우자 쌍방은 어느 정도 부담과 이익을 나누어 갖는다. 남자는 여자가 필요하다. 생리적 욕구를 해소하고, 집안일을 처리하고, 대代를 잇는 문제 등에서 여자가 필요하다. 이렇듯 여자가 필요하지만 남자는 늦게 결혼할 수도 있고, 독신으로 지내는 것을 선택할 수도 있다. 왜냐하면 그는 경제 주권을 가지고 있기 때문이다.

여자의 경우는 남자와 다르다. 가장 큰 이유는 경제 주권이다. 물론 경제 주권을 누리고 있는 여자는 남자와 마찬가지로 얼마든지 늦게 결혼하거나 독신 생활을 할 수 있다. 하지만 대부분의 여자는 그렇지 못하다. 이런 여자에게 결혼은 여러 가지 의미를 갖는다. 결혼은 여자의 경제 주권을 부분적으로나마 회복하는 기회이다. 보부아르는 "유일한 호구지책"(하:83)이라는 표현을 사용한다. 또한 여자에게 결혼은 "집단 속에 합류하는 유일한 방법"(하:84)이기도 하다. 보부아르는 이것을 여자의 "생존의 유일한 사회적 정당화"(하:83)라는 말로 표현한다. 곧 여자는 결혼을 함으로써 "세계의 작은 일부분을 영지로 부여받는 것이다."(하:85)

다만 문제는 결혼을 통해 남자에게 하사받는 것은 공짜가 아니라는 점이다. 거기에는 대가, 그것도 비싼 대가가 따른다. 그것이 바로 여자의 수동화이자 예속화이다. 하지만 여자는 굴욕을 감내해야만 한다. 왜냐하면 그렇지 않은 경우 경제 주권을 갖지 못한 독신 여자는 집단에서 '기생, 천민' 신분으로 업신여김을 당하기 때문이다. 적당한 기회에 결혼을 하지 못하고 "처진다면" 여자는 사회에서 "실격당한다."(하:84) 이런 의미에서 남자에게 결혼은 "생활양식"이지만, 여자에게는 "운명"이다.(하:85) 보부아르는 이처럼 결혼을 순수한 사랑의 산물로 보지 않는다. 결혼의 목적은 "남자와 여자의 경제적, 성적 결합을 집단의 이익을 향해 초월하는 데" 있지 "그들 개인의 행복을 확보하는 데" 있지 않다.(하:94) 이런 상황에서 여자가 결혼을 잘하기 위해 많이 노력하는 것은 그리 이상한 일이 아니라고 주장한다.

프랑스에서도 미국에서도 어머니들이나 언니들이나 여성 주간 잡지들은 파리 끈끈이가 파리를 잡듯 남편을 '잡는' 기술을 처녀들에게 노골적으로 가르치고 있다. 그것은 '낚시질'이며 '사냥'이다. 그것은 대단한 솜씨가 필요하다. 목표가 너무 높아도 안 된다. 공상가가 되지 말고 현실주의자가 되어라. 교태에다 수줍음을 곁들여라. 지나치게 많이 바라지도 말고 욕심을 너무 적게 갖지도 말아라.(하:92)

하지만 어떤 과정을 거쳐서 결혼을 했든 여자는 여전히 자유롭지 못하다. 특히 성 본능에서 자유롭지 못하다. 부부 사이에서 육체적 사랑만이 생활의 전부는 아닐 것이다. 그렇다고 해서 육체적 사랑을 무시할 수도 없다. 부부 사이의 육체적 사랑은 스스로 우러나와서 이루어져야 한다. 하지만 "결혼의 원칙은 음험하다. 왜냐하면 이것은 자발적인 비약, 흥분을 바탕으로 한 육체의 교환을 권리와 의무로 바꿔 버리기 때문이다."(하:115) 이처럼 결혼의 커다란 모순은 결혼을 통해 성 본능이 제도화되는 것이다. 성 본능은 그 어떤 제도로도 통제될 수 없다. 하지만 제도는 여전히 부부에게 그들의 성 본능을 사회를 위해 희생할 것을 요구한다. 예를 들어 일부일처제 사회에서는 모든 부부에게 성도덕을 지킬 것을 요구한다. 하지만 이 요구는 남편에게는 형식이 되는 경우가 많다.

그는 성욕을 "여러 가지 방법으로 해소한다."(하:96) 하지만 아내는 그렇지 못하다. 아내는 특히 가부장 사회에서 결혼 첫날부터 처녀성 문제로 홍역을 치른다. 이 문제는 시대와 국가에 따라 다양한 편차를 보인다. 하지만 부르주아 가부장적 사회, 그리고 일부일처제에서는 아내가 처녀성을 간직한 채로 첫날밤을 맞이할 것을 엄격하게 요구한다. 왜냐하면 "남편은 자기 것으로 만들 이 육체를 완벽하고도 독점으로 소유하기를 원하기 때문이다."(하:105)

아내가 처녀성을 가진 상태로 결혼을 했다고 해서 부부 사이의 모든 문제가 해결되는 것은 아니다. 특히 육체적 사랑에서 남편과 아내는 자신들의 성적 자발성에 따라 움직이는 것이 극히 제한되어 있다. 결혼 초기에 부부는 서로에 대해 애매한 상태에 있다. 남편은 아내에게 지나친 요구를 할 수 없다. 왜냐하면 아내가 모욕을 느낄 수도 있기 때문이다. 그렇다고 지나치게 소극적이면 아내의 관능을 일깨우지 못한다. 아내의 경우도 비슷하다. 지나치게 적극적이면 남편에게 의심을 받게 되며, 그 반대의 경우 남편은 만족하지 못한다. 이런 상황이 계속되는 경우 부부 사이는 원만한 관계에서 점점 멀어진다. 그렇다고 해서 달리 뾰족한 수가 있는 것도 아니다.

상황은 특히 아내에게 불리하게 돌아간다. 어느 순간부터 부부 사이의 성 관계는 특히 아내에게 일종의 의무로 치러야 하는 '봉사'로 바뀐다. 남편은 그래도 성욕을 해소할 길이 있다. 하지만 아내는 남편 이외의 다른 남자와 관계를 맺는 것이 금지되어 있다. 이것을 어길 경우 정절과 성도덕, 성윤리의 잣대로 가차 없는 비난을 받는다. 또한 아내는 이혼하는 것도 어렵다. 왜냐하면 이혼은 곧 처녀 시절로 되돌아가는 것, 즉 경제적 미성년자 상태로 되돌아감을 의미하기 때문이다. 따라서 아내는 남편이라는 보호자 밑에서 성의 자유를 포기한 채 살아간다. 하지만 보부아르는 "자유가 없으면 사랑도 개성도 없다"(하:95)고 본다. 이것은 궁극적으로는 결혼이 사랑을 살해하는 가장 확실한 방법이라는 것을 의미한다.

부부들 사이의 문제를 해결하기 위해 많은 노력들을 한다. 수십, 수백 종의 부부 성생활 지침서들이 그 좋은 예이다.(하:104) 하지만 이론과 실천은 다르며, 부부마다 개성이 가미되지 않은 이론 처방은 충분한 효과가 없다. 물론 시간이 지나면서 부부 사이의 수많은 문제들을 원만하게 해결해서 행복한 결혼 생활을 해 나가는 부부들도 얼마든지 있다. 하지만 많은 경우 부부는 서로를 위해 상대를 속이는 "연극"(하:118)을 하거나, 아니면 타성에 젖어서 날마다 되풀이되는 평범하면서도 무미건조한 생활을 한다. 그러는 사이에 육체 결합은 일종의 "근친상간"(하:117)이 되어 버린다. 에로티시즘은 "타자"를 지향하는 데 반해, 서로가 너무나 닮아 "동일자"가 되어

버린 부부 사이의 육체관계는 일종의 "자독自瀆행위"로 바뀐다.(하:117) 이런 시각에서 보부아르는 "관습에 기초를 둔 결합이 사랑을 낳을 기회를 갖는다고 주장하는 것은 위선이다"(하:116)라고 주장한다. 보부아르는 또한 "실제적, 사회적, 도덕적 이해관계에 따라 맺어진 부부에게 일생 동안 그들이 서로 성적 행복을 주도록 요구하는 것은 지극히 부조리하다"(하:116)고 본다. 요컨대 결혼은 여성을 "부부 간의 사랑"이라는 미명 아래 가정이라는 "네 벽 사이에 가두는", 그렇게 함으로써 "내재성"에 묶어 두는 억압적 제도라는 것이 보부아르의 견해이다.(하:119) 부르주아사회에서 전통적으로 요구되는 결혼을 하지 않고, 보부아르가 사르트르와 계약결혼이라는 파격적인 결혼을 감행한 것은 정확히 이와 같은 억압적 결혼 제도에 대한 거부이자 항거라고 할 수 있다.

어쨌든 결혼한 여성은 이혼을 하지 않는 한, 남편과 성생활뿐만 아니라 일상생활도 함께 영위하지 않을 수 없다. 아내가 주로 하는 일은 집안일이다. 게다가 집안일을 하는 수고를 더는 것도 남자가 결혼하는 한 가지 이유이다. 아내가 직장에 나간다면 집안일과 직장 일 두 가지 모두 잘해야 한다. 또한 아내는 집안일에서는 문제가 있더라도 직장에서 성공함으로써 존재 이유와 사회적 정당성을 찾을 수도 있다. 물론 두 가지 일을 모두 원만하고 조화롭게 할 수도 있다. 하지만 직장에 나가지 않는 경우라면 아내는 주로 집안일을 통해서 자신의 존재 이유를 확보한다. 이처럼 결혼을 함으로써 '내재성' 속에 주저앉아 버리는 아내는 결혼을 해서 잃어버린 '초월성'을 남편을 '매개'로, '가정'을 활동 무대로 해서 얻어야 한다.(하:120)

프랑스의 과학철학자인 바슐라르Gaston Bachelard의 표현을 빌려 보부아르는 가정을 "일종의 반反 세계, 혹은 반대되는 세계"(하:122~123)로 규정한다. 아내는 결혼과 더불어 가정 바깥의 세계보다는 오히려 네 벽으로 둘러싸인 가정을 "세계의 중심"(하:122)으로 간주한다.[55] 그리고 거기에서 아내는 점차 결혼을 해서 잃어버린 모든 권리를 되찾고자 한다. 아내는 자신만의 세계에서 이 세계의 "유일한 진리"(하:122)가 되고자 한다. 그러기 위해 아내는 집안을 꾸미고 장식한다. 보부아르는 장식품들이 여자의 개인 이미지를 반영함으로써 여자가 자기실현을 하는 한 가지 방편이 된다고 본다. 따라서 가정은 결혼한 여성에게 "지상에서 여자에게 배당된 몫이며, 사회적 가치의 표현이며, 여자의 가장 내적인 진실의 표현"이다.(하:123)

결혼한 여성은 집안에서 하는 일이 자신의 존재를 풍요롭게 해준다고 믿는다. 여자는 애지중지하는 물건들에게 더욱 친밀감을 갖고, 또 이 친밀감을 통해 자신을 드러낸다. 예컨대 여자는 "방금 다리미질을 끝낸 옷, 비눗물의 푸른 기운이도는 빛, 하얀 셔츠, 거울 같은 구리 그릇"(하:124) 따위를 바라보면서 즐거움을 느낀다. "청결의 꿈"(하:125)이 그것이다. 여자는 깨끗함과 불결함의 흑백논리에 사로잡힌다. 깨끗함은 선, 진리, 평화, 좋은 것, 승리, 쾌활 등에 연결되고, 불결함은 그와 반대되는 이미지에 연결된다. 여자는 계속해서 치우고, 쓸고, 닦고, 빨고, 수선하기를 되풀이한다.

하지만 이와 같은 아내의 일들은 '시시포스의 형벌'을 닮았다. 왜냐하면 옷, 마루, 그릇, 정원 따위는 다시 더러워지기 때문이다. 그리고 여자는 미래를 향해, 새로운 그 무엇을 창조하기 위해 자신을 초월하고 던지는 것이 아니라, "한 장소에서 발을 동동 구르며 정열을 소비하고 있는 것이다."(하:127) 결국 아내는 무슨 행동을 하기는 하지만 실제로는 아무것도 하지 않으며, 단지 현재를 영구화하고 있을 뿐이다. 아내의 행동은 계속 되풀이되는 무익하고 희망 없는 영원한 현재에 불과하다. 보부아르는 또한 여자의 이런 행동이 지나치면 신경병으로까지 발전한다고 지적한다. 지나친 청결, 지나친 정돈, 곧 지나친 결벽증 등이 그것이다.

다른 예를 보자. 결혼한 여성에게 식사 준비는 청소와 정리 이상으로 즐거운 노동이며, 창조적인 노력을 하고 있다는 느낌을 줄 수도 있다. 우선 여자는 시장에서 음식 재료를 사면서 "특권적인 시간"(하:132)을 보낸다. 여자는 시장에서 여러 가지 재료를 고르면서 자신의 가치를 확인하고, 공동체의 일원이라는 느낌을 갖는다. 여자 앞에는 수많은 재료들이 진열되어 있다. 여자는 그 재료들을 하나하나 검토하고, 가장 싼 가격에 가장 훌륭한 재료들을 산다. 이 과정에서 여자는 마치 '여왕'이 된 듯 행동한다. 식사를 준비하면서 여자는 불 앞에서 '마녀'로 변한다. 여자는 자기의 손놀림 하나에 굴복하는 야채와 육류의 "충실한 순응성"(하:134)을 보면서 행복하다고 느낀다. 여자는 곧 "연금술의 마법"(하:133)의 주인공이다. 예컨대 여자가 잼과 통조림을 만드는 것은 시간을 정복하는 수단이기도 하다. 이처럼 식사를 준비하고, 빵을 굽고, 요리를 하는 여자의 손은 '행복한 손'이다. 왜냐하면 여자의 행동 하나하나는 새로운 "생성" 곧 "재창조"와 비견될 수 있기 때문이다.(하:134)

하지만 여자의 이와 같은 행동들은 헛된 것이다. 왜냐하면 이것들은 날마다 되풀이되며, 그 결과 기계적이고 단조로운 행동들이기 때문이다. 여자에게 남는 것은 기다림뿐이다. 여자는 물이 끓는 것을 기다려야 하고, 고기가 알맞게 구워지도록 기다려야 한다. 물론 여자는 자신이 행동한 결과에 대해 절대적인 가치를 부여할 수도 있다. 자기만의 고유한 비법으로 맛있는 요리를 만들었을 때, 다른 사람은 이런 요리를 만들 수 없을 것이라고 생각하면서 자신의 "특이성"(하:135)을 생각할 수도 있다. 하지만 여자가 애써 장만한 식사는 한순간에 없어진다. 식사는 일회적이다. 따라서 여자의 "직접적인 목표는 수단일 뿐 진정한 목표가 못된다."(하:135) 게다가 불행한 것은 식사 준비만이 아니라 여자가 하는 거의 모든 집안일이 비슷하다는 점이다. 깨끗하게 쓸고, 닦고, 청소를 해도 방, 마루, 정원은 곧 더러워지며, 깨끗하게 빨고 정성들여 다리미질을 한 옷도 곧 더러워지고 구겨지게 마련이다.(하:137) 이렇듯 집안일을 통해 자신의 존재 이유를 찾고 자신의 입지를 정당화하려는 여자의 꿈은 항상 산산조각 날 위험에 봉착한다. 여자가 도맡아하는 집안일은 창조적이지도 생산적이지도 않으며, 따라서 여자에게 자주성을 주지 못한다. 대부분의 노동과 생산 활동은 그 주체를 미래를 향해 나아가도록 하며, 궁극적으로는 자기 자신의 존재가치를 고양하는 데 그 진정한 목적이 있다. 그러나 결혼한 여성은 오히려 집안일을 통해 결국에는 남편과 아이에 대해 '2차적이고 기생적인' 입장, 곧 '종속'의 입장에 놓이게 될 뿐이다.

그렇다면 결혼한 여성은 이처럼 "침대 봉사"와 "가사 봉사"로 정의되는 자신의 신분을 쉽게 팽개쳐 버릴 수 있는가?(하:140) 이혼은 남편의 지배와 억압에서 벗어날 수 있는 만병통치약이 될 수 있는가? 아니면 아내는 남편과 아이들 사이에서 '주부'와 '어머니' 역할에 만족하고, 자신의 '운명'

을 '분노'와 '저주' 속에서 참고 견디며 남은 평생을 살아가야만 하는가? 분명 이 세상의 모든 부부들은 행복하게 살기를 갈망한다. 자신들의 가정이 지옥과 사막이 아니라 항상 천국과 오아시스이기를 바란다. 또 그렇게 만들기 위해 노력한다. 결혼 첫날부터 죽음이라는 불가항력적 요인으로 서로 헤어질 때까지 자신들에게 일어날 수 있는 수많은 어려움들을 극복하면서, 또 서로 존중하고 자유와 자주성을 인정하면서 원만한 결혼 생활을 영위하고 행복을 누리기를 바란다. 보부아르 역시 그런 가정이 있다는 것을, 그것도 많다는 것을 인정한다. 하지만 그런 생활을 유지한다고 믿고 있는 부부들에게도 느닷없이 불행이 닥칠 수 있으며, 많은 경우 부부 생활은 비극과 치사함으로 얼룩지기도 한다.

결혼을 해서 자신의 자주성을 잃어버리고 가정, 즉 남편과 아이들의 테두리 안에서 되풀이되는 삶과 내재성에 함몰되어 오로지 권태와 무미건조함만으로 살아가는 여성은 종종 자주성을 회복하기 위해 노력한다. 아내는 보통 자기보다 나이도 많고, 사회생활을 한 경험도 많고, 따라서 '논리'라는 '폭력'으로 무장한 남편에 맞서기 위해 자기 계발을 하려는 집념을 보이기도 한다. 이런 경우는 그래도 건설적이다. 그러한 노력에서 별다른 효과를 보지 못한 아내는 남편에게 열등의식을 심어 주는 것으로 보복하기도 한다. 아내는 남편과 이야기를 나눌 때 쌀쌀한 태도를 보여 모멸감을 주면서 자존심을 만회하려 한다. 또한 아내는 성적인 면에서 남편의 남성다움을 굴복하게 만들기도 한다. 남편의 애무와 성행위에 의도적으로 불감증으로 맞섬으로써 남편의 "제국주의"와 그의 "군주와 같은 역할"을 무너뜨리려 하는 것이다.

하지만 아내는 보통 다음의 두 가지 태도 사이에서 갈등한다. 남편의 지배와 억압을 물리치고 자주성을 회복하기 위한 투쟁을 계속하는 태도와 여전히 남편을 놓지 않으려는 태도가 그것이다. 이런 갈등을 원만히 해결하는 것은 쉬운 일이 아니다. 대부분의 아내들은 남편과 투쟁하는 데 지쳐서 주부로서의 자신의 운명을 결국 받아들이고 만다. 하지만 심한 경우에 아내는 강박관념, 마조히즘, 성도착 등과 같은 정신질환에 걸리기도 하며, 극단적인 경우에는 자살하든가 아니면 남편을 살해하는 파경으로 치닫기도 한다. 어쨌든 결혼한 여성에게, 특히 결혼한 지 꽤 오래된 여성에게 "남편을 붙잡는 것", 남편을 "억류하는 것"도 "하나의 직업" 또는 익혀야 하는 "기술"이 되어 버린다.(하:166) 보부아르는 중년 여성이 남편을 손아귀에 넣기 위해 익혀야 하는 기술을 "슬픈 지식"(하:167)으로 규정한다.

이처럼 아내가 눈물겨운 노력을 하는데도 여전히 중년의 부부를 위험에 빠뜨릴 수 있는 한 가지 중대한 요인이 늘 도

사리고 있다. 보부아르에 따르면 그것은 '친밀성'과 '권태'이다. 오랜 세월 같이 살다 보면 부부는 서로 닮는다고 한다. 눈빛만 보아도 상대방이 무엇을 원하는지, 상대방의 기분이 어떤지를 알 수 있다. 이와 같은 친밀성 속에서 이른바 참다운 '부부애'와 '인간적 우애'를 발견하기도 한다. 하지만 이런 관계로 인해 부부는 점차 활력을 잃고 '정적靜的'이 되며, 그 결과 대화의 창을 닫아 버리고 고독 속으로 침잠하기도 한다. 보부아르는 부부 사이의 우정이 참다운 우정이 되고, 또 그런 우정으로 남아 있으려면, 그들은 서로 '자유'를 향유하는 것이 필요하다고 주장한다.

물론 이런 상황에서 결혼한 여성은 몇 가지 도피 방법을 생각해 볼 수도 있다. 앞에서 지적한 바와 같이, 여자가 도저히 견디지 못하고 자살을 하거나 남편을 살해할 수도 있다. 공상과 유희 속으로 도피해 자기를 연출하는 자기기만을 선택할 수도 있다. 또한 꽃이나 동물에 집중해서 잠깐 동안 위안을 얻을 수도 있다. 물론 순교자와 같은 참을성을 발휘하면서 권태, 오해, 환멸, 원한 속에서 묵묵히 살아갈 수도 있다. 이혼을 생각하는 것도 가능하다. 하지만 다른 도피 방법들과 마찬가지로 이혼도 결혼한 여성의 문제를 근본적으로 해결해 줄 수 없다는 것이 보부아르의 주장이다. 왜냐하면 여자의 경제 주권이 보장되지 않은 상황에서 이혼하는 것은 여자에

게는 단지 하나의 "추상적인 가능성"일 수밖에 없기 때문이다.(하:188)

'결혼한 여성'에 대한 긴 논의를 마치면서 보부아르는 다음과 같은 결론을 맺고 있다. 즉 결혼의 비극은 결혼 당사자인 남편과 아내 개인의 역사나 성격 차이 때문이라기보다 주로 "제도상"의 결함 때문에 나타난다는 것이다. 실제로 남녀의 결합은 여러 방식으로 이루어진다. 예컨대 전통적인 결혼 제도와는 달리 서로 성의 자유를 구속하지 않으면서 우정으로 맺어지는 남녀 관계도 가능하다. 또한 애인이며 친구이며 부부처럼 지내는 관계도 가능하다. 결국 보부아르의 눈에는 "서로를 선택한 남녀가 일생을 통해 온갖 방법으로 서로에게 만족을 주지 않으면 안 된다는 것은 부자연스러운 일"(하:187)로 보인다. 또한 서로 잘 조화를 이루지 못하는 부부가 단지 결혼을 했다는 이유로 죽음이 서로를 갈라놓을 때까지 거짓, 위선, 애착, 원한, 증오, 구속, 체념, 태만, 적의 등의 복합된 감정을 가지고 함께 살아간다는 것은 결코 "가장 진실한, 가장 감동적"인 인간관계가 아니다.(하:173)

보부아르는 결혼한 여성이 겪는 이 문제들을 해결하기 위해서 결혼 제도의 개선, 여성의 조건, 특히 여성에게 경제 주권을 보장해 주기 위한 사회 조건과 경제 조건의 개선, 그리고 남성들 자신들의 각성 등을 제시한다. 하지만 여성의 경제적 독립이 해결되었다고 해서 결혼한 여성이 부딪히는 많은 문제가 저절로 해결되는 것은 아니다. 왜냐하면 결혼이란 자라 온 환경과 교육이 아주 다른 두 독립된 인격체가 영위하는 복합적 개념이기 때문이다. 또한 여성이 비록 경제 주권을 확보함으로써 가정에서 남편으로부터 어느 정도 독립했다 하더라도 여전히 집안일은 여자의 몫인 경우가 대부분이다. 여기에 더해 여자에게는 노동과 아내의 역할, 그리고 특히 자녀 양육 문제가 여전히 남아 있다. 19세기 프랑스 소설가 스탕달이 말한 것처럼 "얼마나 많은 여자들이 결혼 생활 속에 매몰되어 인류에게 버림을 받았던가!"(하:183) 결혼한 여성의 문제는 앞으로도 두고두고 생각해 보아야 할 중요한 문제임에 틀림없다.

어머니

보부아르는 '결혼한 여성'에 대한 논의에 이어 '어머니'라는 제목의 장에서 어쩌면 여자에게 가장 중요한 모성애 문제, 거기에 관련된 임신, 출산, 어린아이와 어머니의 관계 문제 등을 집중적으로 논의한다. 특히 모성애에 대한 논의로 인해 보부아르는 『제2의 성』이 출간된 이후 부르주아 보수층으로부터 호된 비판을 받았다. 각각 '결혼한 여성'과 '어머니'라는 제목이 붙은 두 장은 『제2의 성』 전체 가운데서도 보부아르의 주장이 가장 뚜렷한 부분이다. 전통적인 견해에 따르면 출산은 여자에게 "기쁨"이자 존재의 "정당화"이며, 따라서 여자의 인생에서 "최고 단계"이다.(하:191) 하지만 보부아르는 모성애를 여자의 사명과 최고 단계로 보는 것에 다른 의견을 제시한다. 게다가 모성애에 대한 수많은 전통적인 견해를 뿌리째 뒤흔들며, 거기에 포함되어 있는 수많은 기만들을 고발한다.

보부아르는 우선 '낙태' 문제를 거론한다. 산아 제한 문제가 언제부터 제기되었는지에 대해서는 별다른 논의를 하지 않는다. 보부아르는 그저 "약 1세기 전부터 출산은 단순히 생물학적 우연에 지배되지 않고, 의지로 통제해 왔다"(하:192)는 사실만을 지적한다. 그러나 『제2의 성』을 집필할 당시의 프랑스 사회에서 낙태는 현실적으로 가장 중요한 여성 문제였던 것으로 보인다. 왜냐하면 당시 프랑스에서는 낙태가 법으로 금지되었는데도 비밀리에 해마다 출산과 같은 비율로 낙태가 이루어졌기 때문이다. 보부아르는 프랑스에서 1933년 무렵에는 대략 해마다 50만 건, 1938년에는 100만 건, 1941년에는 80만~100만 건의 낙태가 이루어졌다고 밝혔다.(하:195)

낙태 문제와 관련해서 보부아르가 제일 먼저 문제 삼는 것은 프랑스 부르주아사회의 위선이다. 1949년에 프랑스는 낙태를 법으로 금지하고 있었다. 따라서 낙태는 "흉악한 범죄" 행위이며, 그것을 암시하는 것조차 "추잡하게" 생각했다.(하:192) 하지만 바로 그런 사회에서 수많은 낙태가 이루어졌다. 그러니까 현실에서는 해마다 낙태 건수에 해당하는 수만큼 생명이 사라지고 있는데도 오로지 법을 지킨다는 명목 아래 법으로 낙태를 허용하지 않았던 것이다. 물론 여기에는 낙태를 근본적으로 반대하는 기독교의 입장이 더해졌다. 기독교에서는 태아도 영혼을 가지고 있다고 본다. 따라서 낙태를 해서 세례를 받지 못하게 하는 것은 결국 태아에게 천국의 문을 닫아 버리는 것과 같다. 이런 이유로 기독교에서는 낙태를 금지한다. 물론 기독교에서 주장하는 생명을 중시하는 입장 역시 더해져야 할 것이다.[56)]

하지만 낙태 금지로 인해 현실에서 수많은 불합리한 사태가 발생한다. "낙태의 합법화를 반대하는 의견만큼 불합리한 것은 없다"(하:193)는 것이 보부아르의 주장이다. 보부아르는 그 이유로 우선 비밀리에 하는 낙태 시술의 위험을 들고 있다. 낙태가 법으로 허용되지 않았기 때문에 숨어서 시술을 하는 경우가 많았다. 자격이 없는 사람이 위생이 형편없는 장소에서 시술을 했으며, 그 결과 시술한 뒤에 심각한 후유증이 나타나기도 했다. 산모가 목숨을 잃는 경우도 있었다. 그 다음으로 보부아르는 낙태가 허용되지 않기 때문에 무리하게 출산을 해서 일어나는 문제점들을 지적하고 있다. 정상으로 발육하지 못한 아이를 출산하거나 아이 사망률 증가, 미혼모 증가, 태어난 아이들을 제대로 양육하지 못하는 등 막대한 사회 경비를 지출하는 요인이 되었다.

보부아르는 특히 낙태를 "계급의 범죄"(하:196)로 규정한다. 1949년 당시 프랑스에서는 경제적으로 여유가 있는 여성들은 낙태를 허용하는 스위스로 갔다. 이에 반해 가난한 여성들은 원치 않는 아이를 낳든가 아니면 비밀리에 낙태 시술을 받는 위험을 감수해야 했다. 그것도 아니면 "석유를 마시고 검은 비누를" 먹거나(하:198), 높은 사다리나 계단에서 뛰어내리거나, 자궁에 식초를 붓거나(하:199) 하는 위험천만한 방법을 쓰기도 했다. 그 결과 목숨을 잃거나 아니면 병을 얻거나 장애를 갖는 경우도 있었다. 또한 비록 어렵게 낙태를 했다고 하더라도—경제적 여유와는 상관없이—낙태 시술을 받은 여성은 정신적으로 커다란 후유증을 앓는 것이 보통이다. 낙태는 결코 살인은 아니지만[57] 그렇다고 해서 단순한 피임 수단이라고 볼 수도 없다. 그래서 낙태 시술을 받은 여자들 가운데 일부는 태어나지 못한 아이에 대한 기억 때문에 죄의식과 양심의 가책 등에 사로잡힌다. 또한 아이를 갖게끔 한 남자가 낙태를 권했을 경우에는 당연히 그에게 원망하는 마음을 갖는다.

낙태 문제를 거론하면서 보부아르가 통렬히 비난하고 있는 것은 바로 남자들의 위선이다. 남자들은 낙태를 가볍게 여기는 경향이 있다. 그들은 임신을 부주의해서 생긴 일종의 '사고'로 보고, 이 사고를 해결하는 편리한 방책으로 낙태를 생각해 낸다. 그들은 자신들의 자유를 지키기 위해, 자기의 장래에 불이익을 받지 않기 위해 여자에게 낙태를 일방적으로 권한다. 그러나 자기 입으로 낙태를 권유한 남자는 스스로 모순에 사로잡힌다. 일반적으로 거의 모든 남자들은 여자의 참다운 가치란 오로지 모성애를 통해서만 획득할 수 있다고 입버릇처럼 말하는 장본인들이다. 이처럼 도덕적 가치와 생명의 소중함과 항구성을 항상 주장하는 한편, 남녀 관계에서 여자를 생명을 파괴하는 범죄로 유도하는 남자들은 스스로 자가당착에 빠져 있는 것이다.

보부아르가 '어머니' 장에서 낙태 문제를 우선으로 다루고 있는 이유는 분명하다. 그것은 낙태 합법화를 촉구하기 위해서다. 부부들과 연인들의 노력으로─임신주기를 맞추거나 남자가 사정을 하지 않는 방법으로─또는 피임으로만 임신과 출산에 대한 모든 문제가 해결된다면 바람직할 것이다. 하지만 이것은 현실적으로 불가능하다. 또한 합법적으로 이루어지고 또 흡족할 만한 조건에서 이루어진다 할지라도 낙태는 당사자인 여자에게는 육체적, 정신적으로 고통스러운 일이다. 그런데도 보부아르는 『제2의 성』을 집필할 당시에 제기되고 있던 임신과 출산에 관한 문제, 특히 낙태를 해결하는 방법은 낙태를 합법화하는 것밖에 없다고 생각했다. 실제로 보부아르는 1970년대에 프랑스에서 낙태법 가결을 위한 운동에 적극 참여했다. 보부아르는 당시 프랑스를 대표하는 '343인 낙태 선언'에 서명했다. 그 결실로 프랑스에서는 1975년에 낙태가 합법화되었다.

낙태에 대해 논의한 다음 보부아르는 임신 문제로 넘어간다. 순서로 보면 임신 문제를 낙태 문제보다 먼저 다루어야 하지만 보부아르는 이 순서를 지키지 않았다. 어쨌든 보부아르는 여자에게 임신을 "자기와 자기 사이에 연출되는 일종의 극"(하:210)으로 본다. 여자는 임신을 열렬히 바라기도 하고, 또 그렇기 때문에 임신으로 자신이 풍요로워지는 것처럼 느낀다. 하지만 임신 때문에 자기가 손상되는 것처럼 느끼기도 한다. 태아는 여자 몸의 일부임과 동시에 여자의 몸을 잠식하기도 한다. 여자와 태아 사이에는 소유하고, 소유당하는 관계가 정립된다. 결국 임산부로서의 여자와 여자 자신의 몸속에 든 태아는 애매한 한 쌍을 이룬다.

이처럼 임신의 의미가 애매하기 때문에 임신 자체에 대한 여자의 태도 역시 어느 정도는 모순되며, 또한 이 태도 역시 태아의 성장 단계에 따라 변화한다는 것이 보부아르의 견해

이다. 많은 여자들은 임신 중에 '놀라운 평화'를 발견하기도
한다. 여자들은 자신들의 삶이 임신으로 '정당화'되었음을
느낀다. 성스러운 의식을 진행하는 사람처럼 자신의 몸에 일
어난 모든 변화를 관찰하며 기억하고자 한다. 임신을 통해 여
자들은 "종種을 구체화하며" "생명과의 약속"을 이행하고 있
으므로 다른 사람들에게 존경을 받으며, 스스로 충분히 자기
자신을 "향유할 수 있게" 된다.(하:218)

하지만 어떤 여자들은 종의 포로가 되기 시작하면서부터 자
신들의 몸에 나타나는 변화를 거북해하고 그로 인해 수치심
을 느끼기도 한다. 음식을 거부하거나 입덧을 하는 것도 그
가운데 하나이다. 또한 몸에 지나치게 신경을 쓰는 여자들은
임신 때문에 나타나는 몸의 변화, 예컨대 몸무게가 늘고, 유
방이 부풀어 오르고, 몸매가 두리 뭉실해지는 것 때문에 마음
아파할 수도 있다. 물론 정신이 균형 잡히고 성숙한 여자들은
이런 현상을 자연스런 과정으로 여길 것이다. 그러나 그렇지
못한 여자들에게는 실제로 강박관념이 될 수 있다.

보부아르는 임신의 마지막 단계인 분만에 대해서도 중요
한 의미를 부여한다. 이 단계에서도 여자가 태아에게 갖는 감
정은 여전히 애매하다. 여자는 자기의 "귀중한 한 덩어리인
혈육의 보배를 자기 뱃속에 언제까지나 가지고 싶어하는 욕
망"과 "귀찮은 것을 추방해 버리고 싶은 욕망"을 동시에 갖

는다.(하:221) 또한 해산을 하면서 "창조의 힘 같은 것"을 느끼는 여자들도 있는 반면, "수동적이 되는 것을 느끼고, 괴로워하고 괴로움을 당하는 도구처럼" 느꼈다는 여자들도 있다.(하:224) 게다가 보부아르는 분만할 때 느끼는 고통에 부여된 전통적 의미에 대해서 다른 의견을 제기한다. 전통적으로는 산고産苦를 "어머니 '본성'의 원천"으로 보며, 따라서 "어머니가 분만의 고통을 느끼지 않았을 경우, 아이를 볼 때 그 아이를 자기 아이로 깊이 인정하지 않는다고 생각하기도 했다."(하:223주) 이것은 "너희는 고통 속에서 아이를 낳으리라"라는 『성서』의 한 구절에 충실한 견해이다.(하:222~223) 하지만 보부아르는 1949년을 전후에 여러 나라에서 보급되고 있는 무통분만에 찬성한다.

출산 이후 여자는 진짜 어머니가 된다. 여자에게 어머니가 되는 것은 가장 큰 소망일 수 있다. 하지만 어머니와 갓난아기의 최초 관계는 모성애에 따라 일방적으로 규정되지 않는다는 것이 보부아르의 견해이다. 어머니는 갓 태어난 생명을 품고 기적을 몸소 체험한다. 하지만 이 환희와 기쁨 속에는 종종 "놀라움"과 "환멸"의 감정이 섞이기도 한다.(하:225) 왜냐하면 완벽하게 자기 소유라고 여겼던 아이가 이제 이 세상에 나와 한 사람의 '작은 이방인'으로 뚝 떨어져 있는 것을 보기 때문이다. 그리고 갓난아기는 아직까지 어머니의 존재를 의식할 수 없기 때문에, 그들 사이에는 아직 상호성 개념이 존재하지 않는다. 연약한 갓난아기는 완전히 수동적이며, 따라서 어머니는 아이에게 거의 일방적으로 모든 것을 주어야 한다. 이와 같은 요인들이 결국 출산 직후 여자가 침울함을 느끼는 주요 원인이다.

하지만 아이에게 젖을 먹이면서 점차 여자는 자식과 친밀한 관계를 회복한다. 경우에 따라서는 그 과정에서 "도리어 가슴 모양이 망가질까 봐 걱정하고" "유방이 찌그러지고 젖꼭지가 아픈 것을 원통해" 하는 여자도 없지 않다.(하:227) 하지만 대부분의 경우 여자는 출산과 젖을 먹이는 과정에서 참다운 모성애를 경험한다. 이와는 달리 보부아르는 그런 모성애를 무조건 긍정하고 찬양하는 태도에 거리를 둔다. 보부아르는 모성애를 불변하는 본질로 보는 대신에 어머니가 된 여자가 주위의 상황에 따라 아기에게 어떤 태도를 취하는가에 따라 모성애는 아주 다양한 모습을 띤다는 견해를 피력한다.

이상의 모든 예는 모성 '본능'이라는 것이 그만큼 분명히 존재하지 않는다는 것을 보여주기에 충분하다. 모성 본능이란 말은 아무래도 인류에게는 적용되지 않는다. 어머니의 태도는 상황 전체에 따라, 상황을 받아들이는 방식에 따라 정해진다.(하:230)

또한 아이에 대한 어머니의 태도 역시 임신 때와 마찬가지로 양가적이며, 특히 아이가 성장함에 따라 그 태도는 더욱 복잡한 양상을 띤다. 강보에 쌓여 있을 때의 아이 모습은 "살아 있는 인형이며, 작은 새이며, 새끼 고양이이며, 내 꽃이며, 내 진주이며, 내 병아리이며, 내 어린 양이다."(하:232) 하지만 어머니는 아이를 한 명의 '타자'로 인식하며, 아이가 성장하면서 그들의 관계는 점점 복잡해진다.

> 아기는 어머니의 복사물이어서 때로는 어머니가 완전히 아기 속에 자기를 소외시키고 싶은 유혹에 빠진다. 그러나 아기는 하나의 자주적 주체이다. 그러므로 반항한다. 그는 지금은 아주 현실적이다. 그러나 미래의 저쪽에서는 한 사람의 성년이다. 그는 부이며 보배이다. 또한 부담이며 폭군이다.(하:233)

아이에 대한 어머니의 이런 입장은 그대로 보부아르의 모성애에 대한 정의 속에 반영된다. 보부아르는 실제로 모성애를 "나르시시즘, 타애他愛주의, 몽상, 성실, 기만, 헌신, 쾌락, 멸시의 기묘한 혼합"(하:233~234)으로 본다. 모성애가 이처럼 어머니가 아이에 대해 갖는 복합된 감정들의 혼합체이기 때문에, 때로 어머니는 아이에게 위험한 존재일 수도 있다. 특별한 이유로 어머니가 아이를 고의로 미워하는 경우를 제외한다면, 가장 심각한 경우는 어머니가 아이를 자기의 분신으로 여기고 아이를 통해 자기 인생의 손실을 보상하려 드는 경우이다. 종종 어머니가 현실에서 만족하지 못해 아이를 인형이나 장난감 정도로 여기면서 소유하고 지배하려 들 수 있다. 하지만 아이는 곧 자기가 어머니의 영원한 '타자'가 아니라 한 사람의 '주체'라는 사실을 드러낸다. 그렇게 되면 대부분의 어머니들은 아이에게 대견함과 서운함을 동시에 느낀다. 그리고 아이가 성장하면서 점차 자기 품을 떠나려고 할 때, 어머니는 아이에게 자학증에 가까운 헌신을 하면서 스스로 아이의 '노예'로 자처하는 경우도 없지 않다.

이런 상황은 아이의 성별에 따라 달라지기도 한다. 장차 태어날 아이의 성에 대한 선호도는 개인에 따라 다를 수 있다. 그러나 여자들은 많은 경우 아들을 원한다는 것이 보부아르의 견해이다. 그것은 남성들이 현재 장악하고 있는 특권 때문이다. 여자는 아들을 낳기를 원하면서, 또 그 아들이 태어나 영웅이 되길 바란다. 여자가 바라는 것은 아들을 통해 이 세계를 소유하는 것이다. 하지만 이 희망은 그 자체로 모순이다. 왜냐하면 자신의 그런 희망이 이루어지기 위해서는 여자가 어머니로서 아들을 소유해야 하기 때문이다. 하지만 아들은 성장하면서 어머니의 품을 떠나고 만다.

어머니가 태어난 딸을 대하는 태도는 다음의 두 가지로 대별된다. 하나는 "자기의 복사라고 여기는 딸을 우수한 인간으로 만듦으로써 자신의 열등성을 보상하려고 기대하는" 태도이고, 다른 하나는 "딸이 자기를 닮는 것을 엄격하게 금하는" 태도(하:241~242)이다. 이 두 가지 태도는 딸이 성장했을 경우 더욱 분명해진다. 어머니는 자기의 복사판인 딸이 자신의 '타자'가 되는 것을 용납하지 못한다. 어머니는 딸 곁에서만 우월성을 느낄 수 있다. 따라서 딸이 성장해서 한 사람의 어엿한 주체가 되어 품을 떠나려 할 때, 어머니는 이중으로 질투를 느낀다. "자기에게서 딸을 빼앗아 가는 세계에 대한 질투와, 세계의 일부를 정복함으로써 그것을 자기에게서 훔쳐 가는 딸에 대한 질투가 그것이다."(하:243) 또한 딸의 성장은 그대로 어머니 자신의 노화를 의미한다. 따라서 딸을 지배하고 소유하려는 욕구가 아무리 강하더라도 결국 어머니는 딸과의 관계에서 패자가 되고 만다.

보부아르는 '어머니'라는 제목이 붙은 장의 결론에서 모성애에 관련된 두 가지 편견을 고발한다. 하나는 "모든 모성애라는 것이 그것만으로 여성을 충분히 만족하게 한다는 생각이다."(하:246) 앞에서 살펴본 것처럼, 보부아르 역시 아이를 낳는 행위 자체가 지닌 중요성과 의미를 부정하지 않는다. "아이는 여자가 온 정신을 기울여 노력할 만한 가치가 있는 기획이다"(하:247)라는 것이 보부아르의 견해이기도 하다. 하지만 여자에게 "아이가 최고의 목적이라고 주장하는 것"은 광고의 선전 문구 이상의 의미는 없다는 것이다.(하:248)

또 다른 하나의 편견은 "아이는 어머니 품속에서 확실한 행복을 발견한다는 것"(하:248)이다. 앞에서 아이에 대한 어머니의 태도와 감정이 양가적이고 나아가서는 아주 복잡하다는 사실을 지적한 바 있다. 보부아르는 모성애를 본질적인 것으로, 그것도 항상 선하고, 부드럽고, 따뜻한 본질을 가지고 있는 것으로 간주하지 않는다. 특히 보부아르는 이런 사실을 토대로 아이들의 교육 문제를 거론한다. 보부아르는 "'인간 형성'이라는 가장 어렵고도 중대한 기획을 여성에게 맡긴다는 것은 용서할 수 없는 모순"으로 본다.(하:249) 아이들의 교육을 거의 전부 담당하고 있는 어머니들은 많은 경우 "욕구불만인 여자들"(하:234)이라는 것이 그 이유이다. 그런데도 "세상은 이런 여자들의 품에다 아무 거리낌 없이 아이를 맡기고 있다."(하:249) 이에 대한 대안으로 보부아르는 '집단 교육'을 제안한다. 물론 가장 이상적인 경우는 어머니가 "완전한 인격자"이고, "일과 집단과의 관련 속에서 자기 완성을 발견하는 여자"인 경우일 것이다.(하:250) 그러나 현실에서 이런 이상은 실현하기 어려우며, 따라서 보부아르는 아이의 교육이 친구들과 아이의 관계에서 전혀 이해타산이 개입되지 않는 성인의 감독 아래 이루어지는 것이 바람직하다는 의견을 개진한다. 보부아르는 '어머니' 장을 마치면서 "부부 관계, 가정 생활, 모성애는 모든 요소가 서로 규제하는 하나의 전체를 형성하고 있다"고 말하면서, 결국 문제는 이 세 요소들 사이의 "조화"에 있다고 강조한다.(하:251) 『제2의 성』이 출간된 1949년 당시보다 오늘날 여성들의 여러 여건들이 상대적으로 나아졌다고 하지만, 이 문제는 여전히 해결해야 할 과제로 남아 있다. 아니 이 문제는 남녀의 성 구별이 존재하는 한 계속해서 해결점을 찾아야 할 문제라고 하는 편이 옳을 것이다. 여기에서는 다만 다음과 같은 일화 하나만을 지적해 보자. 많은 사람들이 『제2의 성』을 비난하면서, 아이도 낳아 보지 않은 여자가 어떻게 어머니와 모성애에 대해 논의할 수 있느냐고 따졌던 일이 있었다. 우리는 이 일화에 어떤 의미를 부여해야 할까?

사교 생활

여자가 어머니가 되는 체험을 살펴본 다음에 보부아르는 여자의 '사교 생활'에 주목한다. 주부, 어머니로서의 여자가 주로 활동하는 사회 구성 최소 집단인 가정은 폐쇄된 공동체가 아니다. 가정은 사회를 향해 열려 있으며, 따라서 한 가정을 이끌어 가는 부부는 사회적 인격체로서 다른 부부들이나 집단들과 자연스럽게 유대를 맺는다. 이 과정에서 여자는 방문이나 초대 따위의 형식으로 가정의 사교 생활을 주도하기도 하며, 또한 그렇게 함으로써 자신의 사회적 지위와 신분을 유지하고 정당화하기도 한다. 보부아르는 이와 같은 노력으로 화장, 치장, 사교 생활, 그리고 간통을 묶어 논의한다.

직장에 다니지 않는 여자도 외출을 하거나 손님을 접대하기 위해서는 자기 자신을 드러내 보여야 한다. 그러기 위해서는 보통 화장도 하고 치장도 한다. 그런데 여자의 화장과 치장은 "이중 의미"를 갖는다. 그것은 여성의 "나르시시즘"을 나타냄과 동시에 여자의 "사회적 품위(생활 정도, 재산, 여자가 속해 있는 환경)"를 나타낸다.(하:254) 여자는 화장과 치장을 하면서 자기의 존재를 표현한다고 생각한다. 이런 의미에서 화장과 치장은 여자에게 "자기의 인격을 자기 것으로 만들기 위한 일종의 노동"이며, 여자는 "자기의 자아를 자기 자신이 선택하고 재창조하는 것으로 생각한다."(하:254) 그러나 보부아르는 나르시시즘적 화장과 치장은 여자를 자연과 동화하게 하고, 점차 수동적이고 종속적인 상태로 빠뜨리는 결과를 낳는다고 본다.

우선 여자는 자기 몸에 뿌리는 향수, 목에 거는 목걸이, 머리에 꼽는 장식 따위와 구별되지 않는다. 여자는 자기 몸에 두르고 걸치고 끼는 모든 장식들을 자기 "살에 섞어 버린다."(하:255) 그렇게 함으로써 여자는 그것들과 동화되며, 또한 그것들을 통해 이 세계를 소유한다고 믿는다. 하지만 자신을 꾸며 주는 장식들에 관심을 집중하면 할수록 여자는 점차 물건의 지위로 떨어진다. 또한 여자의 가치는 정신의 성숙함이나 교양, 양식 등으로 결정되는 것이 아니라, 물건으로서 자기를 얼마나 잘 치장하느냐에 따라 결정된다. 결국 여자는 화장과 치장을 통해 자기 자신을 "자주적인 개인"으로 드러내는 대신, 오히려 자신을 "남자의 욕망의 먹이로 제공하기 위해 자신의 초월성을 절단하는" 결과를 낳는다.(하:254)

그 다음으로 보부아르는 화장과 치장은 여자에게 점차 "예속"과 "굴종"의 결과를 낳는다고 본다.(하:262) 여자는 화장과 치장을 하기 위해 상당한 돈과 시간과 노력을 투자한다. 여자가 화장과 치장을 위한 물품들을 갖기 위해 백화점 등에서 도둑질을 하거나 몸을 파는 경우도 허다하다. 물론 이런 투자는 기쁨의 원천이기도 하다. 하지만 시간의 폭력 앞에 노출된 몸을 가꾸기 위해 계속해서 돈과 시간과 노력을 들인다는 것, 그것도 도둑질 같은 범죄를 저지른다는 것은 이미 대다수의 여자들이 화장과 치장에 종속되어 있다는 것을 보여준다.

여기에 더해 화장과 치장으로 인해 여자가 굴종과 종속의 상태로 떨어지는 것은 어느 정도 남자들과의 관계에서 보이는 수동성과 예속과도 무관하지 않다. 화장이나 치장에서 특히 나르시시즘적 의미를 부여하는 여자들, 예컨대 "나는 나 자신을 위해 옷을 입어요"―또는 "나는 나 자신을 위해 화장해요"―라고 말하는 여자들의 경우도 예외가 아니다. 왜냐하면 "나르시시즘에는 타인의 시선이 포함되어 있기" 때문이다.(하:265) 여기에서 '타인'은 물론 '남자들'이다. 시간의 폭력으로 점차 젊음과 몸의 싱그러움을 잃어 가는 여자들에게 화장은 성적 매력을 보장해 주는 "재산이며, 자본이며, 투자"(하:264)일 수 있다. 종종 이런 투자는 효과가 있기도 하다. 하지만 거기에는 항상 무시할 수 없는 위험이 따르는데, 바로 '기만'과 '종속'이다.

화장은 기만적이다. 왜냐하면 여자가 남자라는 타인의 시선을 통해서만 자신의 진정한 모습을 찾기 때문이다. 화장 기술은 환영을 만들어 낸다. 이런 의미에서 "화장은 정복의 도구가 될지언정 방어를 위한 무기는 될 수 없다."(하:266) 그 당연한 결과로서 여자가 자신을 남자에게, 그것도 많은 남자들에게 보이기 위해 하는 화장과 치장은 결국 여자 자신을 "괴로운 종속 상태"(하:267)에 빠뜨린다.

이와 같은 기만과 종속 상태는 화장이 갖는 또 하나의 측면, 즉 '사회적 품위'를 고려해 보아도 마찬가지이다. 보부아르는 '옷을 입는 방법'을 통해 이 사실을 증명한다. "여성의 노출욕과 수치심" 또는 도덕과의 "타협"을 규정하는 것은

"풍습"이기 때문에(하:258), 보통 기성 질서에 따르는 여자의 경우에는 신중하고 품위 있는 옷을 입음으로써 자신을 치장하고 드러낼 수 있다. 이에 반해 이른바 "해방된 여성"은 대담하고 타협을 거부하는 옷을 통해 자신의 사회적 태도를 표명할 수 있다. 후자의 경우에 여자는 항상 전통, 풍습, 도덕 등의 이름으로 규탄받기 십상이다. 따라서 대부분의 여자들이 규탄받지 않기 위해 자신을 마치 한 사람의 "극중 인물"로 생각하고, 자신의 의도와는 상관없이 자신을 연출하는 유희를 펼칠 가능성은 항상 존재한다.(하:259) 하지만 이와 같은 자기 연출은 기만적이고 종속적이다. 우선 그것은 남자들의 시선이라는 무언의 통제와 압력 아래에서 이루어진다는 의미에서 수동적이고 종속적이다. 그리고 여자의 자기 연출에는 이미 소외가 포함되어 있다는 점에서 그것은 기만적이다.

주부와 어머니로서의 여자의 사교 생활 가운데 손님 초대와 답방, 그리고 외출 등은 가장 일반적이라 할 수 있다. 그런데 여자들의 사교 생활은 별다른 긍정적인 결과를 가져다주지 못하는 것으로 평가된다. 왜냐하면 "사교의 의무로 모인 여자들은 서로 대화를 나눌 아무런 이야깃거리가 없기 때문"이다.(하:268) 물론 여자들끼리 심각한 주제로 대화를 못한다는 것은 결코 아니다. 하지만 보부아르는 대부분의 경우 여자들끼리의 대화는 생활 주변의 얘깃거리를 넘어서지 못한다고 본다. 또한 여자들끼리 맺는 강한 우정, 그리고 이를 토대로 형성되는 강한 연대 의식을 가지고 뭉치는 경우는 대단히 드물다고 한다. 왜냐하면 "여자의 운명이라는 일반성 속에 갇혀" 있는 여자들은 "폐쇄된 생활 속에서 일종의 '피차일반'이라는 기분으로 연결되어 있기" 때문이다.(하:272)

하지만 이와는 반대로 여자들의 우정은 남자들에 비해 아주 독특한 가치를 갖기도 한다. 예컨대 여자들만의 관계에는 "거짓이 없는 진실"(하:273)이 있다. 여자들은 대부분의 경우 남자들 앞에서는 긴장하고 가장한다. 하지만 여자들끼리는 더 솔직한 태도로 대할 수 있으며, 따라서 속내도 털어놓을 수 있다. 하지만 이런 긍정적인 측면 역시 여자들의 사교 생활에 별다른 의미를 부여하지 못한다는 것이 보부아르의 견해이다. 왜냐하면 여자들 각자는 고립 속에서 남성적 가치들을 갖기를 바라며, 그렇기 때문에 종종 다른 여자들에 대해 적대감을 품기 때문이다. 결국 여자들끼리의 관계는 "포로 신분의 동료들"끼리의 관계이며, 여자들은 서로 도와 자신들의 "감옥 생활"을 견디어 나가고, "탈출"까지도 준비한다는 것이다.(하:278) 하지만 여자들은 한데 뭉쳐 감옥 문을 부수고 자신들을 가둔 남자들에게 저항하는 것이 아니라, 오히려 자신들의 "해방자는 남자들의 세계에서 올 것"이라고 믿고 있는 잘못을 저지르고 있다.(하:278)

다른 한편, 보부아르는 여자의 사교 생활을 일종의 "포틀 래치potlatch"로 보고 있다. 포틀래치는 고대사회의 여러 부족 들이 많은 양의 물건을 주거나 파괴하는 의식이다. 그런데 이 포틀래치가 '파괴하는' 성격을 지닌다는 점은 흥미롭다. 이 의식에 참여하는 부족들이나 개인들은 자신들이 가진 물건 을 더 많이 파괴하고 더 많이 줌으로써 자신들의 우위를 과시 하려 한다. 보부아르는 정확히 사교 생활, 특히 초대와 답방 에서 이와 같은 현상이 나타난다고 본다. 초대를 받은 여자는 자신을 초대한 다른 여자를 초대해 자신이 받은 대접보다 더 화려하고 융숭한 대접을 해야 한다. 왜냐하면 그렇게 하지 않 으면 자신의 체면이 깎이기 때문이다. 따라서 여자들 사이에 는 불필요한 경쟁이 생길 수 있으며, 순수한 마음으로 이루어 져야 할 초대와 방문, 곧 여자의 사교 생활이 엄청난 부담으 로 작용할 수도 있다. 또한 이와 같은 현상이 악순환으로 이 어질 가능성도 있다.

> 다른 사람에 대한 이런 봉사는 순수한 관대함으로 열린다면 연 회는 진정한 잔치가 된다. 그러나 사회의 관례적 행사가 되면, 곧 포틀래치는 하나의 제도로, 선물은 의무로 바뀌고, 연회는 부자연스러운 의식이 되고 만다. '요리집에서 외식'을 즐길 때 도 초대를 받은 여자는 그것을 갚아야겠다고 생각한다.(하:270)

여자의 사교 생활의 다른 한 가지 형태로 보부아르는 '간통'을 들고 있다. 여자에게 간통은 자신의 삶의 조건에서 벗어나고자 하는 시도라는 것이 보부아르의 견해이다. 여자는 어린 시절부터 지도자를 갖고 싶어한다. 그런데 결혼한 다음에도 때로는 이 꿈이 되살아나는 경우가 있다. 결혼한 여성이 보기에 위력과 광채를 잃는 것은 남편이지 결코 모든 남성이 아니다. 여자들은 흔히 자신의 정신과 몸을 의지할 수 있는 상대인 '신부神父'와 '의사'에게서 그런 지도자의 모습을 본다. 그러나 여자가 결혼한 뒤에 다른 남자를 꿈꾸는 것은 대부분의 경우 남편과의 육체적, 정신적 불만족에서 기인한다고 할 수 있다.

여자는 남편과의 육체관계에서 만족하지 못하는 경우 "다른 남자의 침대 속에서 교육을 완성하려고 노력"할 수도 있다.(하:284) 보부아르의 표현을 빌리자면, 이 경우 남편은 "성의 안내자로서 보람 없는 역할"(하:285)을 했을 뿐이다. 여자가 정신에 문제가 있을 경우에도 여전히 다른 남자를 찾으려 할 수 있다. 예컨대 남편이 지나치게 폭력적인 경우 여자는 복수하는 차원에서 다른 남자에게 의지할 수도 있다. "그이는 이 세상에 하나밖에 없는 남자가 아니야. 내 마음에 드는 남자는 얼마든지 있어. 나는 남편의 노예가 아니야. 그이는 자기를 영악하다고 생각하는 모양인데, 한번 속아 보라지"

(하:283)라고 생각하면서 말이다. 또한 날마다 보는 남편과의 관계에서 느끼는 권태, 무미건조함, 짜증 등이 여자를 간통으로 몰아가는 원인일 수도 있다. "날마다 너무도 자주 만나는 남편의 시선은 이젠 여자의 모습에 충분한 활기를 주지 못하"며, 따라서 여자는 "아직도 신비로운 눈으로 자기 자신을 보아 주기를 원하기" 때문이다.(하:282)

만약 여자가 스스로 원해서 간통을 했다면, 거기에는 "자유"의 한 단면이 담겨 있다는 것이 보부아르의 견해이다.(하:285) 물론 연인과 더불어 정신과 육체의 만족을 꾀하는 것은 주위의 상황 때문에 제한된다. 또한 모든 연애 관계, 또는 모든 간통이 "동화에서처럼"(하:287) 아름답게 끝나는 것도 아니다. 일부일처제 사회에서 간통은 여전히 중대한 사건이다. 간통을 범죄로 여기는 사회도 있다. 그렇지 않은 사회에서도 간통 당사자들은 항상 거짓과 위선에 빠져 남편을—또는 아내를—그리고 주위 사람들을 속임으로써 점차 인간성을 잃어 간다. 그들은 "부부 관계에 존재하는 온갖 권위를 결국 말살하는" 결과를 낳는다.(하:288) 게다가 간통은 늘 여성에게 더 불리하고 가혹하게 작용한다. 어떤 나라, 어떤 사회에서든지 부부 생활과 성의 만족, 나아가 정신의 만족까지를 조화롭게 하는 것은 어려운 문제임에 틀림없다. 다만 보부아르는 남녀 평등을 확립하는 것이 간통을 사라지게 하는, 충분하지는 않지만 필요한 조건은 된다는 사실을 지적하고 있다. 어쨌든 보부아르는 '사교 생활' 이라는 제목이 붙은 장에서 화장과 치장, 사교 생활, 여자들 사이의 우정, 간통 등은 근본적으로 여성해방의 주요 동인이 못 되며, 그저 일시적인 도피 정도에 불과하다는 결론을 내리고 있다.(하:291)

매춘부와 첩

보부아르는 '사교 생활' 에 이어 '매춘부와 첩' 이라는 제목의 장에서 여성이 사회에 진입하는 형태들을 검토한다. 그한 가지 형태가 매춘이다. 매춘은 항상 악으로 간주되었다. "화려한 궁전의 위생을 보증하기 위해서는 하수 설비가 필요"한 것처럼 매춘 제도는 필요하다는 것이 교회의 입장이기도 했다.(하:292) 또한 매춘부는 희생양으로도 여겨졌다. 왜냐하면 매춘부 같은 "타락한 여자들"의 존재가 있음으로 해서 이른바 "정숙한 여자들"의 존재가 더욱 빛을 낸다고 생각했기 때문이다.(하:291) 여하튼 어떤 사회에서든지 남자들의 성욕을 해소하는 방편이 되고 있는 매춘부들은 순기능을 하면서도 항상 "천민 대우"(하:292)를 받아 왔다.

매춘은 흔히 경제적 측면에서 결혼과 비교되기도 한다. "매음을 해서 자기를 파는 여자들과 결혼을 해서 자기를 파는 여자들의 유일한 차이는 그 계약의 금액과 기간에 있다"

(하:292)고도 한다. 하지만 이런 유사성이 있지만 이 두 제도 사이에는 뛰어넘을 수 없는 간극이 엄존한다. 그것은 "본부인은 아내로서 압제를 받기는 하지만 인간으로 존경을 받는다는 것이다. 반면에 매춘부는 인간으로 대접받지 못하며, 매춘부의 내부에는 여성 노예제의 모든 양상이 녹아 있다." (하:292~293)

그렇다면 매춘을 하는 동기는 무엇일까? 보부아르는 심리 요인과 경제 요인을 꼽는다. 매춘은 여러 심리 요인으로 설명할 수 있다. 예컨대 가정불화, 애정 결핍, 어른 노릇을 하고 싶은 욕망, 비정상적으로 성에 입문, 부부 사이의 불만족 등이 있다. 하지만 보부아르는 매춘을 하는 동기로 심리 요인보다는 오히려 경제 요인에 중점을 둔다. 보부아르는 매춘 행위를 하는 여자들 가운데 상당수가 "부족하거나 충분하지 못한 급료"에서 오는 어쩔 수 없는 결과라는 분석에 동의한다.(하:293) 또한 상당수의 매춘부가 하녀 출신이라는 점, 부모에게 버림을 받아 어려운 환경에서 삶을 연명하기 위해 매춘을 하는 여성들의 비율이 높다는 점, 그리고 전쟁을 전후한 혼란기에 매춘이 증가한다는 점 등을 지적한다. 보부아르는 이처럼 매춘이 사회 모순 때문이라는 사실을 강조하며, 따라서 매춘부들에 대한 통념, 즉 매춘부들의 피 속에 매춘부가 될 운명을 타고났다는 결정론을 불식하고 있다.(하:293)

그렇다면 매춘을 해결하는 방법은 없는 것일까? 이 문제에 대해 보부아르는 별다른 제안을 하지 않는다. 어쩌면 매춘을 완전히 사라지게 하는 비법은 없는지도 모른다. 다만 보부아르의 논의에서 우리는 다음의 두 가지 방책을 추론해 볼 수 있다. 하나는 여자들의 경제 조건을 개선하는 방책이다. 다른 하나는 결혼과 성의 분리이다. 하지만 둘째 방책에서는 결혼 제도와의 충돌을 어떻게 무리 없이 해결하느냐의 문제가 중요한 관건이다. 실제로 보부아르는 매춘에 대한 논의를 하면서 매춘에 따르는 여러 가지 문제를 고발한다. 예컨대 매춘부들을 인격체로 대접하지 않는 태도, 형편없는 노동 조건―매춘이 직업이라면―, 위생 조건, 매춘부들 주위에 형성된 폭압적인 인간관계 등의 문제다. 따라서 매춘이 불가피하다면, 이런 문제들을 해결하려는 노력이 오히려 매춘이 갖는 의미를 제대로 평가하는 데 중요한 변수로 작용할 수 있을 것이다.

다른 한편, 보부아르는 훨씬 좋은 조건에서 매춘 행위를 하는 여자들에 대해서도 논의한다. 왕궁의 시녀들, 기생, 문예부흥기의 유녀遊女나 일본의 게이샤 등이 그 예이다.(하:310) 보부아르는 이런 부류의 여자들을 "첩(고급 창녀)"이라고 부른다. 보부아르는 첩을 "자신의 육체뿐만 아니라 자신의 모든 인격을 자본으로 생각하고 이용하는 모든 여성들"로 규정한다.(하:309) 보부아르에 따르면 이런 종류의 매춘을 하는 여자들의 최종 형태는 미국의 영화 스타들이다.(하:307) 흔히 볼 수 있는 것처럼 이런 여자들은 경제적으로 독립했을 뿐만 아니라, 남자들과의 관계에서도 떳떳이 '주체'의 위치를 확보한 것으로 보인다. 하지만 이런 부류의 여자들에 대한 보부아르의 시각은 대단히 비판적이다.

　보부아르는 우선 이런 부류의 여자들이 누리고 있는 독립과 주체의 상태가 피상적인 것에 불과하다고 본다. 어떤 남자들도 이들을 결정적으로 지배할 수는 없지만, 여자들은 절대적으로 남자들을 필요로 한다. 이런 여자들은 자신들의 생활이 많은 남자들의 손에 달려 있다는 것을 너무나도 잘 안다. 그 다음으로 이들의 삶 자체가 대부분의 경우 대중들이 원하는 모습으로 꾸며지기 때문에 주체적이지 못하다. 이들은 대중의 '시선'을 먹고사는데, 이 때문에 자신들의 모습을 연출하는 데 급급하다. 따라서 이들의 삶은 항상 "의존적"이다.(하:313~314)[58] 게다가 이러한 여자들의 사고방식은 "보수적"이다.(하:314) 항상 자신들이 부와 영광을 누리는 현재 상태가 그대로 유지되기를 바란다. 마지막으로 이들이 누리는 자유는 전혀 생산적이지 못하다는 것이 보부아르의 견해이다. 이들은 "한 작품 속에서 자기를 초월함으로써 주어진 숙명을 극복하고, 타인 속에서 자유를 불러일으켜서 그 자유를 위해 미래를 개척하는 창조자의 태도"(하:309)와는 판이한 태도를 갖는다. 이 여자들은 초월과 비상을 위한 아무런 길도 개척하지 못한다. 그러기는커녕 여자로서 자신들의 처지에 "마력"을 부여해서, 그 마력으로 남자들을 "외관"의 함정에 빠지게 해서 "자기 안에 삼키는" 행위를 할 뿐이다.(하:309) 한 마디로 이 여자들은 "남자들을 자기와 함께 내재성 속에 가둔다."(하:309) 요컨대 이 여자들의 여유는 환영일 뿐이며, 이들이 누리는 삶은 한갓 연출된 "희극"에 불과하며, 따라서 이 여자들의 삶은 "진정하지 못한 삶"이라는 것이 보부아르의 결론이다.(하:314)

노년기

보부아르는 여자의 삶이 남자의 삶보다 한 단계에서 다음 단계로 넘어가는 과정에서 더 "위험하고 험준하며" 더 "결정적 위기"를 겪는다고 본다. 예컨대 "사춘기, 최초의 성 경험과 폐경"이 그것이다.(하:318~319) 그리고 "남자는 서서히 늙어 가는 데 비해 여자는 돌연히 그 여성다움을 빼앗긴다."(하:319) 보부아르는 『제2의 성』을 쓸 무렵 마흔 살이었다. 그러나 보부아르는 노년의 문제에 커다란 중요성을 부여했으며, 『노년』이라는 또 하나의 명저를 남겼다. 여하튼 보부아르는 『제2의 성』에서 그렇게 많지 않은 나이에 "존재의 의미와 행복의 기회"이기도 한 "성적 매력"과 "수태력"을 빼앗겨 버린 여자의 아픔을 기술한다. 여자는 폐경 이후 "모든 미래를 박탈당한 채 성인의 생애의 약 절반을 또 살아가야 한다." 특히 성년 시기에 안정을 발견하지 못한 대부분의 여자들이 노년을 안정되게 지낼 수 있는 가능성은 희박하다. 따라서 이 시기는 위기의 시기이다.

여성에게 폐경은 "상징적 가치"(하:319)를 갖는다. 물론 폐경을 반기는 여자들이 있기는 하다. 예컨대 날마다 "심한 노동을 하는 여자들" 같은 경우에는 "월경의 굴욕이 사라진 것을 안도감으로" 맞이하기도 한다.(하:319) 하지만 대부분의 여자들은 폐경이라는 '결정적 고장'이 나타나기 전부터 늙는다는 공포에 사로잡힌다. 그렇다고 해서 여자들만 늙음에 대해 공포를 느끼는 것은 아니다. 남자들 역시 시간의 폭력 앞에 굴복해야 한다는 사실에 절망한다. 하지만 보부아르는 주로 여자들의 노년을 논의 대상으로 삼고 있다.

성숙기─보부아르는 이 시기를 서른다섯 살 무렵으로 잡고 있다─에서 노년기로 접어들어 폐경기를 눈앞에 둔 여자는 점차 사라지는 젊음을 유지하기 위해 노력한다. 하지만 시간의 횡포는 이미 오래전에 시작되었다. 이 횡포에 저항해 보았자 뾰족한 수가 없다. "머리 염색, 피부 미용, 화장술은 여자의 청춘을 약간 늦추는 것일"뿐 아무리 해도 "거울은 속일 수 없다."(하:320) 여자는 드디어 "죽음의 숙명 그 자체에" 느

리기는 하지만 "접근하고 있다고 느낀다." (하:320)

이 시기에 여자는 독특한 반응을 보인다. 제일 먼저 "후회와 비탄"(하:321)이 나타난다. 대부분의 사람들이 젊었을 때를 돌아보는 것처럼 노년기를 앞둔 여자 역시 자신의 생을 수많은 회한을 가지고 되돌아본다. 따라서 이 시기의 여자는 자기를 이해해 줄 상대를 만나면 자신의 심정을 끝없이 토로한다. 자신의 생에 대해 항상 과거형으로 회상 소설을 쓴다. 왜냐하면 좀더 여건이 좋았더라면 자기가 이루지 못했던 꿈을 이룰 수도 있었을 것이라고 공상하기 때문이다. 여자는 이제부터라도 늦지 않았다고 생각하고 자신의 생을 다시 설계하려 든다. 그러면서 여자는 "안타까운 자신의 미래의 문턱에서 사춘기 소녀 같은 행동"(하:320)을 하기도 한다. 옷을 젊게 입고, 어린애 같은 표정이나 동작을 취하며, 별것 아닌 일에도 박장대소를 하는 코미디를 연출하기도 한다. 너무 늦기 전에 처녀 시절의 욕망을 모두 실현하려 한다. 피아노 앞에 앉기도 하고, 조각, 창작, 여행을 시작하는 경우도 있으며, 스키를 배우고 외국어를 배우기도 한다. 이처럼 여자는 "새롭게 출발하려는 욕망에서 새롭게 출발하는 기분"(하:322)을 느끼려 한다. 하지만 이런 출발은 진정한 출발이 못된다. 왜냐하면 이 모든 것은 결국 자신의 "과거의 과실과 실패"를 그저 "상징적으로 보상하는 것"이기 때문이다. (하:322)

그 다음으로 노년기로 접어들면서 많은 여자들에게 나타나는 반응이자 문제는 이른바 "탈인격화의 감정"(하:324)이다. 이 시기를 사는 여성들 대부분은 공상과 현실 사이의 경계를 모호하게 느낀다. 사람이 불가항력적인 일을 당하면 그런 일에 농락을 당하는 수동적 객체일 뿐인 자기 자신을 타인처럼 느끼는 것과 같은 이치이다. 여자의 경우에도 마찬가지이다.

> 사람이 자기를 의식하고 활동력이 있고 자유스럽다고 느낄 때, 운명에 농락당하는 수동적 객체는 필연적으로 타인처럼 생각된다. 자동차에 치인 것은 '나'가 아니다. 거울에 비친 이 늙은 여자는 '나'가 아니다. '그토록 젊다고 자기를 느껴 본 적도 없고', 또한 그토록 나이를 먹었다고 느껴 본 적도 없는 여자는 자신의 이와 같은 양면을 융화할 수가 없다. 시간이 흐르고, 추이가 자기를 좀먹는 것은 꿈속에서의 일이다. 이와 같이 현실은 멀어지고 얇아진다. 동시에 여자는 자기와 환상을 확실하게 구별하지 못한다.(하:324~325)

이때부터 여자는 점차 도취, 계시, 망상 등에 유혹되기 십상이다. 예컨대 40대에서 50대 사이의 여자가 가장 강한 성욕을 느낀다. 여자는 젊은 남자를 "사냥"하려 들고(하:327),

그것도 마음대로 안 되면 "돈으로 매수"하려 들기도 한다.(하:328) 또한 현실과 어느 정도 거리를 두는 것을 보장해 줄 것 같은 모든 "미심쩍은 권위"(하:325)라도 열렬히 잡으려 한다. 그렇게 함으로써 여자는 자신을 "구제함으로써 세계를 구제할 수 있다는 약과 처방전"(하:326)을 자기 손에 넣은 것으로 착각한다. 이처럼 노년기에 접어든 여자, 즉 폐경기를 앞두고 있는 여자는 자신의 일생을 "무참하게 둘로 절단하는" 위기에 직면한다.(하:326) 이 위기에 맞서 앞에서 살펴본 여러 가지 노력들을 하다가 어느 날 갑자기 무장해제를 결심한다. 그러니까 여자는 자신의 '늙음'에 동의하고 마는 것이다. 비록 마음속에는 뜨거운 정열이 아직 꺼지지 않았는데도 말이다.

여자는 폐경기를 거치면서 '나이 먹은 여자'가 된다. 여자의 상황은 그 이전과는 판이하다. 여자는 우선 자기보다 더 빨리 쇠약해진 남편과의 관계에서 주도권을 쥔다. 그리고 점차 여자의 의무에서 해방되며, 마침내 "자유"를 발견한다.(하:329) 하지만 이 자유는 쓸데없는 자유이다. 왜냐하면 "여자는 모든 효력을 상실하는 순간에 비로소 노예 상태에서 벗어나기 때문이다."(하:329~330) 결국 여자는 "아무도 나를 필요로 하지 않아!"(하:330)라는 말을 되풀이해서 외칠 수밖에 없는 상황에 놓인다.

하지만 노년기의 여자는 매사를 쉽게 포기하지 않는다. 남편에게 애절하게 매달리기도 하며, 특히 자식들에게 희망을 품는다. 여자는 자식들을 따라 그들에게 열린 세계를 향해 뛰어들고자 한다. 보부아르는 자식이 딸이냐 아들이냐에 따라 노년기 여자의 태도가 달라진다고 본다. 자식이 딸인 경우 여자는 딸에게서 자신의 '분신'을 본다. 하지만 이 분신은 "애매하며" 따라서 여자가 딸에 대해 갖는 태도는 "대단히 상반적"이다.(하:335) 우선 성장한 딸은 어머니에게 "사형을 선고한다."(하:335) 그 이유는 성장한 딸이 집에서 어머니의 위치를 그대로 물려받기 때문이다. 그 다음으로 어머니는 항상 딸이 "어린애일 뿐이다"라는 점을 강조하며, 딸 혼자서는 아무것도 할 수 없다는 것을 잘 알게 하려고 한다.(하:336) 하지만 성장한 딸은 이미 어린애가 아니며, 이제는 어머니의 모든 역할을 대신할 수 있으며, 그것도 더 잘할 수 있는 위치에 있다.

또한 이런 시각에서 보면 딸의 결혼과 사위의 출현은 어머니에게는 큰 충격이다. 딸의 남편인 사위에게 애정 아닌 애정을 느끼며, 그와 결혼하는 것은 딸이 아니라 바로 자신이라고 상상하는 어머니도 있다. 그래서 여자는 딸보다도 자기가 꿈꿔 왔던, 그러나 갖지 못했던 남자를 사윗감으로 고르려 한다. 하지만 이런 상상은 부질없는 일이다. 또한 딸과 사위 사이에 아이가 생기면 여자는 이 아이에 대해 적의를 품기도 한다. 손자에 대한 여자의 감정은 딸에 대한 감정의 연장이기 때문이다. 하지만 많은 경우 여자는 아이를 독점하려 한다. 20여 년 전으로 되돌아가 자신이 임산부가 된 것 같은 착각을 한다. 그리고 폐경과 더불어 단념했던 모성애를 새로이 느끼기도 한다. 하지만 아이는 결국 딸에게 넘겨진다. 여자의 역할은 기껏해야 조력자일 뿐이다. 아무리 딸을 질투해 봐야 소용없다. 이제껏 누려왔던 옥좌에서 쫓겨난 느낌이 들어도 어쩔 수 없다. 시간은 이제 여자의 편이 아니다.

노년기의 여자는 보통 딸보다 아들에게 더 큰 희망을 갖는다. 키우면서 아들에게 꾸지람도 많이 하고 매를 들기도 했지만 이제는 모두 과거의 일이다. 장성한 아들을 보면서 여자는 흡족해한다. 아들이 여자의 '의젓한 왕자' '해방자' '구세주'이길 바란다. 그를 낳았다는 것만으로도 흐뭇해하며, 그처럼 훌륭하게 자란 아들을 마치 자신의 "작품"(하:332)으로 생각한다. 한마디로 아들은 여자의 영웅이다. 따라서 자신이 아들에게 절대 필요한 존재라고 생각하면서 자신의 존재를 정당화하려고 끝까지 노력한다.

하지만 노년기 여자의 이런 노력은 곧 성과 없이 끝나고 만다. 왜냐하면 "대리代理로 산다는 것은 언제나 일시적인 방편"(하:332)이기 때문이다. 아들은 여자의 소망대로 성장하지 않을 수도 있다. 사회에서 낙오자가 될 수도 있다. 또한 성인

이 된 아들은 곧 결혼을 한다. 여자는 아들 곁에서 마치 '누나' 처럼 보이길 원한다. 그러나 '며느리' 의 출현은 여자의 그런 꿈을 한 번에 부숴 버린다. "어머니에게서 자식을 '빼앗는' 이 외부 여자에 대해 여자가 느끼는 적의"(하:334)는 잘 알려져 있다. 흔히 말하는 고부간의 갈등도 이런 적대하는 마음의 일종일 것이다. 여자는 새로 집에 들어온 며느리라는 이 '침입자' 에 대해 과거의 가치, 이미 존재하고 있는 가치를 내세운다. 점차 여자와 며느리 사이의 긴장은 높아 간다. 그러다가 손자, 손녀의 출생은 노년기 여자의 삶에 또 다른 획을 긋는다. "아이들의 출생은 부모의 죽음이다"(하:334)라는 말이 말 그대로 커다란 힘을 갖는 경우가 바로 손자, 손녀의 출생이다. "자기 아들 속에서 살아남는 희망을 걸고 있는 어머니는 그때 사형선고를 받았다는 사실을 깨닫는다."(하:334~335) 시어머니가 임신을 한 며느리를 미워한 나머지 살해할 결심을 하는 경우도 있다고 한다.(하:335)

보부아르는 노년기를 슬픈 비극의 시기로 규정한다. 특히 노년기의 여자를 괴롭히는 요인은 바로 '무용성' 이다. 물론 건강하면 각종 모임에 나가고, 봉사활동을 하고, 소일을 할 수 있는 모임을 조직하는 일에 관여하며, 경제적 여건이 되면 '살롱' 같은 것을 운영하기도 한다. 또한 노년기의 여자는 친척들의 결혼식이나 장례식에도 빠지지 않고 참가한다. 그렇게 함으로써 자신의 존재 이유를 찾고자 한다. 하지만 이런 활동들은 새로운 상황을 적극적으로 창조해 내는 활동과는 거리가 멀다. 여자는 그런 활동을 하면서 "진보의 길을 발견하는 대신 금지만을 입에 담으며" "악을 배제하기 위해 이미 있는 것을 공격하는" 데 그치는 경우가 많다.(하:343) 한마디로 그런 활동들은 그저 여자의 내재성을 연장하는 것에 불과하다. 물론 노년기에 들어서 젊어서보다 더 왕성하게 활동하는 생산자가 될 수도 있다. 하지만 노년기 여자에게 이와 같은 '전환'은 매우 드물게 나타난다. 어쨌든 노년기 여자에 대한 보부아르의 논의는 지금처럼 고령화된 사회에서 특히 노인 여성의 문제에 대한 논의에 많은 시사점을 줄 수 있을 것이다.

정당화: 나르시시즘, 사랑, 신비주의 여성

여자의 '형성'과 '체험'에 대한 긴 논의를 마치고[59] 보부아르는 '정당화'라는 제목이 붙은 부에서 여자들의 존재 정당화를 위한 여러 태도를 검토한다. 이런 태도들은 남자들의 억압에 대응하는 여자들이 자기 방어를 하려는 노력이다. 하지만 문제는 이런 노력들이 어느 정도까지 효율적인가를 알아보는 것이다. 보부아르는 여자의 자기 정당화 수단으로 다음의 세 경우를 검토한다. 나르시시즘, 사랑 그리고 신비주의 여성이다.

먼저 나르시시즘의 경우를 보자. 보부아르는 흔히 나르시시즘을 여자의 "근본적 태도"로 보는 시각을 부정한다. (하:388) 그보다는 여자의 나르시시즘은 선택한 것이라는 입장을 견지한다. 보부아르는 나르시시즘을 "극히 명료한 자기 소외의 한 과정"으로 정의한다. 즉 "자아는 절대 목표로서 설정되고 주체는 그 속으로 도피해 버린다."(하:388) 남자에게는 어린 시절부터 자기를 소외할 수 있는 '페니스'라는 적절한 대상이 있다. 하지만 여자는 페니스 대신 주로 '인형'에다 자기를 소외한다. 하지만 성장한 여자는 남자와는 달리 자신을 소외할 분명한 그 무엇인가를 가지고 있지 못하다. "남자의 진리는 그가 건축하는 집에, 그가 개척하는 삼림에, 그가 치료하는 환자에게 있다."(하:389) 이처럼 남자는 자신을 자기 밖에 있는 그 무엇인가를 통해서 소외한다. 하지만 여자는 "계획과 목적을 통해서 자기를 완수할 수가 없기 때문에 자기 인격의 내재성 속에서 자기를 파악하려고 노력한다."(하:389) 이때 주로 여자는 자기에게 "최고의 가치"를 부여하면서, 그런 가치를 가지고 있다고 믿는 자기 자신만을 숭배하거나 사랑하는 태도를 취하는 것이 가능하다.(하:389) 이것이 바로 나르시시즘의 태도이다.

예를 들어보자. 사춘기를 지나면서 여자는 관심을 점차 '인형'에서 '자기 몸'으로 돌린다. 특히 거울에 비친 자기 모습에 특별한 의미를 부여하기 시작한다. 보부아르는 이 현상을 "거울의 마력" "거울의 수은의 움직이지 않는 함정"(하:390) 또는 "거울의 황홀"(하:393)로 표현한다. 몸매가 아름답지 않아도

이 현상은 충분히 일어날 수 있다. 남자 역시 비슷한 현상을 체험할 수 있다. 하지만 자신을 능동성, 주체성으로 느끼는 남자는 거울 속의 자기 이미지에 대해 그렇게 커다란 매력을 느끼지 않는다. 왜냐하면 남자의 육체는 자신의 눈에 욕망의 대상으로 비치지 않기 때문이다. 하지만 여자는 많은 경우 거울 속에 비친 자신의 모습, 즉 하나의 '물체'에 불과한 자신의 모습을 보고 욕망한다. 또한 그것을 욕망하면서 거기에 최고의 의미를 부여해 우상화한다. 그렇게 하면서 여자는 그것을 차지하려는 거울 밖의 자신을 최고의 존재로 여기게 된다.

> 어느 날 아침에 카페 화장실에서 본 젊은 여자가 떠오른다. 그 여자는 손에 장미꽃 한 송이를 쥐고 있었으며, 좀 취해 있는 듯이 입술을 거울 가까이에 가져갔다. 그리고 미소를 지으면서 이렇게 속삭였다. "예쁘다. 내가 보기에도 나는 정말 예쁘다." 여사제와 우상을 동시에 겸한 나르시시스트는 광영光榮의 후광에 싸여 영원의 한가운데를 날고 있다. 그리고 구름의 저쪽에서 무릎을 꿇은 인간들이 나르시시스트를 숭배하고 있다. 나르시시스트는 자기 스스로를 바라보는 신神이다.(하:392)

그러나 여자의 나르시시즘적 태도는 거짓 도피라는 것이 보부아르의 주장이다. 보부아르는 이 주장을 설명하기 위해 사르트르의 철학 용어를 빌려 온다. 사르트르에게서 인간은 '즉자(en-soi)'와 '대자(pour-soi)'의 결합을 목적으로 삼고 있다.[60] 이 즉자-대자가 결합한 상태는 바로 '신神'의 존재 방식으로 간주된다. 이처럼 인간은 신이 되고자 한다. 하지만 비극인 것은 인간이 아무리 노력해도 거기에는 이르지 못한다는 것이다. 이런 의미에서 사르트르는 인간을 '무용한 정열(passion inutile)'로 정의한다.

그런데 보부아르는 나르시시즘에 빠진 여자가 바라는 것이 바로 사르트르가 실현 불가능한 것으로 간주한 '신'의 상태에 이르는 것이라고 본다. 즉 나르시시즘적 태도를 지닌 여자는 거울 속에 비친 자기(객체)—이것의 존재 방식은 '즉자'이다—를 바라보면서 거울 밖에 있는 자기(주체)—이것의 존재 방식은 '대자'이다—의 결합을 꿈꾼다. 하지만 이 결합은 "환상"(하:408)일 뿐이다. 왜냐하면 거울 밖에 있는 이 여자의 자기는 벌써 다른 사람들, 특히 남자들과의 관계에서 모든 자유를 상실했기 때문이다. 즉 여자는 이미 객체, 즉자의 상태에 빠져 있으며, 따라서 어떤 경우에도 거울 속에 비친 자기의 모습을 즉자(객체)로 파악할 수 없기 때문이다. 따라서 나르시시즘 즉 자기 숭배, 자기 사랑을 통해 자신의 자유를 확인하고, 자신의 삶을 정당화하려고 하는 여자는 결국 자신의 자유를 완전히 잃어버리게 되는 것이다.

나르시시즘에 이어 보부아르는 여자의 자기 정당화의 태도로 '사랑'을 논의한다. 보부아르는 먼저 사랑이 남자보다는 여자에게 더 큰 의미를 가지고 있다는 사실을 지적한다. 물론 이런 견해는 이미 오래전부터 있었다. 예컨대 바이런은 "연애란 남자의 생활에서는 일시적인 관계에 지나지 않지만, 여자에게는 인생 그 자체이다"(하:410)라고 말하고 있으며, 니체 역시 여자의 연애에 내포된 "무조건성"과 "신앙"으로서의 성격을 지적하고 있다.(하:410) 어쨌든 한 가지 분명한 것은 남자들에게 사랑은 자기를 창조하고 세계를 향해 초월해 나가는 여러 기회들 가운데 하나에 불과한 반면, 여자들에게는 "운명"이라는 점이다.(하:411)

보부아르는 물론 여자가 사랑에 대해 그처럼 커다란 의미를 부여하고 있는 것은 본능이 아니라 평소에 길들여진 수동성 때문이라고 본다. 이 세계와의 관계 정립, 특히 남자와의 관계 정립에서 좌절을 맛본 여자는 점차 자기보다 우월한 존재—대부분의 경우 이 존재는 남자이다—에게 자신을 동화하든가, 아니면 이 존재의 힘을 빌려 자신의 존재를 정당화하려고 한다. 다만 여기에는 두 가지 조건이 따른다. 하나는 여자가 자신의 존재를 정당화하기 위해 의지하는 남자의 존재론적 힘이 가능하면 강해야 한다는 점이다. 보통 이 남자의 역할은 "아버지" 또는 그와 닮은 모습을 가진 남자의 몫이다.(하:414) 또한 이런 아버지의 모습은 "체력, 풍채, 재력, 교양, 지성, 권력, 사회적 지위 또는 군복"들을 통해 자신들의 우월감을 드러내는 남자들에 의해 상징적으로 드러나기도 한다.(하:413) 그리고 그 극단적인 형태가 바로 전지전능한 '신'이라고 할 수 있다.

여성이 사랑을 통해 자기 존재를 정당화하기 위해 필요한 둘째 조건은 사랑하는 남자 앞에서 여자는 스스로 무력한 존재로 변해야 한다는 점이다. 즉 "남자의 품안에서 다시 한 번 어린아이가 되는 것은 여자들을 황홀하게 한다."(하:415) 이것은 황홀감을 얻기 위한 하나의 단계에 불과하다. 사랑하는 여자가 남자에게 바치는 조건 없는 "헌신"과 "봉사"는 바로 여자 자신의 자기 비하와 객체화를 그대로 보여준다.(하:422) 때로는 여자가 남자에게 하는 헌신은 거의 "자학"에 가까울 수도 있다.[61] 요컨대 사랑하는 남자 앞에서 여자가 자기 비하를 더 강하게 하면 할수록, 자기 자신의 자유와 초월을 내팽개치면 칠수록, 따라서 객체가 되면 될수록, 남자를 더욱더 강한 자로 만들게 되고, 그 결과 자신의 존재를 정당화할 수 있는 가능성은 그만큼 더 커진다.

따라서 사랑에 빠진 여자는 남자의 힘과 권위와 지배력이 약해지는 것을 견디지 못한다. 그렇게 되면 여자는 남자를 미워하게 되고, 또 다른 사랑을 찾아 다른 남자에게 갈 수도 있다. 여자는 사랑하는 남자에게 "인간의 척도"(하:428)를 적용하는 것을 거부한다. 아니 그럴 수가 없다. 왜냐하면 그렇게 하면 여자가 남자를 매개로, 더 정확하게는 이 남자의 강한 존재론적 힘을 "매개로 하여"(하:423) 얻고자 하는 자기 정당화의 정도가 그만큼 떨어질 것이기 때문이다. 이런 의미에서 여자는 사랑하는 남자를 신성성 속에 가두는 일종의 "옥리獄吏"(하:433)라는 보부아르의 주장을 이해할 수 있다.[62]

그런데 이와 같은 보부아르의 사랑에 대한 논의는 전체로 보아 사르트르가 『존재와 무』에서 전개하고 있는 "마조히즘"의 논의와 아주 유사하다. 보부아르 자신도 이 사실을 인정한다.(하:421) 사르트르는 마조히즘을 한 개인이 다른 개인과의 관계에서 자신의 자유와 초월을 포기하고 스스로를 객체로 여기면서 다른 사람의 자유와 초월에 기대어 자신의 존재 이유를 확보하려는 태도로 정의한다.[63] 또한 마조히스트는 이런 태도를 통해 '씁쓸한 쾌감'을 느낀다. 그러나 그것은 마조히스트의 자유와 초월을 포기한 대가일 뿐이다. 게다가 마조히스트가 느끼는 이 '씁쓸한 쾌감'은 다른 사람의 존재론적 힘이 강하면 강할수록 더욱더 강하게 느껴진다. 그렇지만 마조히즘은 그 근본에서부터 실패할 수밖에 없다. 왜냐하면 인간이 자신의 손으로 자기 자유와 초월을 포기하는 것은 진정하지 못한 삶을 영위하는 경우를 제외하고는 불가능하기 때문이다.

이런 관점에서 보면 보부아르가 논의하고 있는 여자의 사랑은 여러 면에서 사르트르의 마조히즘에 대한 논의를 차용하고 있는 것으로 보인다. 다만 이 두 태도 사이에는 다음과 같은 차이점이 있다. 사르트르의 시각에서 보면, 한 사람의 마조히스트는 자신의 자유와 초월을 포기한 대가로 '씁쓸한 쾌감'을 느끼면서 평생을 지낼 수도 있다. 물론 사르트르의 전체 체계에서 마조히스트는 다른 사람들과의 관계에서 자신의 존재 이유를 얻기 위해 또 다른 태도들을 취할 수 있다. 하지만 평생을 마조히스트로 지내는 것도 역시 가능하다.[64]

하지만 이와는 달리 보부아르의 시각은 사랑하는 여자가 남자에게 모든 것을 다 주면서 소멸하는 것은 반대급부로 존재하고 싶다는 격렬한 의지를 포함하고 있다. 그러니까 여자는 우상에게 완전히 자신을 내맡김으로써, 즉 자신을 신의 제단 앞에 바쳐진 훌륭한 제물로 여기면서, 이 세계에서 가장 힘 있고 소중한 남자를 곁에서 보살피고 지켜주는 필요한 존재로 정당화하고자 하는 것이다. 그렇게 함으로써 여자는 자기 스스로를 "값비싼 보배로 바뀌었다"(하:418)고 생각하기에 이른다. 보부아르는 이처럼 사랑에 빠진 여자의 꿈이 사랑의 주인공인 남자와 더불어 "우리들"을 형성하는 "황홀한 결합"(하:422)의 순간에 이루어진다고 보고 있다.

연애하는 여자의 최고 행복은 사랑하는 남자가 그 자신의 일부분으로 인정해 주는 것이다. 그가 '우리들'이라고 말할 때, 여자는 그에게 결합되어 그와 일심동체가 된다. 여자는 그의 위신을 나눠 갖고, 그와 함께 세계의 나머지 부분에 군림한다. 여자는 이 구미를 돋우는 '우리들'이라는 말을—지나치다고 생각할 만큼—지칠 줄 모르고 되풀이한다. 필요한 목적을 향해 세계 속에 자기를 투사하고, 여자에게 필요성의 형태로 세계를 회복해 주는 절대적으로 필요한 존재에게, 필요한 것이 되는 것에서 여자 연인은 자기 권리를 포기하고 절대적이고 굉장한 소유를 체험한다. 연애하는 여자에게 이처럼 커다란 기쁨을 주는 것은 이러한 확신이다. 여자는 자기가 신보다 더 높이 이르렀다고 느낀다. 훌륭하게 질서가 잡힌 세계에서 여자에게 훌륭하게 '자기'의 위치가 주어져 있는 이상, 그것이 제2의 지위밖에 되지 못해도 여자에게는 별로 문제가 되지 않는다.(하:426)

하지만 이런 사랑에 빠진 여자의 꿈은 한갓 환영에 불과하다는 것이 보부아르의 견해이다. 앞에서 살펴본 것처럼, 사랑하는 여자의 자기 정당화는 남자의 존재론적 힘과 비례하기 때문에, 그에게 지속적으로 신성성과 절대성을 요구한다. 하지만 지구상에 존재하는 그 어떤 남자도 "신"이 아니다.(하:427) 자신의 모든 존재를 바쳐 온 남자의 "결함이나 평범함"을 발견한다는 것은 여자에게는 "실로 쓰라린 환멸이 아닐 수 없다." (하:428) 왜냐하면 여자는 오로지 그를 사랑하면서, 그에 대한 사랑 속에서만 자신의 존재 이유를 찾을 수 있으며, 따라서 "사랑뿐인 여자"는 그의 사랑을 받지 못한다면 "아무것도 아닌 것"이 되어 버리기 때문이다.(하:443)

또한 보부아르는 여자의 사랑을 진정성이 없는 태도로 규정한다. 남녀 사이에 진정한 사랑이 정립되기 위해서는 우선 남자의 결점이나 한계 등을 인정할 수 있어야 한다. 즉 남자가 '인간'이라는 사실을 인정해야 한다. 또한 진정한 사랑은 "두 자유가 서로 상대방을 인정하는 기초 위에 세우지 않으면 안 될 것"(하:446)이다. 그러니까 여자가 남자를 필요한 존재로 여기듯이, 남자 역시 여자를 필요한 존재로 여기는 상호성이 전제되어야 한다. 그러나 여자는 사랑 속에서 자신을 소멸하면서 남자와의 상호성을 요구하지 않고 먼저 스스로에게 예속된다. 따라서 여자의 사랑은 진정하지 못한 태도라는 것이 보부아르의 주장이다. 그리고 이런 태도는 "자기의 운명을 자기 손으로 개척하려고 하지 않은 인간에게 가해질 가혹한 형벌"(하:439)이다.

요컨대 여자에게 사랑은 수동적인 삶을 감수함으로써 그것을 극복하려는 "최고의 시도"이기는 하지만, 이 시도는 "공포와 예속에서만" 그 성과를 거둘 뿐이라는 것이 보부아르의 결론이다.(하:448) 그렇다면 여자에게는 진정한 사랑을 할 기회가 영원히 없는 것일까? 그렇지 않다. 보부아르는 그 가능성을 열어 두고 있다. 여자가 "연약함 속에서가 아니라 굳셈 속에서, 자기를 도피하기 위해서가 아니라 자기를 발견하기 위해서, 자기를 포기하기 위해서가 아니라 자기를 확립하기 위해서" 사랑하는 것이 가능할 때 비로소 "생명의 원천"이 되는 진정한 사랑이 이루어질 수 있다는 것이다.(하:448) 물론 이를 위해서는 "여자가 경제적 자립을 획득하고, 진정한 목적에 자기를 투입해 매개를 거치지 않고 집단으로 향하여 자기를 초월하는 것"이 전제되어야 할 것이다.(하:447)

보부아르는 '사랑'에 이어 여자의 또 다른 자기 정당화 태도라고 본 '신비주의 여성'에 대해 논의하고 있다. "만약 상황에 따라 인간의 사랑을 얻지 못하든가, 배반을 당하든가, 혹은 욕망이 너무 크다면" 여자는 "신 자체에서 신성을 숭배하려고 할" 수도 있다.(하:449) 이제 남자와의 고통스럽고 힘든 사랑, 가정이라는 테두리 안에서의 구속과 잡무가 아니라 "천국과의 혼례"를 통해 "무상의 쾌락"에 몸을 바칠 수도 있다.(하:449) 게다가 그 쾌락은 그 어떤 남자와의 사랑 속에서 얻는 쾌락과는 비교할 수 없을 정도로 강하다. 보부아르는 여자가 신비주의 태도를 취함으로써 겨냥하는 것은 실재하는 "자기의 실존을 최고의 인격으로 구현해 줄" 수 있는 "전체"

에 자신을 "결부하는 것"(하:450), 또한 그렇게 함으로써 자신을 "가치의 최고 원천"(하:452)으로 여기는 것이다. 어떤 여자가 이런 쾌락을 쉽게 포기하려고 할 것인가?

하지만 이 세계의 모든 여자들이 하늘에서 오는 이와 같은 쾌락을 원하거나 탐내지는 않는다. 왜냐하면 그런 쾌락은 대부분의 경우 현실이 아니기 때문이다. 또한 여자가 이와 같은 쾌락을 얻기 위해서는 '자기 포기'라는 막대한 희생을 치러야 한다. 앞에서 우리는 사르트르의 마조히즘에 대해 간단하게 논의하면서 남녀 관계를 포함해 보통 인간들 사이의 관계에서 자기 포기의 대가가 어떤 것인지를 살펴보았다. 신비주의 태도를 취하는 여자의 경우에도 마조히즘의 태도가 그대로 적용된다. 다만 한 가지 차이점은 여기에서 여자가 원하는 대상은 보통의 인간이 아니라 거의 신의 특징을 갖는 존재, 나아가서는 신 그 자체라는 사실이다. 보부아르는 그런 존재로 여자의 육체 건강을 책임지는 "의사", 여성의 정신 건강을 책임지며 "신의 인간이며 인간의 외관 밑에 나타난 신"(하:451)으로 여겨지는 "신부神父" 그리고 진짜 "신"을 들고 있다.(하:450)

신비주의 태도를 취하는 여자는 이런 존재들 앞에서 우선 자기를 포기하는 과정을 밟아야 한다. 즉 자신을 먼저 철저하게 객체화해야 한다. 자신을 객체화하는 정도가 크면 클수록 여자가 의지하는 존재의 신성은 더욱더 커질 것이다. 이와 관련하여 한 가지 흥미로운 것은 사르트르는 '신'을 '영원히 객체화되지 않는 지고至高한 시선'으로 여긴다는 점이다. 신비주의인 여자는 그 지고한 시선 아래 얌전히 선다. 이 순간 여자는 그 시선에 의해 완벽하게 객체화된다. 이 객체화의 대가는 무엇일까? 그것은 지상의 그 어떤 쾌락과도 비교될 수 없는 일종의 "종교적 법열法悅"(하:456)이다. 신비주의인 여자는 그 지고한 시선을 "하나의 기적 같은 행운"(하:455)으로 해석한다. 또한 그 시선의 주체가 자기에게 부단한 관심을 가지고 있다고 상상한다. 보부아르는 "언어의 빈곤"으로 인해 부득이 이 법열 상태는 "에로틱한 용어"로 표현할 수밖에 없다고 본다.(하:453) 여기에 더해 신비주의인 여자의 자기 포기는 종종 자신의 신체를 학대하는 것으로도 나타난다. 보부아르는 성녀聖女들이 몰두하는 "기괴한 행위"—예컨대 "나병 환자들의 손과 발을 씻긴 물을 즐겁게 마신" 행위(하:457)—를 이 논리로 설명한다.

요컨대 신비주의 태도를 취하는 여자가 노리는 것은 결국 "하늘 전체가 여자를 비추는 거울이 되었을 때" 여자의 "마음을 파고드는" 나르시시스트적—더 정확하게 말하자면 절대적으로 나르시시스트적—"도취"이다.(하:456) 즉 여자는 자신을 "신경과 호르몬의 노예가 아니라"(하:454) 자기에게 무한

성을 부여하는 지고한 시선에게서 "주체의 이미지"를 부여
받은 것으로 생각한다.(하:455) 그렇다면 이런 신비주의 태도
의 끝은 어디인가? 보부아르는 그 끝이 '실패'라고 본다. 그
까닭은 신비주의를 취하는 여자의 태도는 개인적 정당화의
차원을 넘어서지 못하며, 그 어떤 경우에라도 여자의 자유는
신비화되어 제 기능을 하지 못하기 때문이라는 것이다.

여성해방을 위해

보부아르는 『제2의 성』 제2권에서 '정당화'에 이어 '여성해방' 문제를 거론한다. 이 부部는 '독립한 여성'이라는 부분으로만 되어 있으며, 약 50여 쪽을 차지한다. 그리고 약 20여 쪽에 이르는 '결론' 부분에서 1천 쪽에 이르는 『제2의 성』을 마무리 짓는다. 사실 이 책의 거의 대부분의 주장은 오늘날 여성들이 경험하고 있는 열등성은 결코 타고났거나 본질적인 것이 아니라 후천적이고 사회·문화적 사실이라는 점을 밝히는 것이다. 그러나 만약 보부아르의 논의가 거기에서 그치고, 여성들이 체험하고 있는 열등성에서 벗어날 수 있는 실천 방안에 대한 논의가 없었더라면, 이 책의 가치는 분명 반감되었을 것이다. 물론 보부아르가 제시하고 있는 여성해방을 위한 방안은 지금 시각으로 보면 구태의연하고 지나치게 이상으로 흐른 점 등 문제점이 있기는 하다. 하지만 보부아르의 결론은 앞에서 다룬 모든 이론 논의에서 자연스럽게 이끌어 내는 실천 차원의 논의라고 하겠다.

보부아르는 1949년을 기준으로 과거에 비해 많은 부분에서 여성들의 삶의 조건이 개선되었다고 판단한다. 예컨대 법의 개정뿐만 아니라 투표권 쟁취 등이 그 증거이다. 하지만 보부아르는 경제적 독립이야말로 여성해방의 가장 중요한 조건이라고 주장한다. 거기에는 여성의 초월을 가능하게 해주는 노동의 역할에 대한 강조가 뒤따른다. 하지만 여성이 투표권과 직업을 동시에 확보했다고 해서 "완전한 해방"(하:462)을 획득했다고 할 수 있을까? 보부아르의 답은 부정적이다. 왜냐하면 현실 세계는 여전히 과거처럼 남성들이 지배하고 있기 때문이다. 보부아르는 사회주의 세계에서는 이런 여성해방이 가능할 것이라는 꿈을 가진 적이 있다.(하:462) 옛 소련을 위시해서 1949년, 즉 『제2의 성』이 출간된 시기에 막을 올린 중국에서의 혁명―보부아르는 1955년에 중국을 방문했다―등에 기대를 걸었다. 하지만 그 이후 보부아르는 이 꿈을 폐기처분한다. 어쨌든 한 가지 분명한 것은 여성해방의 기본 조건은 여성이 경제 자립을 이루어야 한다는 점이다.

1949년 무렵에 여성들이 경제 자립을 한다는 것은 멀고도 어렵다는 것이 보부아르의 생각이었다. 우선 여성들이 일할 수 있는 기회가 충분치 않았다. 또한 일을 한다고 해도 보수가 너무 적었다. 물론 1949년 당시에도 경제적·사회적 자립을 얻고, 특권 대우를 받는 여성들이 있었다. 하지만 그 수가 그리 많지 않았다. 따라서 직장을 가진 대부분의 여성들은 "남성들이 채택하고 있는 표준에 접근하는 방식"(하:465)을 따라갈 수밖에 없었다. 게다가 여성들은 경제활동을 하면서 많은 문제에 부딪혔다. 그 가운데 하나가 바로 "직업에 대한 관심"과 여성으로서의 "성적 사명" 사이의 갈등이었다.(하:484)

하지만 여성들이 아무리 경제적으로 자립을 한다고 해도 성이 바뀌는 것은 아니다. 여자는 자기 자신의 만족을 위해서도, 또한 남자를 매혹하기 위해서도 멋진 여자가 되길 원한다. 하지만 대부분의 남자들은 똑똑한 여자들을 경계한다. "남자를 무서워하지 않는 여자는 남자들을 겁나게 한다."(하:474) 또한 모성은 여전히 경제활동을 하는 여자에게는 커다란 문제가 아닐 수 없다. 게다가 여자는 남자에 비해 성의 만족을 얻기 위해서 자유롭게 행동할 수 없다. 여러 가지 위험이 도사리고 있다. 비록 여자가 자신의 성욕을 충족하기 위해 남자를 초대했다 할지라도, 이 남자가 언제, 어느 상황에서 강도나 강간범으로 변할지 모를 일이다. 그 뿐만이 아니다. 여자는 남자와의 육체관계에서 단순한 성적 만족만이 아니라 "인간이라는 존엄성"(하:472)을 유지하려 한다. 따라서 이 두 요구 사이의 조화 역시 해결해야 할 문제이다.

하지만 더 근본적으로 여성해방을 위협하는 요소는 경제 활동을 포함한 대부분의 활동이 남성 위주의 세계에서 펼쳐 진다는 점이다. 여자는 처음부터 불리한 여건에서 출발한다. 우선 여자는 남자에 비해 상대적으로 뒤떨어지는 교육을 받아 왔다. 여자는 남자에 비해 열악한 분위기 속에서 성장해 왔다. 게다가 여자가 첫발을 내딛는 현실 사회에서 남자들은 적의를 가지고 여자를 대한다. 또한 주위의 여자들이 사기를 떨어뜨리는 요소가 될 수도 있다. 어머니, 언니, 결혼해서 안 락하게 사는 친구들은 여자에게 용기를 주지 못한다. 따라서 여자는 똑바로 전진하는 것이 아니라 자꾸 주위를 두리번거 리면서 전진할 수밖에 없다. 열등감, 편견, 패배주의 등으로 인해 여자 스스로 평범한 업적에 만족하고, 또한 그런 업적 밖에 남길 수 없다고 단념해 버리는 경우도 있다. 물론 남자 라고 해서 모두 대단한 업적을 남기는 것은 아니다. 이런 상 태에서 보부아르는 자기 창조를 위해 활동하는 모든 여성들 에게 필요한 것은 "자기를 망각하는 것"(하:491)이라고 주장 한다. 그러나 이것은 모든 것을 잊는 단순한 망각이 아니라, 자신을 발견하기 위한 망각이어야 한다는 것이 보부아르의 주장이다.

사실 보부아르가 주장하는 이런 태도를 오래전부터 실천하고 있는 여성들이 있다. 주로 예술 분야에서 활동했던 여성들이다. 이런 부류의 여성들은 경제적 자립은 물론이고 자기를 창조하며 "이 세계에 의미를 주면서 자기 삶에 의미를 주는 진정한 예술가이며 창조자"(하:491)로 활동하는 기회를 포착한 것이다. 물론 모든 여성 예술가들이 그랬다는 것은 아니다. 진정한 태도로 자신들의 활동에 임하지 않는 여성 예술가들은 남자들이 쳐놓은 함정에 빠질 위험이 항상 있었다. 예컨대 여성 작가의 경우에도 '세계'라는 무거운 짐을 짊어지고, 이 세계에 대해 질문을 하면서, 이 세계를 사유하고, 이 세계를 변화하게 하고, 이 세계의 비밀을 폭로하는 작업은 나 몰라라 하고, 오로지 여성 자신들의 내면 생활이나 경험 따위를 묘사하는 것으로 만족하는 경우도 있었다. 그러니까 문학을 오로지 도피 수단으로 여기며, 세계를 있는 그대로 받아들이는 수동적 자세를 취하는 경우도 없지 않았다. 한마디로 진정한 예술가와 작가가 되기 위해서는 여자도 고뇌와 자존심 속에서 고독과 초월의 수업을 쌓는 일을 마다하지 않아야 한다. 특히 그런 작업을 하는 여자 자신의 초월을 위한 자유를 보부아르는 그 무엇보다도 강조한다. 요컨대 보부아르는 진정한 예술가와 작가가 되기 위해서 여자들은 내재성에 못 박혀 현실에 안주하는 태도를 버리고 날아오르기 위해 날갯짓을 해야 한다는 점을 강조한다.

이렇듯 보부아르는 끝까지 자기 창조와 자기 초월에서 여자가 겪는 불리한 상황은 결코 여자의 본질이 아니라 "상황"의 문제라는 견해를 견지한다.(하:506) 여러 분야에서 볼 수 있는 불리한 상황은 결코 여자들의 생물학적 조건, 생리학적 조건, 그리고 '영원한 여성성'이라는 개념과 밀접한 관계를 맺고 있는 비논리성, 수동성, 어리석음, 감수성, 무능력 등과 같은 정신적 조건에서 기인하는 것이 아니다. 상황은 항상 변한다. 지금까지 여자들이 활동하는 데 불리했던 상황은 지나간 과거일 뿐이다. 현재가 과거의 바탕 위에 세워지는 것은 분명하다. 하지만 특히 실존주의 세계관에서 보면, 과거와 현재가 의미를 갖는 것은 미래가 있기 때문이다. 보부아르는 현재, 그러니까 1949년 『제2의 성』이 출판될 당시에 "자유로운 여성은 지금 겨우 생겨나고 있는 중이다"(하:507)라고 진단하고 있다. 이처럼 갓 태어난 여성의 과거는 억압되고 닫혀 있으나, 이제 그 여성의 미래는 모든 가능성이 열려 있음이 분명하다. 보부아르는 "자유로운 여성"이 완전히 모습을 드러내는 미래의 그 어느 날 프랑스 시인 랭보의 다음과 "예언"이 적중할 것이라고 내다보았다.

시인들이 생겨날 것이다! 여자의 한없는 노예 상태가 깨질 때,

여자가 자기를 위하여 자기 힘으로 살아가게 될 때, 남자—지금까지 지긋지긋했던—는 여자를 해방하게 되므로, 여자도 또한 시인이 될 것이다! 여자는 미지의 것을 발견하게 될 것이다! 여자들의 사상 세계는 우리들 남자의 사상 세계와 다를 것인가? 여자는 이상한, 불가해한, 즐거운 무엇을 발견할 것이다. 우리는 그것을 파악할 것이고, 그것을 이해할 것이다.(하:507~508)

이처럼 랭보의 예언이 적중해서 세계의 반을 차지하고 있는 여자의 "노예 상태"와 여기에 포함된 모든 위선적인 체계가 사라질 때야말로 인류를 둘로 나눈 '분할'이 그 진정한 의미를 드러낼 것이다"(하:529~530)라는 것이 보부아르가 내린 최종 결론이다. 인류가 지구에 출현한 이래로 남녀 양성은 대립하고 있으며, 그 와중에서 여자가 남자에 비해 불리한 위치에 있는 것은 부정할 수 없는 사실이다. 하지만 보부아르는 이런 대립이 "선천적인 저주"가 아니라, 그저 "일시적 과도기"에 불과하다는 것을 다시 한번 강조한다.(하:509) 물론 남성의 억압을 물리치고, 남성과의 공범에서 벗어나 새로운 여성으로 갓 태어나기 시작한 여성은 이제 자신에게 맞는 "새로운 피부"(하:522)를 가져야 할 것이다. 그러기 위해서는 여자아이들의 교육을 남자아이들과 차등 없이 하고, 집단으로 투쟁함으로써 어렵게 획득한 자신들의 자유를 끝까지 유지해야 할 것이다.

하지만 지금 막 시작된 여성해방의 움직임이 기대한 목적을 달성하기 위해 얼마나 시간이 걸릴지 모른다. 남자들이 더욱더 강하게 저항할 것을 예상하고, 거기에 대비해야 할 것이다. 특히 남자들은 여자들이 자기들과 평등한 존재가 되면 "인생은 '그 짜릿한 소금의 맛'을 잃어버릴지도 모른다고" 주장한다.(하:526) 여자들은 '신비한 매력'을 잃게 된다는 것이다. 하지만 이런 기우에 대한 보부아르의 태도는 단호하다. 남자의 신화화 전략으로 여자들이 얻는 그런 "보배"가 자신들의 "피와 불행으로 보상된다면" "그 보배를 아낌없이 버리는 편"을 택해야 한다는 것이다.(하:527) 보부아르는 이렇게 여성의 지위 상승, 남녀평등으로 인해 나타나는 미래에 대한 암울하면서도 빈곤한 상상력을 폐기할 것을 권고한다. 보부아르는 또한 남녀 사이에 존재하는 "차이 속에서의 평등"보다는 "평등 속에서의 차이"를 주장한다.(하:529) 바로 이 주장이 뒷날 보부아르가 이른바 '차이의 페미니스트들'과 갈라지는 지점이기도 하다.

어쨌든 남녀의 대립은 결코 항소할 수 없는 최종 선고가 아니라, 우리 모두가 노력하면 개선할 수 있는 상황이라는 것이 보부아르의 견해이다. 그리고 남녀평등을 이루는 것은 여자에게만 득이 되는 것이 아니라 남자에게도 득이 된다. 왜냐하면 남자가 진정한 주체가 되고 싶어할 때, 그를 진정한 주체로 인정해 줄 수 있는 자는 바로 자유와 초월성을 가진 또 하나의 주체인 여자이기 때문이다. 여성해방은 남녀 모두의 행복을 결정짓는 선결 조건이라는 것이 보부아르의 한결 같은 주장이다.

3장

『제2의 성』의 의미와 영향

의미와 영향

2006년에 일어난 작은 역사적 사건을 떠올리면서 이 책을 마무리하고자 한다. 2006년 7월 13일에 프랑스 파리에 있는 베르시 공원과 미테랑 도서관을 연결하는 37번째 다리가 개통되었는데, 다리 이름이 '시몬느 드 보부아르 교'다. 아마도 2008년에 탄생 1백 주년을 맞이하는 보부아르를 기념하기 위해서였을 것이다. 파리에 있는 다리에 여성의 이름을 붙인 경우는 이번이 처음이라고 한다. 축하해야 할 일이다. 우리나라에서도 오천 원, 만 원권 등의 지폐에 신사임당의 얼굴을 넣느냐 마느냐 하는 논란이 있었다. 하지만 아직 그런 결정이 내려졌다는 소식은 들려오지 않는다.

물론 보부아르에게 그런 영광을 안긴 것은 여러 분야에서

시몬느 드 보부아르 교.

보부아르가 이룬 업적에 대한 평가 덕분이었을 것이다. 그 가운데서도 보부아르가 『제2의 성』의 저자라는 공적이 으뜸이었을 것이다. 이 책은 "지금까지 출판된 여자에 대한 서적 가운데 가장 중요하고 광범위한 책의 하나다" "미치광이처럼 분별 있고 눈부시게 혼란스럽다"라는 평가를 받고 있다.(베:398~399) 보부아르가 세상을 떠났을 때, 당시 여성 운동에 적극 참여한 엘리자베스 바댕테르Elisabeth Badinter가 조사弔詞를 낭독했다. 조사에 나오는 다음과 같은 대목은 특히 20세기 전 세계 페미니즘 운동의 역사에서 보부아르가 차지하고 있는 위치가 어느 정도인가를 잘 보여준다. "세계 모든 여성들이여! 지금 당신들이 얻은 것은 모두 보부아르 덕택이다."(베:717)

실제로 『제2의 성』은 1949년 출간 이후 두 가지 측면, 즉 페미니즘 이론과 실천 측면에서 큰 영향력을 행사했다. 이론 측면에서는 특히 미국의 수많은 페미니스트들이 이론을 정립하는 데 지대한 영향을 끼쳤다. 우리에게도 잘 알려진 슐라미스 파이어스톤Shulamith Firestone, 베티 프리단Betty Friedan, 토릴 모이Toril Moi 등은 이구동성으로 자신들이 이 책에서 많은 영향을 받았다는 사실을 기쁜 마음으로 인정하고 있다. 이 가운데 특히 모이는 보부아르에 대한 많은 책을 출간했다. 또한 미국에서 1960~1970년대에 활발하게 전개된 페미니즘 논의는 다시 프랑스에 역수입되어 당시 한창 유행하던 포스트구조주의 등의 논의와 맞물려 크리스테바, 이리가레, 식수 등이 주창한 이른바 '차이의 페미니즘'의 태동에 이바지했다.

특히 이 차이의 페미니즘과 관련해서 『제2의 성』은 실천 측면에서도 적지 않은 영향을 끼쳤다. 보부아르는 1949년에 이 책을 집필한 뒤 바로 페미니스트가 되어 적극적으로 활동하지 않았다. 보부아르가 페미니스트 투사로 활동을 시작한 것은 1960년부터였다. 보부아르는 특히 그해에 "남자는 적이다. 오늘날의 사회구조는 여자들에게 가장 큰 전쟁터이다"(베:632)라고 선언하기도 했다. 그 뒤에 보부아르는 말년으로 갈수록 더욱더 급진적이 되었다. 보부아르의 활동은 1970년을 전후해 MLF(프랑스여성해방운동: Mouvement de la Libération des Femmes)의 일환으로 이루어진 낙태법 합법화를 위한 투쟁에서 두드러졌다. 이 투쟁은 1971년 4월 5일에 있었던 "343인 낙태 선언"으로 극에 달했으며, 마침내 1975년에 성과를 거두었다. 그런 와중에서도 1971년부터 1974년까지 여성 문제를 실존주의의 시각이 아니라 순전히 경제적 시각에서 분석한 『제2의 성』 제2권의 집필을 생각하기도 했다. 하지만 예상되는 작업의 규모 때문에 포기해야만 했다.(베:624)

보부아르가 페미니즘 운동에 뛰어들어 적극 활동하면서 모든 면에서 만족했고, 또한 모든 것이 뜻대로 된 것은 아니었다. 우선 MLF와 관련해 "정신분석학과 정치학(Psy et PO)"과의 문제로 아픔을 겪었다. 그 사건의 내막은 이렇다. "여성해방운동"을 의미하는 MLF라는 용어는 애초에 "정신분석학과 정치학"이라는 단체가 등록했다. 따라서 이 단체를 제외한 다른 단체는 이 명칭을 사용할 수가 없었다. 결국 이 단체는 소송을 거쳐 MLF라는 명칭에 대한 독점 사용권을 확보했다. 그러나 다른 여성해방 운동가들이 이 명칭을 되찾기 위해 계속 노력했고, 그 결과 미테랑 정부가 "여성의 날"을 선포한 날(1982년 3월 8일) MLF는 여성운동을 상징할 뿐만 아니라 그 단체를 상징하기도 한다는 인정을 받았다.(베:628~629)

하지만 이 승리도 잠깐이었다. 왜냐하면 "정신분석학과 정치학"를 이끌고 있던 정신과 의사 앙투아네트 푸케Antoinette

Fouquet가 성명을 내고 "남녀 사이에 성적으로나 경제적으로나 정치적으로 어떤 차이도 없다고 주장하는 남녀동권론은 여자를 죽이는 살인자가 결정적인 순간에 내놓는 비장의 카드"라고 하면서 보부아르를 정면으로 공격하고 나섰기 때문이다.(베:629) 그렇다고 해서 보부아르가 자신의 '평등의 페미니즘'을 포기한 것은 아니다. 이 논쟁 이후 보부아르는 점차 현실 참여를 줄여 나가면서 여성해방을 위한 책들을 간행하는 출판사에 기금을 보내거나, 매 맞고 학대받는 다른 나라 여성들을 위한 기금을 익명으로 보내면서 조용히 활동했다.(베:109) 그러다가 1981년 미테랑이 대통령에 당선되었을 때 창설된 여성문화위원회—이 위원회는 존경의 표시로 "보부아르위원회"라는 비공식 명칭을 채택한다—의 명예 의장이 되어 활동을 하기도 했다.(베:698) 그리고 세상을 떠나기 얼마 전인 1983~1984년에는 『제2의 성』을 영화로 만드는 작업에 관여를 해서 1984년에 영화를 완성했다.

이처럼 페미니즘 이론과 실천 면에서 커다란 영향을 미친 『제2의 성』이지만, 이 책은 많은 비평가들에게 혹독한 비판을 받기도 했다. 앞에서 이미 이 책이 출간되었을 당시 프랑스의 보수주의자들이 어떤 반응을 보였는지를 살펴보았다. 여기에 더해 『제2의 성』에 대해 주로 다음과 같은 비난을 했다. 첫째, 보부아르는 여자인데도 마치 자신이 남자인 것처럼 이 책을 썼다는 것이다. 그러니까 이 책에서는 3인칭 인칭대명사를 사용했는데, 이것은 마치 보부아르가 여자들에 대해 거리를 두고 객관화하면서 자기는 이들과 아무런 관계가 없는 듯한 태도를 취했다는 것이다. 둘째, 이 책에서 '제2의 성'이라는 용어로 여성을 규정함으로써 이미 여성이 남성에게 종속됨을 전제로 하고 있다는 점이다. 이런 이유로 나중에 여성을 '제1의 성'으로 규정하는 『제1의 성』이라는 제목으로 헬렌 피셔가 책을 출간하기도 했다. 셋째, 『제2의 성』에서 주장하고 있는 남녀평등의 실현이 지나치게 유토피아적이며, 따라서 급진적이라는 점이다. 넷째, 『제2의 성』이 사르트르의 사상에 지나치게 경도되어 있다는 점을 들고 있다.

하지만 이렇듯 많은 비난을 받았지만, 『제2의 성』이 출간 이후 전 세계의 수많은 여성들에게 '용기'와 '희망'을 주었다는 것은 부인할 수 없다. 보부아르 자신도 이 책을 출간한 뒤 받았던 온갖 중상모략을 견뎌 낼 수 있었던 것은 전 세계에서 온 수많은 여성들의 끊임없는 격려의 편지와 메시지였다고 토로하고 있다. 분명 이런 의미에서 보부아르의 평전을 쓴 베어는 보부아르는 "오늘날의 여성해방 혁명을 일으킨 장본인"이며, 나아가서 "우리 모두의 어머니"라는 영광스러운 칭호를 부여했다.(베:718)

한편 우리나라에서도 보부아르의 여러 저작들이 우리말

로 번역되어 소개되었다. 『제2의 성』은 1970년대 중반에 완역되었으며, 『노년』 역시 완역되었다. 또한 『초대받은 여자』를 위시해 『타인의 피』 등과 같은 소설도 오래전에 번역되어 출간되었다. 하지만 『제2의 성』에 대한 국내 연구는 아직까지 미미한 편이다. 불문학 분야에서도 『제2의 성』에 대한 연구는 활발하지 않은 상황이다. 주로 영미문학에서 간행하는 페미니즘과 관련한 책들에서 이 책에 대해 조금 논의하고 있을 뿐이다. 특히 수많은 사람들의 입에 오르내리는 이 책에 대해 지금까지 연구서 한 권 출간되지 않았다는 것은 연구자들의 나태함을 단적으로 증명해 주는 것은 아닐까.

또한 보부아르와 『제2의 성』과 관련된 국제 교류 면에서 국내 사정은 더욱 열악한 상황이다. 그 단적인 예는 지난 1999년에 소르본느 대학에서 열린 『제2의 성』 출간 50주년 기념 국제 콜로키엄 논문 모음집의 서문에서 볼 수 있다. 이 모음집의 서문에서 『제2의 성』은 영어, 독어, 일어, 스웨덴어, 인도네시아어 등으로 번역되었다고 소개했다. 하지만 정작 1970년대 중반에 『제2의 성』이 우리말로 완역되었다는 사실은 전혀 언급하지 않았다. 그 까닭은 아마도 국내 보부아르 연구자들이 그동안 프랑스 보부아르연구회와 전혀 교류를 하지 않았기 때문일 것이다. 앞으로 우리나라에서도 보부아르에 대한 연구가 활발하게 이루어지기를 기대해 본다. 앞으로 2년 뒤인 2009년에는 『제2의 성』이 간행된 지 60주년이 된다. 시간의 흐름과 더불어 여성들의 삶의 조건이 많이 개선되었지만, 아직도 보부아르가 소망했던 완전한 여성해방은 요원한 상황이기 때문에 『제2의 성』의 가치는 예전이나 지금이나 줄어들지 않을 것이다.

3부
Simone de Beauvo
관련서와 연보

3부에서는 보부아르의 연보와 관련서를 간단하게 정리했다. 특히 관련서와 관련해 국내에서 이루어진 연구의 미흡함을 확인하게 되었다. 현대 페미니즘 역사에서 이 정표를 세운 보부아르와 『제2의 성』에 대한 국내 연구가 보다 활발하게 진행되어 보 부아르 연구의 국제적인 흐름을 주도할 날이 오기를 기대해본다.

보부아르 관련서

국외 문헌

Albistur (Maïté) & Armogathe (Daniel), 『Histoire du féminisme français』, Editions des Femmes, 2 vols., coll. Pour chacune, 1977.
(프랑스 페미니즘의 역사를 일목요연하게 정리한 책.)

Armogathe (Daniel), 『Le Deuxième sexe. Simone de Beauvoir』, Hachette, coll. Profil d'une œuvre, 1977.
(보부아르의 『제2의 성』을 이해하기 위한 가장 기본적인 입문서.)

Bair (Deirdre), 『Simone de Beauvoir』, Fayard, 1991. (『시몬 드 보부아르』, 웅진문화, 김석희 옮김, 1991.)

(보부아르의 생애와 작품을 상세하게 소개하고 있는 가장 훌륭한
전기.)

Beauvoir (Simone de), 『L'Invitée』, Gallimard, coll. Folio, 1943.
(『초대받은 여자』, 홍성사, 전성자 옮김, 1987.)
(보부아르가 사르트르를 위시해 그들의 이른바 '식구'였던 보스
트와 올가 등과의 삼각관계를 주제로 한 소설.)

_____, 『Le Deuxième sexe』, Gallimard, coll.
Folio/Essais, 2 vols., 1976(1949). (『제2의 성』, 을유문화사, 조
홍식 옮김, 2 vols., 1993.)
(이 책의 해설 대상이 되고 있으며 현대 페미니즘의 바이블로 여
겨지는 보부아르의 대표 저작.)

_____, 『Mémoires d'une jeune fille rangée』,
Gallimard, coll. Folio, 1958.(『나의 처녀 시절』, 문예출판사, 전
성자 옮김, 1981.)
(사르트르와 만나기 전 보부아르의 소녀 시절을 주요 내용으로 하
고 있는 회상록.)

_____, 『La Force de l'âge, Gallimard』, coll.
Folio, 2 vols., 1960.
(사르트르와 만난 뒤 보부아르의 젊은 시절을 주요 내용으로 하고
있는 회상록.)

_____, 『La Force des choses』, Gallimard, coll. Folio, 2 vols., 1963.

(보부아르의 중년 시절을 주요 내용으로 하고 있는 회상록.)

_____, 『La Vieillesse』, Gallimard, coll. Idées, 2 vols., 1970. (『노년』, 책세상, 홍상희 · 박혜영 옮김, 2002.)

(인간의 노년 문제를 다루고 있는 『제2의 성』과 쌍벽을 이루는 보부아르의 또 하나의 대표 저작.)

_____, 『Tout compte fait』, Gallimard, coll. Folio, 1972.

(보부아르가 자신의 삶 전체를 돌아보면서 쓴 회상록.)

_____, 『Pour une morale de l'ambiguïté suivi de Pyrrhus et Cinéas』, Gallimard, coll. Idées, 1974.

(도덕에 대한 보부아르의 철학적 견해가 전개되고 있는 책으로, 사르트르의 『존재와 무』에서 결여된 도덕 부분을 보충해주고 있음.)

_____, 『La Cérémonie des adieux suivi de Entretiens avec Sartre』, (août-septembre 1974), Gallimard, 1981.

(사르트르가 세상을 떠나기 전에 보부아르가 쓴 일종의 일지와 그와 가졌던 대담들을 한데 모은 책.)

　　　　　　　　　　　　　, 『Lettres à Sartre』, Gallimard, 2 vols.,
　1990.
　(사르트르에게 보냈던 편지들을 모은 서간집.)

　　　　　　　　　　　　　, 『Lettres à Nelson Algren』, Gallimard,
　1997.
　(앨그렌에게 보냈던 편지들을 모은 서간집.)

　　　　　　　　　　　　　, 『Une mort très douce』, Gallimard, coll.
　Folio, 1964. (『고요한 죽음』, 범조사, 지정숙 옮김, 1980.)
　(보부아르가 어머니의 죽음을 지켜보며 이를 문학적으로 형상화
　한 소설.)

Chaperon (Sylvie), 『Les Années Beauvoir 1945-1970』, Fayard.
　2000.
　(보부아르의 전성기라고 할 수 있는 1945년에서 1970년까지의 행
　보를 정리하고 있는 전기.)

Delphy (Christine) & Chaperon (Sylvie), 『Cinquantenaire du
　Deuxième sexe』, Colloque International Simone de Beauvoir,
　Editions Syllepse, coll. Nouvelles questions féministes, 2002.
　(1999년 『제2의 성』 출간 50주년 기념 콜로키엄에서 발표된 논문
　모음집.)

Francis (Claude) & Gontier (Fernande), 『Les Ecrits de Simone de Beauvoir』, Gallimard, 1979.
(보부아르가 생전에 썼던 모든 글들, 구두로 발표했던 모든 텍스트들을 연대기 순으로 정리한 책.)

―――――――――, 『Simone de Beauvoir』, Perrin, 1985.
(보부아르의 전기.)

Francis (Claude) & Monteil (Claudine), 『Les Amants de la liberté : L' Aventure de Jean-Paul Sartre et Simone de Beauvoir dans le siècle』, Editions I, 1999.
(계약결혼으로 유명한 세기의 커플이었던 보부아르와 사르트르의 사랑을 추적하고 있는 책.)

Gerlach-Nielsen (Merete), "Fraçois Mauriac face à Simone de Beauvoir. Conversation? Polémique?", in 『Mauriac et la polémique』, (Textes réunis par André Sérailles), Association Internationale des amis de François Mauriac, Hommage à François Mauriac, L' Harmattan, 2001.
(국제모리악학회에서 발표되었던 논문으로, 주로 『제2의 성』 출간을 계기로 모리악이 이 책에 대해 보였던 반응을 요약, 분석하고 있음.)

Jeanson (Francis), 『Simone de Beauvoir ou l' entreprise de

vivre』, Seuil, 1966.

(『현대』지의 한 구성원이었던 장송이 보부아르의 사상과 작품을 '기도(projet)'의 관점에서 분석하고 있는 책.)

『Le Deuxième sexe de Simone de Beauvoir』, (Textes réunis et présentés par Ingrid Galster), Presses de l'Université Paris-Sorbonne, 2004.

(사르트르 연구자인 갈스터가 『제2의 성』의 출간을 계기로 발표된 거의 모든 서평들을 모아 주석을 덧붙인 책으로, 『제2의 성』에 대한 소중한 자료들을 담고 있음.)

Moi (Toril), 『Simone de Beauvoir. The Making of an Intellectual Woman』, Black well, 1994.

(보부아르의 영향을 인정하는 미국인 저자가 쓴 일종의 보부아르에 대한 지적 전기.)

_____, (éd.) 『French Feminist Thought. A Reader』, Basil Black well, 1987.

(보부아르를 위시한 프랑스 페미니스트들의 사상을 일목요연하게 정리하고 있는 책.)

Monteil (Claudine), 『Les Soeurs Beauvoir』, Editions no I, 2003.

(『보부아르, 보부아르』, 실천문학사, 서정미 옮김, 2005.)

(시몬느 드 보부아르와 엘렌느 드 보부아르 자매 사이의 관계를

다루고 있는 책.)

Poisson (Xatherine), 『Sartre et Beauvoir : Du Je au Nous』, Rodopi, coll. Faux titre, 2002.
(보부아르와 사르트르의 사랑과 계약결혼을 이른바 '주체성의 합일'이라는 시각에서 다루고 있는 책.)

Rodgers (Catherine), 『Le Deuxième sexe de Simone de Beauvoir : Un héritage admiré et contesté』, L'Harmattan, coll. Bibliothèque du féminisme, 1998.
(세계적으로 저명한 페미니스트들이 자신들의 삶과 사상에서 보부아르와 특히 『제2의 성』이 어떤 영향을 주었는가를 저자와의 대담 형식으로 밝히고 있는 책.)

Rowley (Hazel), 『Tête-à-Tête. Beauvoir et Sartre: Un pacte d'amour』, Grasset, 2006. (『보부아르와 사르트르: 천국에서 지옥까지』, 해냄, 김선형 옮김, 2006.)
(보부아르와 사르트르의 전설적이고 신화화된 관계를 끝까지 추적하고 있는 전기.).

Sartre (Jean-Paul), 『L'Existentialisme est un humanisme』, Nagel, 1968.
(『제2의 성』의 사상적 토대를 이루고 있는 실존주의를 쉽게 설명하고 있는 사르트르의 강연을 모은 책.)

_____, 『Lettres au Castor et à quelques autres』, Gallimard, 2 vols., 1983.

(사르트르가 보부아르를 위시해 다른 여자들에게 보냈던 편지들을 모은 서간집.)

Schwarzer (Alice), 『Simone de Beauvoir aujourd'hui. Six entretiens』, Mercure de France, 1984.

(1970년대 이후 급진적 페미니스트로 변모한 보부아르의 육성을 담은 대담집.)

『Simone de Beauvoir』, (Un film de Josée Dayan et Malka Ribowska, réalisé par Josée Dayan), Gallimard, 1979.

(보부아르의 삶과 사상을 담은 영화의 대본.)

『Yale French Studies』, no 72(Simone de Beauvoir: Witness to a Century), 1986, Yale University Press.

(보부아르가 세상을 떠난 해에 간행된 『예일 프렌치 스터디스』 특집호.)

국내 문헌

로즈마리 퍼트남 통, 『페미니즘 사상: 종합적 접근』, 한신문화사, 한신 비평/이론 총서 15, 이소영 옮김, 2000.

변광배, 『존재와 무: 자유를 향한 실존적 탐색』, 살림, e시대의 절대사상 8, 2005.

_____,『사르트르와 보부아르의 계약결혼』, 살림, 살림지식총서 282, 2007.

아우그스트 베벨,『여성론』, 까치, 까치 글방 42, 이순예 옮김, 1995.

앨리슨 홀랜드,『30분에 읽는 시몬느 드 보부아르』, 중앙 M&B, 양혜경 옮김, 2003.

여성문화이론연구소 정신분석세미나팀,『페미니즘과 정신분석』, 여이연, 여이연이론 5, 2003.

장영란 외 지음,『성과 사랑, 그리고 욕망에 관한 철학적 성찰』, 서광사, 1999.

조세핀 도노번,『페미니즘 이론』, 문예출판사, 김익두·이월영 옮김, 1995.

캐럴 페이트만, 메어리 린든 쉐인리 엮음,『페미니즘 정치사상사』, 이후, 이남석·이현애 옮김, 2004.

토릴 모이,『성과 텍스트의 정치학』, 한신문화사, 임옥희·이명호·정경심 옮김, 1997.

팸 모리스,『문학과 페미니즘』, 문예출판사, 강희원 옮김, 1997.

헬렌 피셔,『제1의 성』, 생각의 나무, 정명진 옮김, 2000.

보부아르 연보

1908년 1월 9일 파리에서 출생.

1913년 10월 데지르 학원 입학.

1925년 10월 데지르 학원에서 문학과 수학을 공부함.

1926년 10월 소르본 대학 철학과 학생이 됨.

1928년 11월 철학교수 자격시험 준비.

1929년 10월 사르트르와 만남. 철학교수 자격시험에 합격.

1931년 10월 마르세유에 있는 고등학교에 첫 부임.

1932년 10월 루앙에 있는 고등학교에 부임.

1936년 10월 파리로 전근.

1942년 학부모의 허위 고발 때문에 강단에서 쫓겨남. 이후 복직
되었으나, 곧 교육계를 완전히 떠남.

1943년 『초대받은 여자』 출간.

1944년 『피로스와 키네아스』 출간.

1945년 『군식구』『타인의 피』 출간.

1946년 『모든 사람은 죽는다』 출간.

1947년 『애매성의 도덕을 위하여』 출간.

1948년 『미국에서의 나날들』『실존주의와 국민들의 지혜』 출간.

1949년 『제2의 성』 출간.

1953년 미국에서 『제2의 성』 번역본 출간.

1954년 『레 망다랭』 출간. 공쿠르상 수상.

1955년 『특권』 출간.

1957년 『대장정』『얌전한 처녀의 회상록』 출간.

1960년 『나이의 힘』 출간.

1963년 『세월의 힘』 출간.

1964년 『부드러운 죽음』 출간.

1966년 『아름다운 영상』 출간.

1967년 『위기의 여자』 출간.

1970년 『노년』 출간.

1971년 343명의 낙태 수술자 명단에 서명.

1972년 『결국』 출간.

1972년 '여성의 권리를 위한 리그'의 회장 역임.

1984년 『제2의 성』 영화로 만들어짐.

1986년 4월 14일, 78세로 사망.

주

1) 보부아르는 옛 소련의 전체주의적 정체성이 백일하에 드러나지 않았던 1940년대 후반까지도 이 나라가 표방했던 정치적 유토피아를 신뢰하고 있었다. 따라서 보부아르는 이 시기에 이 나라에서는 다른 나라들에 비해 여성들의 사회적 지위가 훨씬 더 고양된 것으로 믿었다. 하지만 보부아르는 정치적 유토피아와 더불어 여성해방의 이데올로기 역시 그저 망상일 뿐이라는 사실을 곧 깨달았다.

2) 베어, 김석희 옮김,『시몬느 드 보부아르』, 웅진문화, 1991, p.526. 이하 이 책에서의 인용은 본문에 (베:쪽수)로 표기함. 이 책을 포함해 본서에서 인용되는 모든 번역은 필요에 따라 수정했음.

3) 홈페이지 주소는 http://simonedebeauvoir.free.fr이다. 이 연구회에서는 1983년부터 지금까지『시몬느 드 보부아르 연구Simone de Beauvoir Studies』를 계속해서 간행하고 있으며, 현재 21호에 이르고 있다.

4) Beauvoir (Simone de),『Le Deuxième sexe』, Gallimard, coll. Foilo/Essais, 2 vols., 1949. (조홍식 옮김,『제2의 성』, 을유문화사, 1993, t.1, p.8.) 이하 이 책의 인용은 본문과 주에서 제1권은 (상:쪽수)로, 제2권은 (하:쪽수)로 표기함.

5) 프랑스에서 낙태법을 가결하기 위한 노력으로 프랑스의 저명한 여성들이 낙태를 했다는 이른바 '343인 낙태 선언'의 명단에 보부아르의 이름이 올라 있다. 그러나 보부아르는 실제로 낙태를 한 적이 없다고 말하고 있다.

6) 보부아르는 나중에 낙태법 통과를 위해 적극적으로 활동한다. 이 점에 대해서는『제2의 성』이 출간되고 난 뒤의 활동과 더불어 뒤에서 살펴보기로 한다.

7) 보부아르는 또한『나의 처녀 시절Mémoires d'une jeune fille rangée』(전성

자 옮김, 문예출판사, 1981, pp.3~4)에서 자신의 어린 시절이 '빨간색'과
도 뒤섞여 있다고 회고하기도 한다. 이하 이 책에서의 인용은 (전:쪽수)로
표기함. 또한 전성자는 이 책에 『나의 처녀 시절』이라는 제목을 붙였으나,
여기에서는 『얌전한 처녀의 회상록』이라는 제목을 붙이기로 함.

8) 이런 시각에서 우리는 보부아르가 사르트르와 계약결혼—계약결혼에 대
해서는 뒤에서 살펴볼 것이다—을 하면서 당시 프랑스 부르주아 사회에 준
충격이 어느 정도였는지를 짐작할 수 있다.

9) 우리말로 번역한 보부아르의 저서들과 평전 등에서는 시몬느 드 보부아르
를 '시몬느'로, 엘렌느 드 보부아르를 '엘렌느'로 표기하는 경우도 있다.
여기에서는 편의상 언니는 그냥 '보부아르'로, 동생은 '엘렌느'로 표기했
다.

10) 클로딘 몽테유, 『보부아르, 보부아르』, 서정미 옮김, 실천문학사, 2005,
p.144. 이하 이 책에서의 인용은 (보:쪽수)로 표기함.

11) Beauvoir (Simone de), 『Tout compte fait』, Gallimard, coll. Folio, 1972,
p.15.

12) 친한 사람에게는 '너(tu)'라는 인칭대명사를 쓴다.

13) 이 학생은 메를로 퐁티Maurice Merleau-Ponty이며, 『얌전한 처녀의 회상
록』에서 보부아르는 '프라델Pradel'이라는 이름으로 부르고 있다.

14) 르네 마외를 가리키며, 보부아르에게 '카스토르Castor'라는 별명을 붙여
준 장본인이다. 그는 공부에만 열중하는 보부아르를 "항상 안달하면서
일만 하는 비버Beaver 같다"고 하면서 '보부아르Beauvoir'의 이름과 비
슷한 영어 단어 '비버'에 해당하는 불어 단어인 '카스토르'를 찾아냈다.

15) 사르트르와 보부아르는 자신들의 계약결혼을 'mariage morganatique'라
고 불렀다. 이 용어는 본래 '왕족이나 귀족에 속한 남자가 신분이 낮은 여
자와 하는 결혼'을 뜻한다. 따라서 이 용어는 엄밀한 의미에서는 '남자가
자기보다 신분이 낮은 여자와 하는 결혼'이라는 의미로 '강혼降婚' 또는
'귀천상혼貴賤相婚'으로 번역하기도 한다. 그런데 이 용어는 사르트르와
보부아르가 맺은 계약결혼을 가리키기에는 적당하지 않다고 본다. 왜냐
하면, 뒤에서 자세히 살펴보겠지만, 이들의 계약결혼은 엄격한 상호 평등
위에서 맺어졌기 때문이다. 이들의 계약 결혼에 대한 자세한 논의는 다음

책을 참고할 것. 변광배, 『사르트르와 보부아르의 계약 결혼』, 살림, 살림 지식총서 282, 2007.

16) 물론 보부아르는 사르트르와 같이 자신의 철학적 사유를 일목요연하게 정리해 놓고 있지 않다. 그럼에도 대부분의 경우 보부아르는 사르트르의 철학적 사유에 동의했던 것으로 보이며, 따라서 이와 같은 사실을 토대로 사르트르의 대타존재에 관계된 사유는 그대로 보부아르의 사유로 여길 수 있을 것이다. 이와 같은 지적은 뒤에서 살펴보게 될 『제2의 성』의 철학적 기초와도 무관하지 않다.

17) 앞에서도 지적했듯이 보부아르가 사르트르의 존재론적 사유를 그대로 수용하고 있다는 점을 잊지 말자.

18) 사르트르의 책이 출간되기 전에 마지막으로 비평하고 편집하는 특권을 부여받은 독자라는 의미이다.

19) 보부아르와 사르트르 사이의 이상적인 의사소통을 하기 위한 노력과 그 의미에 대해서는 다음의 훌륭한 두 권의 책을 참고할 것. Poisson (Xatherine), 『Sartre et Beauvoir: Du Je au Nous』, Rodopi, coll. Faux titre, 2002; Rowley (Hazel), *Tête-à-Tête*. 『Beauvoir et Sartre: Un pacte d' amour』, Grasset, 2006. (김선형 옮김, 『보부아르와 사르트르: 천국에서 지옥까지』, 해냄, 2006.)

20) 뒤에서 다시 보겠지만, 『제2의 성』 역시 사르트르의 격려가 없었더라면 빛을 보지 못했을지도 모른다.

21) 물론 1929년에 사르트르와 만난 뒤 삶을 술회하는 과정에서이다.

22) 여성의 참정권은 1893년 뉴질랜드에서 제일 먼저 인정되었으며, 1945년 에는 헝가리, 인도네시아, 이탈리아, 포르투갈, 일본에서, 1946년에는 베네수엘라, 아르헨티나, 유고슬라비아, 불가리아에서 인정되었다. 프랑스에서는 1919년에 여성의 참정권을 규정한 법안이 하원에서 가결되었으나, 상원에서 부결되었다.

23) Chaperon (Sylvie), 『Les Années Beauvoir 1945~1970』, Fayard, 2000, pp. 24~25. 이하 이 책에서의 인용은 (샤:쪽수)로 표기함.

24) 교수 자격시험은 1776년에 처음으로 시행되었으며, 프랑스 대혁명으로 잠간 중단되었다가 1808년에 부활했고, 1821년에 다시 시행되었다. 1885

년부터 지금의 형태를 갖추었다.

25) Simone de Beauvoir, 『La Force des choses』, Gallimard, coll. Folio, t.I, 1963, p.258.

26) 앞에서 보았듯이, 비시 정부는 바로 이런 이유로 낙태를 법으로 금지했으며, 이 법을 어긴 자에게 사형이라는 중형을 선고하고, 또 이를 집행하기까지 했다.

27) 비슷한 시기에 프랑스에서는 가톨릭 진영과 공산당 진영의 중간 입장에서 몇몇 여성 단체들이 활동하고 있었다. 예컨대 1882년에 창설된 '여성의 권리를 위한 리그(LFDF: Ligue française pour le droit des femmes)', 1909년에 창설되었고 1947년에 '프랑스여성유권자연맹(UFE: Union française des électrices)'이 된 '여성의 투표를 위한 연맹(UFSF: Union française pour le suffrage des femmes)', 1901년에 창설된 '프랑스여성국립위원회(CNFF: Conseil national des femmes françaises)', 1920년에 창설된 '여성의 투표를 위한 연맹(UNVF: Union nationale pour le vote des femmes)' 그리고 2차 세계대전 중에 창설된 조국해방운동(MLN: Mouvement de la libération nationale)의 '조국해방 여성분과(FLN: Femmes de la libération nationale)', 1945년에 창설된 '자유로운 프랑스여성(FL: Françaises libres)' 등을 꼽을 수 있다. 보부아르는 전쟁 중에 사르트르, 메를로 퐁티 등과 더불어 '사회주의와 자유(Socialisme et Liberté)'라는 단체를 조직해 파리를 중심으로 비밀리에 저항운동을 하기도 했다. 하지만 이 단체는 페미니즘 운동과는 전혀 관련이 없었다.

28) 보부아르는 이 책에 대한 비판에 대응할 속셈으로 제2권을 쓰려는 생각을 하기도 했지만, 곧 작업의 방대함을 깨닫고 금방 포기했다.(베:490)

29) 사르트르의 제자로, 나중에 보부아르의 연인이 된다. 『제2의 성』을 보스트에게 헌정했다.

30) '제1의 성'은 남성을 가리키며, '제3의 성'은 동성연애자를 가리킨다. 또한 '제3의 성'은 중년 여성을 가리킬 때 사용하기도 한다. 다른 한편, 헬렌 피셔Helene Fischer는 『제1의 성The First Sex』이라는 책을 통해 남성을 '제1의 성'으로, 여성을 '제2의 성'으로 부르는 것은 남녀불평등에 대한 선험적인 인식을 반영하고 있다는 사실을 비판했다.

31) 「여성의 신화와 작가들: 스탕달 또는 진정한 것에 대한 소설」(『현대』. vol. IV, no 40, 1949년 2월); 「여성의 성적 입문」(『현대』, vil. IV, no 43, 1949년 3월); 「동성애의 여자」, 「모성애」(『현대』, vol. IV, no 44, 1949년 6월); 「모성애」(『현대』, vol. IV, 1949년 7월).

32) 『Le Deuxième sexe de Simone de Beauvoir』, (Textes rèunis et prèsentès par Ingrid Galster), Presses de l' Université Paris-Sorbonne, 2004, p.5.

33) 「프랑스와 모리악 씨와 자유」라는 글에서 사르트르는 모리악의 소설 주인공들이 이미 작가가 미리 예정해 놓은 삶을 살아갈 뿐이며, 따라서 전혀 자유를 향유하지 못하고 있다고 비난한 적이 있다. 이 글의 말미에서 사르트르는 그 유명한 "모리악 씨는 소설가가 아니다"라는 극언을 퍼부었다.

34) Cf. 『Le Deuxième sexe de Simone de Beauvoir』, (Textes réunis et présentés par Ingrid Galster), p. 29; Cf. Gerlach-Nielsen (Merete), "Fraçois Mauriac face à Simone de Beauvoir. Conversation? Polémique?", in 『Mauriac et la polémique』, (Textes réunis pars André Sérailles), Association Internationale des amis de François Mauriac, Hommage à François Mauriac, L' Harmattan, 2001, pp.321~329.

35) 사르트르 연구자 가운데 한 사람으로, 특히 알제리 해방을 위해 일을 했던 지식인이다. 장송의 명성은 사르트르와 카뮈 사이에 있었던 논쟁에서 『현대』지에 카뮈의 『반항적 인간L' Homme révolté』에 대해 신랄한 서평을 게재함으로써 공격을 개시한 것으로 유명하다.

36) Sartre (J.-P.), 『L' Existentialisme est un humanisme』, Nagel, 1968, pp. 21~22.

37) 실존주의에서는 현재가 중요한 시간의 차원이다. 그러나 현재는 미래라는 시간의 빛으로 비추어 보지 않으면 의미가 없다. 이런 의미에서 실존주의에서 미래가 현재보다 오히려 더 중요한 시간의 차원이라고 말할 수 있다.

38) 같은 책, p.37.

39) 물론 나와 타자 사이의 관계에서 누구든지 간에 상대방과의 시선 투쟁에서 패하고 난 뒤 객체성의 상태, 즉 '즉자존재'라고 부르는 사물의 상태

로 머물고자 하는 입장을 취할 수도 있다. 이것이 그 유명한 '마조히즘 masochisme'적 태도이다. 이와 같은 사르트르의 사유를 그대로 수용하면서 보부아르도 『제2의 성』에서 인류 역사의 전체 과정에서 남성들에게 패해 삶의 주체로서의 '진정한' 태도를 갖지 않고 이와 반대되는 태도를 보이는 여성들을 비난하고 있다. 여기에 대해서는 뒤에서 다시 논의한다.

40) 또한 보부아르 자신이 『제2의 성』의 여성 억압의 '역사' 부분에서 보여주고 있듯이, 1949년 이전에 여성들이 주체성을 회복하려는 노력을 전혀 하지 않았던 것은 결코 아니다. 보부아르의 주장은 다만 그런 노력을 했다고 할지라도 아주 보잘것없었고 비효율적이었다는 점, 그리고 남성의 지배와 억압에 대한 여성 자신의 자각을 전제로 하지 않았다는 점일 것이다.

41) 사르트르의 사유 체계에서 사물을 가리키는 '즉자존재'는 관계 맺음, 즉 운동과 변화를 모른다. 그러니까 '즉자존재'는 항상 정지되어 있어 휴식하는 상태에 있다고 할 수 있다. 이것이 '즉자존재'가 '내재성'과 연결되는 이유이다. 이에 반해 인간과 같은 의미로 쓰이는 '대자존재'는 투기, 변화, 생성, 창조, 운동과 관련된다. 이런 의미에서 '대자존재'는 '초월성'과 연결된다.

42) 프로이트는 이 용어를 쓰는 것을 거부하고 있다(Cf. 조세핀 도노번, 김익두, 이월영 옮김, 『페미니즘 이론』, 문예출판사, 1995, p.183 참고). 그러나 보부아르는 『제2의 성』에서 이 용어를 여전히 사용하고 있다.

43) 예를 들어 다음과 같은 규정을 담고 있는 마누법전이 좋은 예이다. "여자는 합법적인 결혼에 의해 마치 대양으로 흘러드는 강물과 같이, 자기 남편과 같은 장점을 몸에 지니게 된다. 그리고 여자는 사후에 같은 천국에 들어가도록 허락받는다."(상:123)

44) "남자가 여자에게서 난 것이 아니라 여자가 남자에게서 생겼으며, 남자가 여자를 위해 창조된 것이 아니라 여자가 남자를 위해 창조된 것이다." "로마교회가 그리스도에게 복종하는 것처럼 여자들은 모든 일에서 자기 남편에게 복종해야 한다."(상:144)

45) "여자, 너는 악마의 문이로다. 너는 악마도 감히 정면에서 공격하지 못한 그 삶을 설득했느니라. 하느님의 아들이 죽어야만 했던 것은 너 때문이다. 너는 상복과 누더기를 걸치고 언제나 물러가야 한다."(상:144)

46) 보부아르에 따르면, 프랑스에서 2차 세계대전이 진행되는 동안 여성들이 보여주었던 활약상을 참작해 1945년에 여성들의 참정권을 인정했다고 한다.(상:196)

47) 유럽을 제외한 지역을 보면 뉴질랜드에서는 이미 1893년에, 호주에서는 1908년에, 미국에서는 1920년에 여성의 참정권이 인정되었다.

48) 예컨대 운동 경기를 앞둔 남자 선수들에게 성행위를 금지하는 것을 생각해 보자.

49) 우리말로는 사춘기를 지난 아이들을 가리키는데, '청소년'이라는 표현이 더 적합할 것이다. 다만 여기에서는 사춘기를 지나 결혼 전 상태에 있는 사람을 가리키기 위해 성별에 따라 각각 '청년'과 '처녀'라는 표현을 사용한다.

50) 보부아르는 여기에 더해 젊은 처녀의 "절도벽" "익명으로 남에게 편지 보내기"(상:508) "가출" "매음 환각"(상:509) 등도 같은 의미를 가진 것으로 해석하고 있다.

51) 물론 처녀가 나이를 먹어 가면서 이 단계들을 차례대로 거치지는 않는다.

52) 보부아르는 이에 대해 "남자들은 자기 아내의 무서운 (성적) 요구를 개탄한다. 그것은 미친 자궁이며, 식인 마녀이며 굶주린 여자이다. 아내는 결코 만족할 줄 모른다"(하:42)라고 말하고 있다.

53) 만약 여자에게 남성호르몬이 혹은 남자에게 여성호르몬이 과다하게 분비되어 불행한 삶을 살 경우, 오늘날에는 성전환 수술을 통해 이 문제를 해결할 수 있다. 다만 성적 소수자인 트랜스젠더들에게 발생하는 문제들도 함께 해결되어야 한다. 예컨대 여자가 남자로 성전환을 한 경우, 과연 군복무를 어떻게 하느냐의 문제, 유산을 상속받을 때 비율 문제 등이다. 물론 가장 기본적으로 트랜스젠더들에 대한 사회 인식이 바뀌는 것이 가장 급하다.

54) 앞에서도 지적한 것처럼, 몇몇 나라에서 이미 동성애자들 사이의 결혼을 인정하고 있기 때문에, 이 대목은 부분적으로 유효성을 잃었다고 할 수 있다.

55) 물론 아내의 이와 같은 인식에는 당연히 억울함이 따른다. 보부아르가 울프Adeline Virginia Woolf의 『파도』에서 인용하고 있는 다음과 같은 부분

은 결혼한 여성의 억울함이 어떤 것인지를 잘 보여준다. "예전에는 어치의 털이 떨어질 때 그 아름다운 남빛에 감탄하면서 너도밤나무 숲을 걷고 있었던 내가, 도중에 방랑자와 양치기들을 만나곤 했던 내가 (중략) 새털 빗자루를 손에 들고 이 방에서 저 방으로 오락가락한다."(하:122)

56) 하지만 이 점에 대한 보부아르의 견해는 대단히 비판적이며 냉소적이다. 왜냐하면 그처럼 생명을 중요하게 여기는 기독교 교회가 경우에 따라서는 (전쟁이나 사형 집행 등) 사람을 죽이는 것도 허락하고 있기 때문이다.(하:194)

57) 물론 여기에 대해서는 다른 의견이 있을 수 있다. 왜냐하면 법으로 낙태를 인정한 나라에서조차 낙태 반대주의자들은 여전히 낙태를 '살인'으로 여기기 때문이다.

58) 이 부분을 읽으면서 오해하지 않기를 바란다. 특히 연예계에 종사하는 분들이 오해하지 않기를 바란다. 여기에서는 단지 보부아르의 견해를 가감 없이 그대로 소개한 것 뿐이다.

59) 보부아르는 『제2의 성』의 제2권의 제1, 2부를 구성하는 '형성'과 '체험'에 대한 논의를 마치고 '정당화'의 문제를 다루기 전에 '여자의 상황과 성격'이라는 한 장章을 넣었다. 이 장에서 다루고 있는 대부분의 내용은 제2권의 제1, 2부에서 논의된 것을 종합한 것이라고 할 수 있다. 특히 여자가 평생 동안 남자에 비해 종속적이고 열등한 입장에 있는데도, 또한 그로 인해 평생 괴로워하는데도, 왜 여자는 그런 남자에 대해 이른바 "반反세계"(하:346)를 형성하지 못하는가의 문제를 집중적으로 다루고 있다. 이에 대한 보부아르의 대답은 여자가 남자에 대해 갖는 이중으로 상반된, 따라서 애매한 태도 때문이다. 그러니까 여자는 한편으로는 자기를 억압하는 남자에게 항상 반기를 들려고 하지만, 다른 한편으로는 항상 그 남자에 의존하고 있다는 것이다. 이와 같은 모순된 입장으로 인해 여자는 남자에 대해 갖는 증오, 원한, 또는 그에게 알게 모르게 온갖 조롱, 멸시, 위협, 반항, 복수 등을 하는데도 결코 '반세계'를 견고하게 구축하는 데는 성공하지 못한다는 것이다.(하:372) 이런 결론을 내린 뒤에 보부아르는 '여자의 상황과 성격'이라는 장의 마지막 부분에서 참다운 여성해방은 "오로지 집단적이어야 한다"(하:386)고 주장하고 있다.

60) 즉자, 대자, 즉자-대자의 결합 등에 대한 논의는 『존재와 무 - 자유를 향한 실존적 탐색』(변광배, 살림, 2005, pp.159~161)을 참고할 것.

61) 보부아르는 사랑에 빠진 여자의 태도를 "증여(don)"와 연결해 논의하고 있기도 하다.(하:424) 어떤 면에서 보면, 여자가 사랑하는 남자에게 바치는 증여는 아무런 조건이 없는 '무조건적 증여'의 성격을 띠고 있는 것으로 보이기도 한다. 하지만 이것은 여자의 증여를 외관으로만 판단한 결과이다. 보부아르는 사랑하는 여자의 '증여'에는 반드시 '요구'가 따르며, 그것도 이 증여의 무조건적 성격이 강하면 강할수록 그 '요구'의 정도가 더 강하다고 보고 있다.(하:434) 이와 관련하여 한 가지 흥미로운 사실은 보부아르의 '사랑-증여'에 대한 논의는 프랑스의 인류학자 마르셀 모스 Marcel Mauss의 증여 행위에 대한 연구와 밀접하게 연결되어 있다는 점이다. 모스는 1925년에 「증여론. 고대사회에서의 교환의 형태와 이유 *Essai sur le don. Forme et raison de l'échange dans les sociétés archaïques*」라는 논문에서 바로 증여가 갖는 '의무적 성격'을 논하고 있다. 또한 차이의 페미니스트로 알려진 이리가레 역시 여성의 무조건적 증여의 가능성을 논하고 있다. 이리가레의 이와 같은 논의도 모스의 증여에 대한 논의와 보부아르의 '사랑-증여'에 대한 논의에—물론 여기에다 조르주 바타이유Georges Bataille, 자크 데리다Jacques Derrida, 장 폴 사르트르 등이 전개한 증여론에 대한 영향도 역시 거론해야 할 것이다—많은 영향을 받은 것으로 보인다.

62) 바로 이것이 프랑스 여성 작가 비올레트 르 뒥Violette Le duc 『나는 잠자는 사나이들을 싫어한다』의 한 대목을 인용하면서 보부아르가 강조하고자 하는 점이라고 할 수 있다. 보부아르는 "신은 잠을 자면 안 된다. 그렇지 않으면 신은 찰흙이 되고 육체가 되어 버린다. 신은 눈앞에서 없어져서는 안 된다. 그렇지 않다면 그의 창조물은 허무로 돌아가게 될 것이다. 여자에게 남자의 잠은 인색吝嗇이며 배신이다"(하:432~433)라고 적고 있다.

63) 『존재와 무 - 자유를 향한 실존적 탐색』, pp.222~228을 참고할 것.

64) 같은 책, pp.228~237을 참고할 것.

제2의 성

여성학 백과사전

초판 인쇄 | 2007년 5월 10일
초판 발행 | 2007년 5월 20일

지은이 | 변광배
펴낸이 | 심만수
펴낸곳 | (주)살림출판사
출판등록 | 1989년 11월 1일 제9-210호

주소 | 413-756 경기도 파주시 교하읍 문발리 파주출판도시 522-2
전화 | 031)955-1350   기획·편집 | 031)955-1364
팩스 | 031)955-1355
이메일 | salleem@chol.com
홈페이지 | http://www.sallimbooks.com

ISBN 978-89-522-0640-4 04080
      978-89-522-0314-4 04080 (세트)

• 잘못된 책은 구입하신 서점에서 바꾸어 드립니다.
• 저자와의 협의에 의해 인지를 생략합니다.

값 11,900원